Ana de Leiva.

Madrid, Febrero 2007

Ana

Mirando al sesgo

Espacios del Saber

(Últimos títulos publicados)

20. S. Žižek, *El espinoso sujeto*
21. A. Minc, *www.capitalismo.net*
22. A. Giunta, *Vanguardia, internacionalismo y política*
23. J. Derrida, *Estados de ánimo del psicoanálisis*
24. J. Tono Martínez (comp.), *Observatorio siglo XXI Reflexiones sobre arte, cultura y tecnología*
25. E. Grüner, *El fin de las pequeñas historias*
26. P. Virilio, *El procedimiento silencio*
27. M. Onfray, *Cinismos*
28. A. Finkielkraut, *Una voz viene de la otra orilla*
29. S. Žižek, *Las metástasis del goce*
30. I. Lewkowicz, *Sucesos argentinos*
31. R. Forster, *Crítica y sospecha*
32. D. Oubiña, *J. L. Godard: El pensamiento del cine*
33. F. Monjeau, *La invención musical*
34. P. Virno, *El recuerdo del presente*
35. A. Negri y otros, *Diálogo sobre la globalización, la multitud y la experiencia argentina*
36. M. Jay, *Campos de fuerza*
37. S. Amin, *Más allá del capitalismo senil*
38. P. Virno, *Palabras con palabras*
39. A. Negri, *Job: la fuerza del esclavo*
40. I. Lewkowicz, *Pensar sin Estado*
41. M. Hardt, *Gilles Deleuze. Un aprendizaje filosófico*
42. S. Žižek, *Violencia en acto. Conferencias en Buenos Aires*
43. M. Plotkin y F. Neiburg, *Intelectuales y expertos. La constitución del conocimiento social en la Argentina*
44. P. Ricoeur, *Sobre la traducción*
45. E. Grüner, *La Cosa política o el acecho de lo Real*
46. S. Žižek, *El títere y el enano*
47. E. Carrió y D. Maffia (comps.), *Búsquedas de sentido para una nueva política*
48. P. Furbank, *Placeres mundanos*
49. D. Weschler e Y. Aznar (comps.), *La memoria compartida. España y Argentina en la construcción de un imaginario cultural*

L. Arfuch (comp.), *Poéticas del espacio*

E. Giannetti, *¿Vicios privados, virtudes públicas?*

Slavoj Žižek

Mirando al sesgo

Una introducción a Jacques Lacan a través de la cultura popular

PAIDÓS
Buenos Aires - Barcelona - México

Título original: *Looking Awry*
© 1991 Massachusetts Institute of Technology
Londres, The Mit Press, 1991

Traducción de Jorge Piatigorsky

Cubierta de Gustavo Macri

894.84 ZIZ
Zizek, Slavoj
Mirando el sesgo : una introducción a Jacques Lacan a través de la cultura popular.- 1ª ed. 3ª reimp.- Buenos Aires : Paidós, 2006.
288 p. ; 21x13 cm.- (Espacios del Saber)
Traducción de: Jorge Piatigorsky
ISBN 950-12-6512-9
I. Título - 1. Ensayo Esloveno

1ª edición, 2000
1ª reimpresión, 2002
2ª reimpresión, 2004
3ª reimpresión, 2006

Reservados todos los derechos. Quedan rigurosamente prohibida, sin la autorización escrita de los titulares del *copyright*, bajo las sanciones establecidas en las leyes, la reproducción parcial o total de esta obra por cualquier medio o procedimiento, incluidos la reprografía y el tratamiento informático.

© 2000 de todas las ediciones en castellano,
Editorial Paidós SAICF
Defensa 599, 1065 Buenos Aires-Argentina
e-mail: literaria@editorialpaidos.com.ar
www.paidosargentina.com.ar

Queda hecho el depósito que previene la Ley 11.723
Impreso en la Argentina - Printed in Argentina

Impreso en Gráfica MPS,
Santiago del Estero 338, Lanús, en enero de 2006
Tirada: 1000 ejemplares

ISBN 950-12-6512-9

Índice

Prefacio

Walter Benjamin recomendaba, como procedimiento teóricamente productivo y subversivo, la lectura de los productos superiores de una cultura junto con sus obras comunes, prosaicas, mundanas. Lo que él tenía en mente era una lectura del ideal sublime de la pareja enamorada, representado en *La flauta mágica* de Mozart, junto con la definición del matrimonio debida a Immanuel Kant (contemporáneo de Mozart), una definición que había suscitado mucha indignación en los círculos moralistas: el matrimonio, escribió Kant, es "un contrato entre dos personas adultas de sexos opuestos, acerca del uso recíproco de sus órganos sexuales". Algo análogo hemos realizado en este libro: una lectura de los temas teóricos más sublimes de Jacques Lacan junto con, y a través de casos ejemplares de la cultura de masas contemporánea, no sólo Alfred Hitchcock (acerca de quien, después de todo, hay consenso en cuanto a que fue "un artista serio"), sino también el *fim noire*, la ciencia ficción, las novelas policiales, el *kitsch* sentimental, hasta la cima (o la sima) de Stephen King. Por lo tanto, le aplicamos al propio Lacan su célebre fórmula de "Kant con Sade", es decir, su lectura de la ética kantiana a través de los ojos de la perversión sadeana. En este libro el lector encontrará una serie completa de "Lacan con...": con Alfred Hitchcock, con Fritz Lang, con Ruth Rendell, con Patricia Highsmith, con Colleen McCullough, con Stephen

King, etcétera. (Si también aparecen al pasar algunos grandes nombres, como Shakespeare y Kafka, el lector no debe inquietarse: los leemos estrictamente como autores *kitsch*, en el mismo nivel que a McCullough y King.)

Esta empresa tiene dos intenciones. Por una parte, el libro ha sido concebido como una especie de introducción a la "dogmática" lacaniana (en el sentido teológico de la palabra). Explota implacablemente la cultura popular, utilizándola como material conveniente para explicar, no sólo el vago perfil general del edificio teórico lacaniano, sino a veces también los detalles menudos que la recepción predominantemente académica de Lacan suele pasar por alto: las rupturas en su enseñanza, la brecha que lo separa del campo de la desconstrucción posestructuralista, etcétera. Esta manera de "mirar al sesgo" a Lacan permite discernir rasgos que por lo general se sustraen a una mirada académica "de frente". Por otro lado, está claro que la teoría lacaniana sirve como excusa para un goce peculiar de la cultura popular. Utilizamos al propio Lacan para legitimar la carrera delirante de *Vértigo*, el film de Hitchcock, *Cementerio de animales*, de King, y desde *Obsesión indigna* de McCullough hasta *La noche de los muertos vivos* de Romero.

La solidaridad de estos dos movimientos podría ejemplificarse con una doble paráfrasis de las célebres proposiciones de De Quincey acerca del arte del asesinato, proposiciones estas que han servido como puntos frecuentes de referencia, tanto para Lacan como para Hitchcock:

> Si una persona repudia a Lacan, muy pronto el psicoanálisis mismo le parecerá dudoso, y en adelante sólo lo separará un paso de desdeñar las películas de Hitchcock y rechazar por esnobismo la ficción de horror. ¡Cuántas personas han entrado en el camino de la perdición con alguna fugaz observación cínica sobre Lacan, que en su momento no tenía gran importancia para ellas, y terminaron tratando a Stephen King como a una absoluta basura literaria!

> Si una persona repudia a Stephen King, muy pronto Hitchcock le parecerá dudoso, y en adelante sólo un paso la separa de

> desdeñar el psicoanálisis y de rechazar por esnobismo a Lacan. ¡Cuántas personas han entrado en el camino de la perdición con alguna fugaz observación cínica sobre Stephen King, que en ese momento no tenía una gran importancia para ellas, y terminaron tratando a Lacan como a un oscurantista falocéntrico!

Al lector le corresponde decidir cuál de las dos versiones prefiere.

Permítanseme algunas palabras acerca del plan teórico del libro. El "retorno a Freud" lacaniano se suele asociar con su lema "el inconsciente está estructurado como un lenguaje", es decir, con el esfuerzo por desenmascarar la fascinación imaginaria y revelar la ley simbólica que la gobierna. Sin embargo, en los últimos años de la enseñanza de Lacan el acento pasó de la escisión entre lo imaginario y lo simbólico a la barrera que separa lo real de la realidad (simbólicamente estructurada). En consecuencia, la primera parte del libro ("¿Cuán real es la realidad?") intenta desarrollar la dimensión de lo real lacaniano, describiendo *en primer lugar* de qué modo lo que llamamos "realidad" implica el excedente de un espacio fantasmático que llena el "agujero negro" de lo real; *en segundo término, articulamos las diferentes modalidades de lo real* (lo real retorna, responde, puede traducirse a través de la forma simbólica, y en lo real hay saber); *finalmente, le presentamos al lector dos modos de evitar el encuentro con lo real.* Ejemplificaremos este último punto con las dos principales figuraciones del detective en la novela policial: "el detective de lógica y deducción" y "el detective duro".

Aunque podría parecer que en la interminable lista de obras literarias sobre Alfred Hitchcock ya se ha dicho todo, la segunda parte de este libro ("Nunca se puede saber demasiado sobre Hitchcock") se arriesga a proponer tres nuevos enfoques: *primero*, una articulación de la dialéctica del engaño que opera en las películas de Hitchcock, una dialéctica en la cual los que realmente se equivocan son los que no se dejan engañar; *a continuación*, una concepción del célebre *travelling* como un procedimiento formal cuyo propósito es producir "una mancha", un punto desde el cual la imagen misma mire al espectador, el punto de "la mirada del Otro"; *finalmente*, una propuesta que nos permita captar la sucesión de las principales etapas del desarrollo de Hitchcock, desde el viaje edípico de la década de 1930 hasta el narcisismo patológico, dominado por un superyó materno, de la década de 1960.

La tercera parte ("Fantasía, burocracia, democracia") extrae algunas conclusiones de las últimas teorías de Lacan, concernientes al campo de la ideología y la política. *Primero*, delinea los contornos del *sinthome* ideológico (por ejemplo, una voz superyoica) como un núcleo de goce que opera en medio de todo edificio ideológico y de tal modo sustenta nuestra "sensación de realidad". *Después* propone una nueva manera de conceptualizar la brecha entre el modernismo y el posmodernismo, centrada en la obscenidad del aparato burocrático tal como la traduce la obra de Kafka. El libro *termina* con un análisis de las paradojas intrínsecas en la noción misma de democracia: la fuente de estas paradojas es la inconmensurabilidad fundamental que existe entre el dominio simbólico de la igualdad, los derechos, los deberes, etcétera, y la particularidad absoluta del espacio fatasmático, es decir, de los modos específicos en que los individuos y las comunidades organizan su goce.

Reconocimientos

Versiones preliminares de algunos de los capítulos de este libro aparecieron en "Hitchcock", *October*, nº 38 (otoño de 1986); "Looking Awry", *October*, nº 50 (otoño de 1989); "Undergrowth of Enjoyment", *New Formations*, nº 9 (1989), y "The Real and Its Vicissitudes", *Newsletter of the Freudian Field*, nº 5 (1990).

Innecesario es añadir que Joan Copjec estuvo presente desde la concepción misma del libro, alentando al autor a escribirlo, y que el trabajo ulterior de ella sirvió como punto de referencia teórico, o que dedicó un tiempo considerable a perfeccionar el manuscrito. Por lo tanto, no diremos nada.

I

¿Cuán real es la realidad?

1. *Desde la realidad a lo real*

Las paradojas del objeto *a*

Mirando al sesgo las paradojas de Zenón

Lo que está en juego en el esfuerzo de "mirar al sesgo" los temas teóricos no es sólo un intento destinado a "ilustrar" la gran teoría, a hacerla "fácilmente accesible", y de tal modo ahorrarnos el trabajo de pensar. Se trata más bien de que esa ejemplificación, esa escenificación de los temas teóricos saca a luz ciertos aspectos que de otro modo seguirían inadvertidos. Este procedimiento tiene ya un linaje respetable de predecesores filosóficos, desde el último Wittgenstein hasta Hegel. La estrategia básica de Hegel en la *Fenomenología del espíritu*, ¿no consistió en socavar las diversas construcciones teóricas "presentándolas" como actitudes existenciales subjetivas (el ascetismo, el alma bella, etcétera), a fin de revelar sus inconsistencias ocultas, es decir, exhibir el modo en que las posiciones subjetivas de enunciación minaban sus propios contenidos positivos enunciados?

Para demostrar la fecundidad de este enfoque, consideremos al primer filósofo propiamente dicho, Parménides, quien afirmaba la existencia exclusiva del Ser como Uno. Lo interesante son las famosas paradojas con las que Zenón, su discípulo, trató de demostrar por el absurdo las tesis del maestro, revelando las consecuencias insensatas, contradictorias, de la hipótesis de la existencia de lo múltiple y del movimiento. A primera vista (que es, por supuesto, la vista del historiador tradicional de la filosofía), estas paradojas aparecen como casos ejemplares de una pura logomaquia hueca, artificial, bromas lógicas ideadas para demostrar un absurdo obvio, algo que va contra nuestra experiencia más elemental. Pero en su brillante ensayo titulado "La técnica literaria de las paradojas de Zenón",[1] Jean-Claude Milner de alguna manera las "escenifica": da razones suficientes como para que lleguemos a la conclusión de que las cuatro paradojas por medio de las cuales Zenón trataba de demostrar la imposibilidad del movimiento se referían originalmente a lugares comunes literarios. La forma final en la cual estas paradojas pasaron a formar parte de nuestra tradición fue además el resultado de un típico procedimiento carnavalesco o burlesco, consistente en enfrentar un tema trágico y noble con su contracara vulgar y común, de una manera que recuerda al último Rabelais. Tomemos la más conocida de las paradojas de Zenón, la de Aquiles y la tortuga. Desde luego, su primer punto de referencia es la *Ilíada*, libro XXII, versos 199-200, en los cuales Aquiles intenta en vano alcanzar a Héctor. Esta noble referencia fue entonces cruzada con su contracara popular, la fábula de Esopo sobre la liebre y la tortuga. La versión universalmente conocida en la actualidad, cuyos personajes son Aquiles y la tortuga, es por lo tanto una condensación ulterior de dos modelos literarios. La argumentación de Milner no interesa solamente porque demuestra que las paradojas de Zenón, lejos de ser un puro juego de razonamiento lógico, pertenecían a un género literario perfectamente definido y aplicaban la técnica literaria establecida de subvertir un modelo noble confrontándolo con su contracara trivial y cómica; desde nuestra perspectiva (lacaniana), lo principal son los *contenidos* de las referencias literarias de Zenón. Volvamos a la primera y más famosa de las paradojas mencionadas; como lo hemos señalado, su referencia literaria original se encuentra en unos versos de la *Ilíada*: "Como en un sueño, el perseguidor nunca lograba alcanzar al fugitivo que perseguía, y tampoco el fugitivo podía escapar claramente de su perseguidor, de modo que ese día Aquiles no logró alcanzar a Héctor, ni Héctor pudo escapar de él definidamente". Tenemos aquí esa relación entre el sujeto y el objeto que todos hemos experimentado en algún sueño: el sujeto, más veloz que el objeto, se acerca a él pero nunca lo alcanza. Se trata de la paradoja onírica de un continuo acercamiento a un objeto que sin embargo mantiene una distancia constante. El rasgo crucial de esta inaccesibilidad del objeto fue muy bien señalado por Lacan cuando subrayó que no se trata de que Aquiles no pueda *adelantarse* a Héctor o a la tortuga (puesto que es más rápido que Héctor, no tendría dificultades en dejarlo atrás), sino de que no puede *alcanzarlo*: Héctor es siempre demasiado rápido o demasiado lento. Hay aquí un claro paralelo con la conocida paradoja de *La ópera de dos centavos*, de Brecht: no te empeñes demasiado en perseguir la buena suerte, porque podría suceder que te adelantes a ella y la dejes atrás. Así sale a luz la economía libidinal del caso de Aquiles y la tortuga: la paradoja escenifica la relación del sujeto con el objeto causa de su deseo, que nunca puede alcanzarse. El objeto causa está siempre perdido; todo lo que podemos hacer es dar vueltas alrededor de él. En síntesis, la topología de esta paradoja de Zenón es la topología paradójica del objeto del deseo, que no podemos aferrar, sea lo que fuere lo que hagamos para alcanzarlo.

Lo mismo podría decirse de las otras paradojas. Pasemos a la siguiente: la de la flecha que no puede moverse porque en cada momento ocupa un punto definido del espacio. Según Milner, su modelo es una escena de la *Odisea*, libro XI, versos 606-607, en los cuales Hércules lanza continuamente una flecha con su arco. Realiza el acto una y otra vez, pero, a pesar de esta actividad incesante, la flecha sigue inmóvil. Es casi superfluo recordar la semejanza de esta escena con la conocida experiencia onírica de la inmovilidad en el movimiento: a pesar de nuestra actividad frenética, seguimos en el mismo lugar. Como dice Milner, la característica crucial de esta escena con Hércules es su ubicación (el mundo infernal en el cual

Ulises se encuentra con una serie de figuras sufrientes, entre ellas Tántalo y Sísifo, condenadas a repetir el mismo acto indefinidamente). La economía libidinal del suplicio de Tántalo es notable: ejemplifica claramente la distinción lacaniana entre la necesidad, la demanda y el deseo, es decir, el modo en que un objeto cotidiano destinado a satisfacer alguna de nuestras necesidades sufre una especie de transustanciación en cuanto es apresado en la dialéctica de la demanda, y termina produciendo deseo. Cuando demandamos un objeto, su "valor de uso" (el hecho de que sirve para satisfacer alguna de nuestras necesidades) se transforma *eo ipso* en una forma de expresión de su "valor de cambio"; el objeto en cuestión funciona como índice de una red de relaciones intersubjetivas. Si el otro a quien le formulamos nuestra demanda satisface nuestro deseo, de tal modo atestigua una cierta actitud respecto de nosotros. El propósito final de nuestra demanda de un objeto no es la satisfacción de la necesidad ligada a él, sino la confirmación de la actitud del otro respecto de nosotros. Por ejemplo, cuando una madre amamanta a su hijo, la leche se convierte en una prueba de amor. En consecuencia, el pobre Tántalo está pagando su codicia (su lucha por el "valor de cambio") cuando todos los objetos que obtiene pierden su "valor de uso" y se convierten en una encarnación pura e inútil del "valor de cambio": en cuanto muerde la comida, se convierte en oro.*

Pero quien merece sobre todo nuestro interés es Sísifo, condenado a empujar una roca hasta lo alto de una colina, desde donde esa piedra volvía a rodar pendiente abajo. Este guión, según Milner, fue el modelo literario de la tercera de las paradojas de Zenón: nunca podemos cubrir una distancia dada X, porque para hacerlo debemos primeramente recorrer la mitad, y para recorrer la mitad tenemos que recorrer primero la cuarta parte, y así sucesivamente, al infinito. La meta

* En realidad, como habrá advertido el lector, Žižek está pensando en Midas. (N. del T.)

(*goal*) retrocede cuando llegamos hasta ella. En esta paradoja es imposible no reconocer la naturaleza misma de la *pulsión* en su concepción psicoanalítica o, más precisamente, la distinción lacaniana entre su propósito (*aim*) y su meta (*goal*). *Goal* es el destino final, mientras que *aim* es lo que intentamos hacer, es decir, el camino en sí. Lo que dice Lacan es que el propósito real de la pulsión no es su meta (*goal*, la satisfacción plena) sino su propósito (*aim*): el propósito final de la pulsión consiste simplemente en reproducirse como pulsión, volver a su senda circular, continuarla hasta y desde la meta. La fuente real del goce es el movimiento repetitivo en este circuito cerrado.[2] En esto consiste la paradoja de Sísifo: en cuanto alcanza la meta, experimenta el hecho de que el propósito real de su actividad es el camino en sí, la alternancia del ascenso y el descenso.

¿Dónde detectamos la economía libidinal de la última de las paradojas de Zenón? Según ella, del movimiento de dos masas iguales en direcciones opuestas se sigue que *la mitad* de una cierta cantidad de tiempo equivale al *doble* de ese tiempo. ¿Dónde encontramos la misma experiencia paradójica de un *aumento* del efecto libidinal de un objeto cuando se intenta disminuirlo y destruirlo? Pensemos en el funcionamiento de la figura de los judíos en el discurso nazi: cuanto más se los exterminaba, cuanto más se reducía su número, más peligroso se volvía el resto, como si la amenaza creciera proporcionalmente a su disminución en la realidad. Éste es el paradigma de la relación del sujeto con el objeto horroroso que encarna su excedente de goce: cuanto más luchamos contra él, más crece su poder sobre nosotros.

La conclusión general que hay que extraer de todo esto es que, en un cierto dominio, las paradojas de Zenón son plenamente válidas: es el dominio de la relación imposible del sujeto con el objeto causa de su deseo, el dominio de la pulsión que circula interminablemente en torno al objeto. Pero éste es el dominio que Zenón se ve obligado a excluir como "imposible" para que pueda establecerse el reinado del Uno filosófico. Es decir que la exclusión de lo real de la pulsión y el objeto alrededor del cual ella circula es constitutiva de la filosofía como tal, razón por la cual las paradojas de Zenón, con las que él trata de demostrar la imposibilidad y en consecuencia la inexistencia del movimiento y la multiplicidad, son lo inverso de la afirmación del Uno, el Ser inmóvil de Parménides, el primer filósofo propiamente dicho.[3] Tal vez ahora podamos comprender lo que quiso decir Lacan al enunciar que el objeto *a* "es lo que le falta a la reflexión filosófica para poder situarse, es decir, determinar su nulidad".[4]

Goal *y* aim *en el fantasma*

En otras palabras, lo que Zenón excluye es la dimensión del *fantasma*, en cuanto que, en la teoría lacaniana, el fantasma designa la relación "imposible" del sujeto con *a*, el objeto causa de su deseo. El fantasma es usualmente concebido como un guión que realiza el deseo del sujeto. Esta definición elemental es perfecta, con la condición de que la tomemos *literalmente*: lo que el fantasma monta no es una escena en la cual nuestro deseo es totalmente satisfecho, sino que, por el contrario, esa escena realiza, representa el deseo como tal. La idea fundamental del psicoanálisis es que el deseo no es algo dado de antemano, sino algo que se debe construir, y el papel del fantasma consiste precisamente en proporcionar las coordenadas del deseo del sujeto, especificar su objeto, situar la posición que el sujeto asume. Sólo a través del fantasma se constituye el sujeto como deseante: *a través del fantasma aprendemos a desear*.[5] Para ejemplificar este punto teórico crucial nos remitiremos a un relato breve de ciencia ficción, "Store of the Worlds", de Robert Sheckley.

El señor Wayne, protagonista del cuento, visita al viejo y misterioso Tompkins, que vive solo en una choza ruinosa y llena de desechos en descomposición, en una zona abandonada del pueblo. Se rumorea que, por medio de una droga especial, Tompkins es capaz de transponer a las personas a una dimensión paralela donde se satisfacen todos sus deseos. Para pagar este servicio hay que entregarle al viejo alguno de los bienes materiales más valiosos que uno posea. Wayne encuentra a Tompkins y comienza a conversar con él, quien le dice que la mayoría de sus clientes vuelven muy satisfechos de su experiencia; no se sienten defraudados. Sin embargo, Wayne vacila, y Tompkins le aconseja que se tome tiempo y reflexione antes de decidir. Mientras vuelve a su casa, Wayne piensa al respecto, pero, en cuanto llega, la esposa y el hijo que lo están esperando lo envuelven pronto en las alegrías y pequeños problemas de la vida familiar. Después, casi todos los días él se promete volver a visitar al viejo Tompkins y procurarse la experiencia de la satisfacción de sus deseos, pero siempre hay algo que hacer, alguna cuestión de familia que lo distrae y que lo lleva a posponer esa visita. Primero tiene que acompañar a la esposa a una fiesta de aniversario; después el hijo tiene problemas en la escuela; en el verano le ha prometido al niño ir a navegar con él; el otoño llega con nuevas preocupaciones. De este modo pasa todo el año, sin que Wayne haya tenido tiempo de tomar la decisión, aunque en el fondo de su mente sabe constantemente que tarde o temprano habrá de visitar a Tompkins. El tiempo transcurre de este modo hasta que... despierta súbitamente en la choza junto a Tompkins, quien le pregunta con amabilidad: "¿Cómo se siente ahora? ¿Está satisfecho?" Turbado y perplejo, Wayne murmura "Sí, sí, por supuesto", y le entrega al viejo todas sus posesiones mundanas (un cuchillo oxidado, una lata vieja y algunos otros pequeños objetos). Después se va rápidamente, apresurándose entre las ruinas que se desmoronan, para no llegar demasiado tarde y comer su ración vespertina de papas. De este modo alcanza a su refugio subterráneo antes de que oscurezca y de que salgan de sus agujeros la multitud de ratas que reinan en la devastación de una guerra nuclear.

Por supuesto, el relato es ciencia ficción del género "*después de la catástrofe*", y describe la vida cotidiana a continuación de una guerra nuclear (o de algún acontecimiento análogo), que ha provocado la desintegración de nuestra civilización. Pero lo que nos interesa es la trampa en la que cae el lector, esa trampa en la que se basa toda la eficacia del relato, y en la que consiste la paradoja del deseo: tomamos por posposición de "la cosa en sí" lo que ya es "la cosa en sí"; tomamos por la búsqueda y la indecisión propias del deseo lo que es de hecho la realización del deseo. Es decir que la realización del deseo no consiste en ser satisfecho plenamente, sino que coincide con la reproducción del deseo como tal, con su movimiento circular. Wayne "realizó su deseo" precisamente con esa traslación alucinada a un estado que le permitía posponer indefinidamente la satisfacción plena del deseo, es decir, un estado que reproducía la falta constitutiva del deseo. De este modo podemos aprehender la especificidad del concepto lacaniano de angustia: no hay angustia cuando falta el objeto causa del deseo; no es la falta del objeto lo que da origen a la angustia sino, por el contrario, el peligro de que nos acerquemos demasiado al objeto y de este modo perdamos la falta misma. La angustia es provocada por la desaparición del deseo.

En este movimiento circular fútil, ¿dónde está exactamente el objeto *a*? Sam Spade, el protagonista de *El halcón maltés*, de Dashiell Hammet, cuenta que fue contratado para encontrar a un hombre que de pronto había abandonado su trabajo, su familia, y desapareció. Spade no puede rastrearlo, pero algunos años más tarde el hombre es ubicado en otra ciudad, donde, con otro nombre, lleva una vida notablemente análoga a la que había abandonado el día en que una viga que cayó de un edificio en construcción lo golpeó en la cabeza. En términos lacanianos, esa viga se convirtió para él en la marca de la inconsistencia del mundo: s(Ⱥ). A pesar de que esa "nueva" vida era casi idéntica a la anterior, él estaba firmemente convencido de que no había recomenzado en vano, es decir, que valió la pena cortar sus vínculos y empezar de nuevo. Vemos aquí el funcionamiento del objeto *a* en su forma más pura. Desde el punto de vista de la "sabiduría", la ruptura no valió la pena; en última instancia, siempre nos encontramos en la misma posición de la que tratamos de escapar, razón por la cual, en lugar de correr tras lo imposible, debemos aprender a consentir nuestra suerte común y a encontrar placer en las trivialidades de nuestra vida cotidiana. ¿Dónde encontramos el objeto *a*? El objeto *a* es precisamente ese excedente, esa ficción elusiva que arrastra al hombre a cambiar su existencia. En realidad, no es nada en absoluto, sólo una superficie vacía (la vida del hombre después de la ruptura era la misma que antes), pero gracias a él la ruptura vale la pena.

Un agujero negro en la realidad

De qué modo la nada puede engendrar algo

El relato "La casa negra" de Patricia Highsmith ejemplifica perfectamente el funcionamiento del espacio fantasmático como superficie hueca, como una especie de pantalla para la proyección de los deseos: la fascinante presencia de sus contenidos positivos no hace más que llenar un cierto vacío. La acción tiene lugar en un pequeño pueblo de los Estados Unidos, donde los hombres se reúnen por la noche en el *saloon* y reviven recuerdos nostálgicos, mitos locales (por lo común las aventuras de su juventud), siempre asociados de algún modo con un viejo edificio desolado que está en una colina cercana. Sobre esa misteriosa "casa negra" se cierne una cierta maldición; hay entre los hombres un acuerdo tácito en cuanto a que no está permitido acercarse a ella. Se supone que quien entra en la casa corre un peligro de muerte: según los rumores, hay espectros, la habita un lunático solitario que mata a los intrusos, etcétera. Pero, al mismo tiempo, la "casa negra" es un lugar que enlaza todos sus recuerdos de la adolescencia, las primeras transgresiones, sobre todo las relacionadas con el sexo (los hombres repiten interminablemente que, años atrás, en esa casa tuvieron su primera relación sexual, con la chica más linda del pueblo, y que allí fumaron su primer cigarrillo). El héroe del cuento es un joven ingeniero que acaba de mudarse al lugar. Después de escuchar todos los mitos sobre la "casa negra", anuncia al grupo su intención de explorar ese misterioso edificio la noche siguiente. Los hombres reaccionan con una desaprobación intensa pero silenciosa. El ingeniero visita la casa, esperando que le ocurra algo horrible o por lo menos sorprendente. Con una tensa expectativa se acerca a la ruina oscura, sube por la escalera crujiente, examina todas las habitaciones, pero sólo encuentra algunos restos de alfombras en el piso. Vuelve al *saloon* y declara triunfalmente que la "casa negra" es sólo una ruina sucia y miserable, que en ella no hay nada fascinante o misterioso. Los hombres lo escuchan horrorizados, y cuando el ingeniero va a irse, uno de ellos lo ataca salvajemente. El joven cae al suelo, se golpea, y poco después muere. ¿Por qué horrorizó tanto a esos hombres la acción del recién llegado? Podemos intuir su resentimiento observando la diferencia entre la realidad y la "otra escena" del espacio fantasmático: la "casa negra" estaba prohibida a los hombres porque funcionaba como un espacio vacío en el que ellos podían proyectar sus deseos nostálgicos, sus recuerdos distorsionados; al afirmar públicamente que esa casa no era más que una ruina, el joven intruso redujo su espacio fantasmático a la realidad común, cotidiana. Anuló la diferencia entre la realidad y el espacio fantasmático, privándolos del lugar en el que podían articular sus deseos.[6]

La mirada de los hombres del *saloon*, capaz de discernir los contornos fascinantes del objeto del deseo donde una visión normal no ve nada más que un objeto cotidiano trivial, es literalmente una mirada capaz de ver la nada, es decir, de ver un objeto "engendrado por la nada", como dice Shakespeare en una escena breve de *Ricardo II*, una de sus obras más interesantes. *Ricardo II* demuestra sin que quepan dudas que Shakespeare leyó a Lacan, pues el problema básico del drama es el de la *histerización de un rey*, un proceso por el cual el rey pierde el cuerpo segundo y sublime que hace de él un rey, y enfrenta el vacío de su subjetividad fuera del título-mandato de "rey"; en consecuencia, cae en una serie de estallidos teatrales, histéricos, desde la autocompasión hasta la locura sarcástica y payasesca.[7] Pero en este caso sólo nos interesa el diálogo entre la Reina y Bushy, el sirviente del rey, al principio del acto II, escena II. El Rey ha partido en una expedición bélica; y la Reina está llena de malos presentimientos y de una tristeza cuya causa no sabe discenir. Bushy trata de consolarla señalándole la naturaleza ilusoria, fantasmática, de su aflicción:

Bushy: Cada sustancia de una aflicción tiene veinte sombras,
Que parecen la pena misma, pero no lo son.
Pues el ojo de la tristeza, nublado por lágrimas enceguecedoras,
Divide una sola cosa en muchos objetos;
Como las perspectivas, que miradas de frente
Sólo muestran confusión; miradas al sesgo
Distinguen formas: de este modo su dulce majestad,
Mirando al sesgo la partida de su señor,
Encuentra más formas de aflicción que él mismo;
Las cuales, mirándolas tal como son, no son más que sombras
De lo que no es. Entonces, reina tres veces graciosa,
No lloréis más que la partida de vuestro señor: más no se ve;
O si se viera, es con el ojo falso de la tristeza,
Que llora cosas imaginarias como si fueran ciertas.

Reina: Tal vez sea así, pero mi alma interior
Me convence de otra cosa: sea como fuere,
Sólo puedo estar triste, muy triste,
Pues, aunque pienso en no pensar ningún pensamiento,
Con la nada de no pensar estoy desfalleciente y taciturna.

Bushy: Esto no es más que fantasía, mi graciosa dama.

Reina: Esto no es menos: la fantasía proviene aún
De alguna aflicción antecesora; no es el caso de la mía,
Pues nada ha engendrado mi pena por algo;
O algo tiene la nada que me causa pesar: he heredado,

Pero aún no se sabe qué; no
Sé nombrarlo; es una miseria sin nombre, lo sé.

Por medio de la metáfora de la anamorfosis, Bushy trata de convencer a la Reina de que su tristeza carece de fundamento, de que sus razones son nulas. Pero el punto crucial es el modo en que esta metáfora se escinde, se duplica: es decir, el modo en que Bushy se enreda en una contradicción. Primero ("el ojo de la tristeza, nublado por lágrimas enceguecedoras, divide una cosa en muchos objetos") se refiere a la oposición simple, de sentido común, entre una cosa tal como es "en sí misma", en la realidad, y sus "sombras", sus reflejos en nuestros ojos, impresiones subjetivas multiplicadas por la angustia y la pena. Cuando estamos preocupados, una pequeña dificultad asume proporciones gigantescas, todo nos parece mucho peor de lo que es realmente. La metáfora que opera en este caso es la de una superficie tallada de un modo tal que genera una multitud de imágenes. En lugar de la pequeña sustancia, vemos sus "veinte sombras". Pero en los versos siguientes las cosas se complican. A primera vista, parecería que Shakespeare se limita a ilustrar el hecho de que "el ojo de la tristeza [...] divide una cosa en muchos objetos", tomando una metáfora del ámbito de la pintura ("como las perspectivas que miradas de frente no muestran más que confusión [y] miradas al sesgo distinguen formas"). Pero en realidad realiza un cambio radical de terreno: pasa de la metáfora de la superficie vidriada a la metáfora de la anamorfosis, cuya lógica es muy distinta: se trata del detalle de una pintura que mirado de frente parece un punto borroso, pero si lo miramos al sesgo, desde un costado, asume formas claras y distintas. Los versos que aplican esta metáfora a la angustia y la tristeza de la Reina son entonces profundamente ambivalentes: "de este modo su dulce majestad, *mirando al sesgo* la partida de su señor, encuentra más formas de aflicción que él mismo, las cuales, viéndolas como son, no son más que sombras de lo que no es". Ahora bien, si tomamos literalmente la comparación de la mirada de la Reina con la mirada anamorfótica, nos vemos obligados a decir que *precisamente por mirar al sesgo, es decir, desde un costado, ella ve la cosa en su forma clara y distinta*, en oposición a la visión frontal, que sólo percibe una confusión indistinta (e, incidentalmente, el desarrollo ulterior del drama justifica los más siniestros presentimientos de la Reina). Pero, desde luego, Bushy no quiere decir esto; su intención era la opuesta: por medio de un deslizamiento imperceptible, vuelve a la *primera* metáfora (la de un cristal tallado) e intenta decir que, puesto que la mirada de la Reina está distorsionada por la pena y la angustia, ella ve causas de alarma, mientras que una visión más atenta y realista atestiguaría que no tiene nada que temer.

Tenemos aquí dos realidades, dos "sustancias". En el nivel de la primera metáfora, encontramos la realidad del sentido común, vista como "una sustancia con veinte sombras", una cosa escindida en veinte reflejos por nuestra mirada subjetiva; en síntesis, una realidad sustancial distorsionada por nuestra perspectiva subjetiva. Si miramos una cosa de frente, con realismo, la vemos tal como es, mientras que la mirada confundida por nuestros deseos y angustias (la mirada al sesgo) nos ofrece una imagen distorsionada, borrosa. Pero, en el nivel de la segunda metáfora, la relación es exactamente inversa. Si miramos de frente, es decir, con realismo, de modo desinteresado y objetivo, sólo vemos una mancha informe; el objeto sólo asume rasgos claros y distintos si lo miramos "desde un costado", es decir, con una mirada interesada, sostenida, impregnada y "distorsionada" por *el deseo*. Esto describe perfectamente al objeto *a*, el objeto causa del deseo: un objeto que, en cierto sentido, es puesto por el deseo mismo. La paradoja del deseo es que pone retroactivamente su propia causa; el objeto *a* es un objeto que sólo puede percibir una mirada "distorsionada" por el deseo, un objeto que *no existe* para una mirada "objetiva". En otras palabras, siempre, *por definición* el objeto *a* es percibido de manera distorsionada, porque fuera de esta distorsión, "en sí mismo", *él no existe*, ya que *no es nada más que* la encarnación, la materialización de esta distorsión, de este excedente de confusión y perturbación introducido por el deseo en la denominada "realidad objetiva". "Objetivamente", el objeto *a* es nada, pero, visto desde un cierto ángulo, asume la forma de "algo". Tal como lo formula de un modo extremadamente preciso la Reina en su respuesta a Bushy, se trata de "su pena por algo" engendrada por "nada". El deseo "levanta vuelo" cuando "algo" (su objeto causa) se encarna, da una existencia positiva a su "nada", a su vacío. Este "algo" es el objeto anamorfótico, un puro semblante que sólo podemos percibir claramente "mirando al sesgo". Sólo y precisamente la lógica del deseo desmiente la sabiduría obvia de que "de la nada no se sigue nada": en el movimiento del deseo, "algo procede de la nada". Aunque es cierto que el objeto causa del deseo es un puro semblante, esto no le impide desencadenar toda una serie de consecuencias que regulan nuestra vida y nuestros hechos "materiales, efectivos".

El "piso 13" del espacio fantasmático

No fue casualidad que Shakespeare prestara tanta atención a esta paradoja de "algo engendrado por nada" (el mismo problema está en el núcleo de *El Rey Lear*), pues él vivió en el período de la rápida disolución de las relaciones sociales precapitalistas y de la enérgica emergencia de los elementos del capitalismo: un período en el cual se podía observar cotidianamente el modo en que una referencia a "nada", a un puro semblante (por ejemplo, especular con papel moneda "sin valor", que era sólo una "promesa" de sí mismo como dinero "real") desencadenaba la maquinaria enorme de un proceso de producción que cambió la superficie de la tierra.[8] De allí la sensibilidad de Shakespeare al poder paradójico del dinero, que lo convierte todo en su opuesto, le procura piernas a un lisiado, convierte a un monstruo en un hombre apuesto, etcétera: todos esos versos memorables de *Timón de Atenas* citados reiteradamente por Marx. Lacan tenía buenas razones para tomar como modelo de su idea del goce excedente (*plus-de-jouir*) la concepción marxista de la plusvalía: el goce excedente tiene el mismo poder paradójico para convertir las cosas (objetos del placer) en sus opuestos, hacer desagradable la experiencia sexual "normal" habitualmente considerada más placentera, hacer inexplicablemente atractivo un acto en general considerado repugnante (torturar a una persona amada, soportar una humillación penosa, etcétera).

Desde luego, esta inversión engendra el anhelo nostálgico del estado "natural" en el cual las cosas eran sólo lo que eran, en el cual las percibíamos "de frente" y nuestra mirada aún no había sido distorsionada por la mancha anamorfótica. Sin embargo, lejos de anunciar una especie de fisura patológica, la frontera que separaba las dos "sustancias" (la cosa que aparece claramente para la mirada objetiva y la "sustancia del goce" que sólo puede ser percibida claramente "mirando al sesgo") es precisamente lo que *nos impide caer en la psicosis*. Tal es el efecto del registro simbólico sobre la mirada. La emergencia del lenguaje abre un agujero en la realidad, y este agujero cambia el eje de nuestra mirada. El lenguaje duplica la "realidad", en ella misma y el vacío de la Cosa que sólo puede ser llenado por una mirada anamorfótica desde el costado.

Como ejemplo, permítasenos referirnos de nuevo a un producto de la cultura popular, una novela de ciencia ficción de Robert Heinlein titulada *La desagradable profesión de Jonathan Hoag*. La acción tiene lugar en la Nueva York contemporánea, donde un cierto Jonathan Hoag contrata al investigador privado Randall para que descubra qué le sucedió a él cuando entró en el inexistente piso 13 del edificio Acme, su lugar de trabajo. Hoag no tiene la menor idea de qué hizo durante ese tiempo. Al día siguiente, Randall lo sigue al trabajo, pero entre los pisos 12 y 14 Hoag desaparece súbitamente, y el detective no puede ubicar el piso 13. Esa misma noche, un doble de Randall se le aparece en el espejo de su dormitorio y le dice que lo siga al otro lado, donde lo reclama el comité. Del otro lado del espejo, el doble lleva a Randall a un gran salón de reunión, en el cual el presidente del comité de los doce le informa que está en el piso 13, al que lo llamarán periódicamente para interrogarlo. Durante los interrogatorios subsiguientes, Randall se entera de que los miembros de ese misterioso comité creen en un Gran Pájaro que supuestamente alimenta a pájaros pequeños, su prole, y gobierna el universo junto con ellos. El relato termina cuando Hoag finalmente toma conciencia de su identidad real e invita a Randall y a su esposa Cynthia a un pícnic en el campo, donde les relata toda la trama. Les dice entonces que es crítico de arte, pero de un tipo peculiar. Nuestro universo humano es sólo uno de los existentes. Los amos reales de todos los mundos son seres misteriosos, desconocidos para nosotros, que crean diferentes mundos, diferentes universos, como obras de arte. Nuestro universo fue creado por uno de esos artistas universales. Para controlar la perfección artística de sus producciones, de tiempo en tiempo los creadores envían a alguien de su propia clase, disfrazado como habitante del universo creado (en el caso de Hoag, disfrazado de hombre), y ese personaje actúa como una especie de crítico de arte universal. (En el caso de Hoag hubo un cortocircuito, él olvidó quién era realmente y tuvo que solicitar los servicios de Randall.) Los miembros del misterioso comité que interrogaba a Randall eran sólo representantes de alguna divinidad inferior maligna que trataba de interrumpir el trabajo de los "dioses" reales, los artistas universales. Hoag le informa entonces a Randall y Cynthia que ha descubierto en nuestro universo algunos defectos menores: serán rápidamente reparados en las horas siguientes. Ellos ni siquiera advertirán el cambio, siempre y cuando, al volver en su auto a Nueva York, nunca bajen la ventanilla, en ninguna circunstancia y a pesar de lo que vean. Hoag parte; aún excitados, Randall y Cynthia inician el regreso al hogar. Mientras respetan la prohibición no sufren ningún contratiempo. Pero a cierta altura del camino presencian un accidente, un niño atropellado por un auto. Al principio la pareja conserva la calma y no se detiene, pero cuando encuentran un patrullero prevalece su sentido del deber, y se acercan para informarle lo que han visto. Randall le pide a Cynthia que baje un poco la ventanilla:

> Ella obedeció, y en seguida aspiró profundamente, tragándose un grito. No gritó, pero quiso hacerlo.
>
> Fuera de la ventanilla abierta no había sol, ni policía, ni niños: nada. Nada salvo una niebla gris e informe, latiendo lentamente como si tuviera una vida rudimentaria. A través de ella no podían ver nada de la ciudad, no porque la niebla fuera demasiado densa, sino porque estaba... vacía. De ella no se desprendía ningún sonido, no se veía en ella ningún movimiento.
>
> La niebla se mezcló con el marco de la ventanilla y comenzó a penetrar en el interior del auto. Randall gritó: "¡Cierra la ventanilla!" Ella intentó hacerlo, pero sintió las manos enervadas; entonces el propio Randall se tendió e hizo girar la manivela, subiendo la ventanilla a su sitio.
>
> Reapareció la escena bañada por el sol; a través del vidrio vieron al patrullero, el juego tumultuoso, la acera y, más allá, la ciudad. Cynthia le puso una mano en el brazo. "¡Vayámonos, Tedy!" "Aguarda un minuto", dijo él tensamente, y se volvió hacia la ventanilla que tenía detrás. La bajó con mucha cautela, quedó apenas una grieta, menos de un centímetro.
>
> Fue suficiente. El flujo gris informe apareció de nuevo allí; a través del vidrio se veía el tránsito de la ciudad y la calle iluminada por el sol; a través de la apertura... nada.

Esa "niebla gris e informe, latiendo lentamente como si tuviera una vida rudimentaria", ¿qué es, si no lo real lacaniano, la pulsación de la sustancia presimbólica con su vitalidad abominable? Pero para nosotros lo esencial es el lugar desde el cual lo real irrumpe: la frontera que separa lo exterior de lo interior, materializada en este caso por el vidrio de la ventanilla. Y debemos referirnos a la experiencia fenomenológica básica de discordia, a la desproporción que existe entre el interior y el exterior, tal como se siente desde dentro de un automóvil. Afuera, el auto parece pequeño. Cuando nos deslizamos en él, a veces sentimos claustrofobia, pero en cuanto estamos dentro, el auto se siente de pronto mucho más grande y totalmente cómodo. El precio de esta comodidad es la pérdida de continuidad entre el "adentro" y el "afuera". A quienes están sentados dentro del automóvil la realidad exterior les parece ligeramente distante, el otro lado de una barrera o pantalla materializada por la ventanilla. Percibimos la realidad externa, el mundo que está afuera del auto, como "otra realidad", otro modo de realidad, no inmediatamente continuo con la realidad del interior. La prueba de esta discontinuidad es la incómoda sensación que nos abruma cuando de pronto bajamos la ventanilla y permitimos que la realidad externa nos golpee con la proximidad de su presencia material. Nuestra incomodidad consiste en la súbita experiencia de la proximidad real de lo que la ventanilla, sirviendo como una especie de pantalla protectora, mantiene a una distancia segura. Pero cuando estamos instalados seguramente dentro del auto, detrás de las ventanillas cerradas, los objetos externos quedan, por así decirlo, transpuestos a otro modo. Parecen ser fundamentalmente irreales, como si su realidad hubiera sido puesta entre paréntesis, suspendida: en síntesis, parecen una especie de realidad cinematográfica proyectada sobre la pantalla de la ventanilla. Es precisamente esta experiencia fenomenológica de la barrera que separa lo interior de lo exterior, esta sensación de que lo exterior es en última instancia ficticio, lo que produce el efecto horroroso de la escena final de la novela de Heinlein. Es como si, por un momento, la "proyección" de la realidad exterior se hubiera detenido; como si, por un momento, enfrentáramos el gris informe, el vacío de la pantalla, el "lugar donde no tiene lugar nada, salvo el lugar" si se nos permite esta cita de Mallarmé, tal vez sacrílega en este contexto.

Esta discordia, esta desproporción entre lo interno y lo externo es también un rasgo fundamental de la arquitectura de Kafka. Una serie de sus edificios (los departamentos en los que tiene su sede el tribunal de *El proceso*, el palacio del tío en *América*, etcétera) se caracterizan por el hecho de que desde afuera parecen casas modestas, y cuando uno entra en ellas se convierten milagrosamente en laberintos interminables de escaleras y salones. (Recordamos los famosos dibujos de Piranesi, con el laberinto subterráneo de las escaleras y celdas de la prisión.) En cuanto rodeamos con un muro o una valla un cierto espacio, dentro de él experimentamos más de este interior de lo que parece posible para la visión externa. La continuidad, la proporción, quedan vedadas, porque la desproporción (el excedente de lo interno en relación con lo externo) es un efecto estructural inevitable de la barrera que separa lo exterior de lo interior. Esta desproporción sólo puede abolirse demoliendo la barrera, permitiendo que lo externo se trague lo interno.

"*¡Gracias a Dios, era sólo un sueño!*"

¿Por qué, entonces, la escala de lo interior excede a lo exterior? ¿En qué consiste este excedente de lo interior? Por supuesto, consiste en el espacio fantasmático: en nuestro caso, el piso 13 del edificio donde tenía su sede el misterioso comité. Este "espacio excedente" es un tema constante de la ciencia ficción y la literatura de misterio; se lo encuentra en muchos de los intentos clásicos del cine tendientes a evitar un final desdichado. Cuando la acción llega a su cima catastrófica, se introduce un cambio radical de perspectiva que reescenifica todo el curso de los acontecimientos, convirtiéndolos sólo en un mal sueño del protagonista. El primer ejemplo que acude a la mente es *La mujer del cuadro* [*Woman in the Window*], de Fritz Lang: un solitario profesor de psicología queda fascinado por el retrato de una mujer fatal que cuelga en la vidriera de un negocio próxima a la entrada de su club. Después de que la familia saliera de vacaciones, él aparece dormitando en ese club. Un empleado lo despierta a las once; el profesor sale del lugar y, como de costumbre, le dedica una mirada al retrato. Pero esa vez la figura cobra vida: a ella se superpone el reflejo de una hermosa morena que le pide fuego al profesor. Éste tiene entonces una relación con ella; mata al amante de la mujer en una pelea; es informado por un inspector de policía sobre los progresos de la investigación; se sienta en un sillón, bebe veneno, y cae dormido cuando sabe que su detención es inminente. Un empleado lo despierta a las once, y el profesor descubre que ha estado soñando. Tranquilizado, vuelve a su casa, consciente de que debe evitar que lo seduzca alguna morena fatal. Pero no debemos ver el giro final como una transacción, una acomodación a los códigos de Hollywood. El mensaje de la película no es consolador. No es "fue sólo un sueño, en realidad soy un hombre normal, igual a los otros, y no un asesino". El mensaje es que *en nuestro inconsciente, en lo real de nuestro deseo, todos somos asesinos*. Parafraseando la interpretación que da Lacan de un sueño narrado por Freud (el del padre a quien se le aparece el hijo muerto, reprochándole con las palabras "Padre, ¿no ves que estoy ardiendo?"), podríamos decir que el profesor despierta *para continuar su sueño* (de ser una persona normal como sus iguales en la sociedad), es decir, para escapar a lo real (a la realidad psíquica) de su deseo. Despertado a la realidad cotidiana, puede decirse con alivio "fue sólo un sueño", pasando por alto el hecho crucial de que, en vigilia, él no es "más que la conciencia de su sueño".[9] En otras palabras, parafraseando la parábola de Chuang-tse y la mariposa, que es también una de las referencias de Lacan, se puede decir que no estamos ante un profesor burgués tranquilo, bondadoso, decente, que por un momento sueña que es un asesino, sino que, por el contrario, tenemos un asesino que en la vida cotidiana sueña que es un burgués decente.[10]

Este tipo de desplazamiento retroactivo de los acontecimientos "reales" hacia la ficción (el sueño) no es una "transacción", un acto de conformismo ideológico; sólo aparece como tal si sostenemos la oposición ideológica ingenua entre la "dura realidad" y el "mundo onírico". El énfasis cambia radicalmente en cuanto tomamos en cuenta que precisamente en los sueños, y sólo en ellos, encontramos lo real de nuestro deseo. Nuestra realidad común cotidiana, la realidad del universo social en el cual asumimos nuestros roles de personas decentes y bondadosas, se convierte en una ilusión basada en una cierta represión, en pasar por alto lo real de nuestro deseo. Esta realidad social no es entonces más que una débil telaraña simbólica que la intrusión de lo real puede desgarrar en cualquier momento. En cualquier momento, la más común de las conversaciones cotidianas, el más ordinario de los acontecimientos, puede dar un giro peligroso, causando un daño irreversible. *La mujer del cuadro* lo demuestra por medio de su progreso en círculos: los hechos avanzan de modo lineal hasta que de pronto, precisamente en el punto del derrumbe catastrófico, nos volvemos a encontrar en un punto de partida anterior. El camino a la catástrofe resulta ser sólo un rodeo ficticio que nos retrotrae a nuestro punto de partida. Para generar este efecto de "ficcionalización" retroactiva, repite una escena (el profesor dormita en un sillón, el empleado lo despierta a las once). La repetición convierte retroactivamente en ficción lo que ha sucedido entretanto, es decir que el despertar real es sólo uno, y la distancia entre los dos despertares es el lugar de la ficción.

En una obra de John B. Priestley, *Esquina peligrosa*, un disparo de arma de fuego desempeña el papel del despertar del profesor. La obra trata de una familia rica que se va reuniendo en torno al hogar de su casa de campo cuando sus miembros vuelven de una cacería. De pronto se oye un disparo, y esto le impone a la conversación un giro peligroso. Hacen irrupción secretos familiares reprimidos durante mucho tiempo, y finalmente el padre, la cabeza de la familia que ha insistido en aclarar las cosas, en sacar a la luz del día todos los secretos, se retira, quebrado, al primer piso de la casa, y se suicida de un balazo. Pero este disparo resulta ser el mismo oído al comienzo de la obra, y se retoma la misma conversación, sólo que esta vez, en lugar de dar un giro peligroso, no abandona el nivel de una charla de familia superficial. Los traumas quedan enterrados, y la familia comparte sin problemas una cena idílica. Ésta es la imagen de la realidad cotidiana que ofrece el psicoanálisis: un frágil equilibrio que puede destruirse en cualquier momento si, de un modo totalmente contingente e impredecible, hace irrupción el trauma. Retroactivamente, el espacio que resulta ser de ficción, el espacio entre dos despertares o entre dos disparos, es, por su estructura formal, exactamente igual al piso 13 inexistente del edificio Acme de la novela de Heinlein: un espacio de ficción, "otra escena", donde sólo puede articularse la verdad de nuestro deseo (por lo cual, según Lacan, la verdad "está estructurada como la ficción").

La solución psicótica: el Otro del Otro

Nuestra referencia a Kafka a propósito de la desproporción entre lo externo y lo interno no fue en absoluto accidental: el tribunal kafkiano, esa institución absurda, obscena, culpabilizadora, tiene que ubicarse precisamente en ese excedente de lo interior en relación con lo externo, como el espacio fantasmático del inexistente piso 13. En el misterioso comité, que interroga a Randall no resulta difícil reconocer una nueva versión del tribunal de Kafka, de la figura obscena de una ley superyoica maligna: el hecho de que los miembros de ese comité rindan culto al Pájaro divino no hace más que confirmar que en la imaginería de nuestra cultura (incluyendo *Los pájaros* [*The Birds*] de Hitchcock) las aves funcionan como la encarnación de una instancia superyoica cruel y obscena. Heinlein elude esta visión kafkiana de un mundo gobernado por la instancia obscena de un "Dios loco", pero el precio que paga por ello es la construcción paranoide según la cual nuestro universo es la obra de arte de creadores desconocidos. La variación más chistosa sobre este tema (chistosa en sentido literal, porque su tema son los chistes) se encuentra en el cuento breve "Jokester", de Isaac Asimov. Un científico que investiga los chistes llega a la conclusión de que la inteligencia humana comenzó precisamente con la capacidad para producirlos; en consecuencia, después de un análisis exhaustivo de millares de chistes, logra aislar el "chiste primordial", el punto originario que permitió pasar del reino animal al reino humano, es decir, el punto en el cual una inteligencia sobrehumana (Dios) intervino en el curso de la vida sobre la tierra transmitiéndole al hombre el primer chiste. El rasgo común de este tipo de relatos ingeniosos "paranoides" es que implican la existencia de un "Otro del Otro": un sujeto oculto que maneja los hilos del Otro (el orden simbólico) precisamente en el punto en el que este Otro comienza a hablar con autonomía, es decir, donde produce un efecto de significado por medio de una contingencia carente de sentido, más allá de la intención consciente del sujeto hablante, como en los chistes o en los sueños. Este Otro del Otro es exactamente el Otro de la paranoia: el que habla a través de nosotros sin que lo sepamos, que controla nuestros pensamientos, que nos manipula a través de la espontaneidad aparente de los chistes o, como en la novela de Heinlein, el artista cuya creación fantasmatizada es nuestro mundo. La construcción paranoide nos permite eludir el hecho de que "el Otro no existe" (Lacan), no existe como un orden cerrado consistente: nos permite eludir el automatismo ciego, contingente, la estupidez constitutiva del registro simbólico.

Frente a esta construcción paranoide, no debemos olvidar el señalamiento de Freud y confundirla con la enfermedad en sí: la construcción paranoide, por el contrario, es un intento de curación, de salvar al sujeto de la enfermedad real (el "fin del mundo", el derrumbe del universo simbólico) por medio de esa formación sustitutiva. Si queremos ser testigos del proceso de ese derrumbe (el derrumbe de la barrera entre lo real y la realidad en su forma pura) basta con que sigamos el recorrido de las pinturas producidas por Mark Rothko, la figura más trágica del expresionismo abstracto norteamericano, en la década de 1960, la última de su vida. El tema de estos cuadros es constante: sólo presentan un conjunto de variaciones cromáticas sobre la relación entre lo real y la realidad, relación traducida como abstracción geométrica por la célebre obra de Kasimir Malevich titulada *El desnudo icono desenmarcado de mi tiempo*: un simple cuadrado negro sobre un fondo blanco. "La realidad" (la superficie blanca del fondo, la "nada liberada", el espacio abierto en el cual pueden aparecer los objetos) sólo obtiene su consistencia gracias al "agujero negro" que hay en su centro (*das Ding* lacaniana, la Cosa que da cuerpo a la sustancia del goce), es decir, en virtud de la exclusión de lo real, de la transformación del estatuto de lo real en el estatuto de una falta central. Las últimas pinturas de Rothko son manifestaciones de una lucha por salvar la barrera que separa lo real de la realidad, es decir, impedir que lo real (el cuadrado negro central) inunde todo el campo, preservar la distancia entre el cuadrado y lo que a cualquier costo debe seguir siendo el fondo. Si el cuadrado ocupa todo el campo, si se pierde la diferencia entre figura y fondo, lo que queda es un autismo psicótico. Rothko describe esta lucha como una tensión entre un fondo gris y la mancha negra central que de cuadro a cuadro va expandiéndose amenazadoramente (a fines de la década de 1960, la vivacidad de los rojos y amarillos de las telas de este artista va siendo progresivamente reemplazada por la oposición mínima entre el negro y el gris). Si dirigimos a estas pinturas una mirada "cinematográfica" –es decir, si superponemos las reproducciones y hacemos que se sucedan rápidamente para dar la impresión de un movimiento continuo–, casi podemos visualizar el trayecto hacia un final inevitable, como si Rothko fuera impulsado por alguna necesidad fatal. En las telas inmediatamente anteriores a su muerte, la tensión mínima entre el negro y el gris se convierte por última vez en el conflicto ardiente entre rojos y amarillos voraces, dando testimonio de un desesperado intento final de redención, y confirmando al mismo tiempo de modo inequívoco la inminencia del fin. Rothko fue encontrado muerto en su *loft* de Nueva York, en un charco de sangre, con cortes en las muñecas. Prefirió la muerte a ser tragado por la Cosa, es decir, precisamente por esa "niebla gris e informe latiendo lentamente como si tuviera una vida rudimentaria" que los dos héroes de la novela de Heinlein perciben a través de las ventanillas abiertas.

Lejos de ser un signo de locura, la barrera que separa lo real de la realidad es por lo tanto la condición misma de un mínimo de normalidad: la locura (la psicosis) aparece cuando esta barrera se rompe, cuando lo real inunda la realidad (como en el derrumbe autístico) o cuando está en sí misma incluida en la realidad (asumiendo la forma del Otro del Otro: por ejemplo, del perseguidor del paranoico).

NOTAS

1. Jean-Claude Milner, *Détections fictives*, París, Éditions du Seuil, 1985, págs. 45-71.

2. "Cuando le confiamos una misión a alguien, el *aim* no es lo que trae a la vuelta, sino el itinerario que debe tomar. El *aim* es el camino tomado [...] Si la pulsión puede ser satisfecha sin alcanzar lo que, desde el punto de vista de una totalización biológica de la función, sería la satisfacción de su finalidad de reproducción, ello se debe a que es una pulsión parcial, y a que su *aim* es simplemente este retorno en circuito." (Jacques Lacan, *The Four Fundamental Concepts of Psycho-Analysis*, Londres, Hogarth Press, 1977, pág. 179.) [Ed. cast.: *El Seminario, Libro 11, Los cuatro conceptos fundamentales del psicoanálisis*, Barcelona, Paidós, 1977.]

3. En otras palabras, podemos caracterizar la última paradoja de Zenón mediante la distinción hegeliana entre lo que el sujeto "quiere decir" y lo que "dice efectivamente" (una distinción que, incidentalmente, coincide con la diferenciación lacaniana entre *significación* y *significancia*). Lo que Zenón "quiere decir", su intención, pretende cancelar la naturaleza paradójica de nuestra relación con el objeto *a*, demostrando su inexistencia; lo que efectivamente hace (con más propiedad: lo que dice) es articular las paradojas mismas que definen el estatuto de este objeto como real-imposible.

4. Jacques Lacan, "Résponses à des étudiants en philosophie", en *Cahiers pour l'analyse* 3, París, Graphe, 1967, pág. 7.

5. Véase una articulación de esta noción de fantasma con respecto al cine en Elizabeth Cowie, *Sexual Difference and Representation in the Cinema*, Londres, Macmillan, 1990.

6. En este sentido, el papel del maizal segado, transformado en una cancha de béisbol en *El campo de sueños*, de Phil Robinson, es exactamente homólogo a la "casa negra": un claro que abre el espacio donde pueden aparecer las figuras fantasmáticas. En cuanto a *El campo de sueños* no debemos pasar por alto su aspecto puramente formal: todo lo que tenemos que hacer es dejar libre un cuadrado de tierra y cercarlo con una valla para que en él comiencen a aparecer fantasmas, y el maíz que está detrás se convierta milagrosamente en la espesura mítica que da origen a los espectros y guarda su secreto: en síntesis, un maizal común se convierte en un "campo de sueños". Algo análogo ocurre en el célebre cuento "The Window" de Saki: un invitado llega a una casa de campo y mira a través de la gran ventana el terreno que está detrás; la hija de la familia, la única que lo

recibió a su llegada, le dice que todos los otros miembros murieron recientemente en un accidente; poco después, cuando el huésped vuelve a mirar por la ventana, los ve acercarse, cruzando lentamente el campo, volviendo de cazar. Convencido de que son espectros de los muertos, huye horrorizado... (Desde luego, la hija es una astuta mentirosa patológica, que rápidamente inventa otra historia para explicarle a la familia que el invitado haya huido.) De modo que unas pocas palabras que rodeen la ventana con un nuevo marco de referencia bastan para transformarla milagrosamente en un escenario fantasmático y transustanciar a los propietarios embarrados en terroríficas apariciones espectrales.

En *El campo de sueños*, es especialmente significativo el contenido de las apariciones: el film culmina con la aparición del espectro del padre del protagonista (quien sólo lo recuerda tal como era en sus últimos años, una figura quebrada por el final vergonzoso de su carrera de jugador de béisbol). En la aparición se lo ve joven y lleno de ardor, ignorante del futuro que lo aguarda. En otras palabras, el protagonista lo ve en un estado en que el padre *no sabe que ya está muerto* (para repetir la conocida fórmula del sueño freudiano), y el héroe saluda su llegada con las palabras siguientes: "¡Míralo! ¡Tiene toda la vida por delante y yo no soy ni siquiera una chispa en sus ojos!" Ésta es una definición concisa del esqueleto elemental de la escena fantasmática: estar presente, como pura mirada, antes de la propia concepción o, con más exactitud, en el acto en el que hemos sido concebidos. La fórmula lacaniana del fantasma ($\$ \lozenge a$) representa precisamente esa conjunción paradójica del sujeto y el objeto *qua*, esa mirada imposible: el "objeto" del fantasma no es la escena fantasmática en sí, su contenido (el coito parental, por ejemplo), sino la mirada imposible que lo presencia. Esta mirada imposible involucra una especie de paradoja temporal, un "viaje al pasado" que le permite al sujeto estar presente antes de sus comienzos. Recordemos la célebre escena de *Terciopelo azul* [*Blue Velvet*], de David Linch, en la que el protagonista mira por una rendija en la puerta del baño el juego sexual sadomasoquista entre Isabella Rossellini y Denis Hopper, quien por momentos actúa como hijo de ella, y por momentos como su padre. Este juego es el "sujeto", el contenido del fantasma, mientras que el protagonista, convertido en la presencia de una pura mirada, es el objeto. La paradoja básica de este fantasma consiste precisamente en el cortocircuito temporal en virtud del cual el sujeto *qua* mirada *se precede a sí mismo* y presencia su propio origen. Hay otro ejemplo en la novela *Frankenstein*, de Mary Shelley, donde el doctor Frankenstein y su pareja se sienten interrumpidos en un momento de intimidad por la súbita percatación de que están siendo observados por el monstruo creado artificialmente (su "hijo"), mudo testigo de su propia concepción: "Allí está el enunciado del fantasma que impregna el texto de *Frankenstein*: ser la mirada que refleja el goce de los propios progenitores, un goce letal [...] ¿Qué es lo que mira el hijo? La escena primaria, la escena más arcaica, la escena de su propia concepción. El fantasma es esta mirada imposible." (Jean-Jacques Lecercle, *Frankenstein: Mythe et Philosophie*, París, Presses Universitaires de France, 1988, págs. 98-99).

7. Cf. el estudio clásico de Ernst Kantorowicz, *The King's Two Bodies*, Princeton, Princeton University Press, 1965. [Ed. cast.: *Los dos cuerpos del rey*, Madrid, Alianza, 1985.]

8. Cf. Brian Rotman, *Signifying Zero*, Londres, Macmillan, 1986.

9. Lacan, *The Four Fundamental Concepts of Psycho-Analysis*, págs. 75-76.

10. Igual que Jim en *El imperio del sol*, de Steven Spielberg, que es en realidad un aeroplano soñando que es Jim, o como el héroe de *Brazil*, de Terry Gillian, que es en realidad una mariposa gigante y sueña que es un burócrata humano.

2. *Lo real y sus vicisitudes*

CÓMO LO REAL RETORNA Y RESPONDE

El retorno de los muertos vivos

¿Por qué el matema lacaniano de la pulsión es $\$ \lozenge D$? La primera respuesta es que las pulsiones son por definición "parciales", están siempre ligadas a partes específicas de la superficie del cuerpo (las llamadas "zonas erógenas"), las cuales, contrariamente a lo que pueda parecer a primera vista, no están determinadas biológicamente, sino que resultan del parcelamiento significante del cuerpo. Ciertas partes de la superficie corporal son privilegiadas desde el punto de vista erótico, no por su posición anatómica sino debido al modo en que el cuerpo es apresado en la red simbólica. Esta dimensión simbólica aparece en el matema como D, es decir, demanda simbólica. La prueba definitiva de este hecho es un fenómeno que aparece a menudo en los síntomas histéricos, en los que una parte del cuerpo por lo general carente de valor erótico (el cuello, la nariz, etcétera) comienza a funcionar como zona erógena. Sin embargo, esta explicación clásica es insuficiente; pasa por alto la relación íntima entre la pulsión y la demanda. Una pulsión es precisamente una demanda no atrapada en la dialéctica del deseo, una demanda que se resiste a la dialectización. La demanda implica casi siempre una cierta mediación dialéctica: demandamos algo, pero aquello a lo que apuntamos realmente con esa demanda es otra cosa, a veces incluso la denegación misma de la demanda en su literalidad. Con toda demanda se plantea necesariamente una pregunta: "Demando esto, pero ¿qué es lo que realmente quiero?" Por el contrario, la pulsión persiste en una demanda segura, es una insistencia "mecánica" que no puede ser apresada con ningún artificio dialéctico: demando algo y persisto en ello hasta el final.

El interés de esta distinción está relacionado con la "segunda muerte": las apariciones que surgen en el ámbito del "entre dos muertes" nos dirigen alguna demanda incondicional, y por esta razón encarnan la pulsión pura, sin deseo. Permítasenos comenzar por Antígona, la cual, según Lacan, irradia una belleza sublime desde el momento en que entra en el dominio del entre dos muertes, entre su muerte simbólica y su muerte real. Lo que caracteriza su postura más íntima es precisamente la insistencia en una cierta demanda incondicional, respecto de la cual no está dispuesta a ceder: el entierro apropiado de su hermano. Ocurre lo mismo que con el espectro del padre de Hamlet, quien vuelve de la tumba con la demanda de que el príncipe vengue su muerte. Esta conexión entre la pulsión como demanda incondicional y el entre dos muertes es también visible en la cultura popular. En la película *Terminator*, Arnold Schwarzenegger interpreta a un *cyborg* que llega a Los Ángeles desde el futuro, con la intención de matar a la madre de un líder que aún no ha nacido. El horror de esta figura consiste precisamente en que funciona como un autómata programado; incluso cuando no queda de él más que un esqueleto metálico sin piernas, persiste en su demanda y persigue a su víctima sin el menor signo de transacción o duda. El *terminator* es la encarnación de la pulsión carente de deseo.[1]

En otras dos películas encontramos sendas versiones del mismo motivo: una de ellas es cómica, y la otra, patético-trágica. En *Creepshow*, de George Romero (guión de Stephen King), una familia se reúne en el aniversario de la muerte del padre. Años antes, la hermana lo había asesinado en la fiesta de cumpleaños de él, golpeándolo en la cabeza como respuesta a su demanda repetida interminablemente: "¡Papá quiere su torta!" De pronto se oye un extraño ruido proveniente del cementerio de la familia, que está detrás de la casa; el padre muerto sale de la tumba, mata a su hermana asesina, le corta la cabeza a la esposa, la pone en una bandeja, la rocía con crema, la decora con velas, y masculla contento: "¡Papá consiguió su torta!" La demanda había persistido más allá de la tumba, hasta ser satisfecha.[2] La película de culto *Robocop*, un relato futurista sobre un policía herido de muerte que sobrevive con todas las partes de su cuerpo reemplazadas por sustitutos artificiales, introduce una nota más trágica: el héroe, que se encuentra literalmente "entre dos muertes" (clínicamente muerto y al mismo tiempo dueño de un cuerpo mecánico nuevo), comienza a recordar fragmentos de su vida humana anterior y atraviesa un proceso de resubjetivización, que lo transforma gradualmente, de pura pulsión encarnada, en un ser de deseo.[3]

La facilidad con que pueden encontrarse estos ejemplos en la cultura popular no debe sorprendernos: si hay un fenómeno que merezca denominarse "fantasma fundamental de la cultura de masas contemporáneas", es este fantasma del retorno del muerto vivo: el fantasma de una persona que no quiere estar muerta y retorna amenazante una y otra vez. El máximo arquetipo de una larga serie (desde el asesino psicótico de *Halloween* hasta el Jason de *Martes 13* [*Friday the Thirteenth*] sigue siendo *La noche de los muertos vivos* [*The Night of the Living Dead*] de George Romero, en la cual los "desmuertos" no son retratados como puras reencarnaciones del mal, de una simple pulsión de muerte o venganza, sino como sufrientes que persiguen a sus víctimas con una persistencia torpe, teñida de una tristeza infinita (igual que en *Nosferatu*, de Werner Herzog, película en la cual el vampiro no es una simple maquinaria maligna con una sonrisa cínica en los labios, sino un sufriente melancólico que anhela la salvación). A propósito de este fenómeno, permítasenos hacer una pregunta ingenua y elemental: "¿por qué vuelven los muertos?" La respuesta que da Lacan es la misma que encontramos en la cultura popular: *porque no están adecuadamente enterrados*, es decir, porque en sus exequias hubo algo erróneo. El retorno de los muertos es signo de la perturbación del rito simbólico, del proceso de simbolización; los muertos retornan para cobrar alguna deuda simbólica impaga. Ésta es la lección básica que extrae Lacan de *Antígona* y *Hamlet*. Las tramas de estas dos obras incluyen ritos funerarios impropios, y el "muerto vivo" (Antígona y el espectro del padre de Hamlet) vuelve a saldar cuentas simbólicas. El retorno del muerto materializa entonces una cierta deuda simbólica que subsiste más allá de la muerte física.

Es un lugar común que la simbolización como tal equivale a la muerte simbólica: cuando hablamos sobre una cosa, suspendemos su realidad, la ponemos entre paréntesis. Precisamente por esta razón el rito funerario ejemplifica la simbolización en su forma más pura: a través de él, el muerto es inscrito en el texto de la tradición simbólica, se le asegura que, a pesar de la muerte, "seguirá vivo" en la memoria de la comunidad. Por otro lado, el "retorno del muerto vivo" es el reverso del rito funerario adecuado. Mientras que este último implica una cierta reconciliación, una aceptación de la pérdida, el retorno del muerto significa que no puede encontrar su lugar propio en el texto de la tradición. Los dos grandes acontecimientos traumáticos del Holocausto y el Gulag son casos ejemplares del retorno de los muertos en el siglo XX. Las sombras de sus víctimas continuarán persiguiéndonos como "muertos vivos" hasta que les demos un entierro decente, hasta que integremos el trauma de su muerte en nuestra memoria histórica. Lo mismo podría decirse del "crimen primordial" que funda la historia, el asesinato del "padre primordial" (re)construido por Freud en *Tótem y tabú*:[4] el asesinato del padre queda integrado en el universo simbólico en cuanto el padre muerto comienza a reinar como agencia simbólica del Nombre-del-Padre. Pero esta transformación, esta integración, siempre deja un resto; siempre hay un excedente que vuelve en la forma de la figura obscena y vengadora del Padre-del-Goce, de esa figura escindida entre la venganza cruel y la risa loca, como, por ejemplo, el famoso Freddie de *Pesadilla* [*Nightmare on Elm Street*].

Más allá de Cementerio de animales

Se suele pensar que Edipo y el padre primordial de *Tótem y tabú* son dos versiones del mismo mito: el mito del padre primordial sería una proyección filogenética, sobre el pasado prehistórico, del mito de Edipo en tanto articulación elemental de la ontogénesis del sujeto. Pero, una mirada atenta revela que estos dos mitos son profundamente asimétricos, e incluso opuestos.[5] El mito de Edipo se basa en la premisa de que es el padre, como agente de la prohibición, quien nos niega el acceso al goce (es decir al incesto, a la relación sexual con la madre). La consecuencia subyacente es que el parricidio removería este obstáculo y de tal modo nos permitiría gozar del objeto prohibido. El mito del padre primordial es casi exactamente opuesto: lo que resulta del parricidio no es la remoción de un obstáculo, y el goce no queda finalmente a nuestro alcance. Todo lo contrario: el padre muerto resulta ser más fuerte que el vivo. Después del parricidio, reina como Nombre-del-Padre, agente de la ley simbólica que prohíbe irrevocablemente el acceso al fruto prohibido del goce.

¿Por qué es necesaria esta duplicación? En el mito de Edipo, la prohibición del goce aún funciona, en última instancia, como un impedimento externo, que deja abierta la posibilidad del goce pleno si no existiera el obstáculo. Pero el goce es ya imposible en sí mismo. Uno de los lugares comunes de la teoría lacaniana dice que el acceso al goce le está negado al ser hablante como tal. La figura del padre nos salva de este atolladero confiriéndole a la *imposibilidad* inmanente la forma de una *interdicción* simbólica. El mito del padre primordial en *Tótem y tabú* complementa (o, más precisamente, suplementa) el mito de Edipo, al encarnar ese goce imposible en la figura obscena del Padre-del-Goce, es decir, en la figura que asume el papel de agente de la prohibición. La ilusión consiste en que hay por lo menos un sujeto (el padre primordial, que posee a todas las mujeres) capaz de un goce total. Como tal, la figura del Padre-del-Goce no es más que un fantasma neurótico: pasa por alto el hecho de que el padre ha estado muerto desde el principio, es decir, de que nunca estuvo vivo, salvo en cuanto no sabía que ya estaba muerto.

La lección que hay que extraer es que no se logra reducir la presión del superyó reemplazando su carácter "irracional", "contraproducente", "rígido", por renunciamientos, leyes y reglas aceptadas racionalmente. Se trata más bien de reconocer que parte del goce ha estado perdido desde el principio, que es intrínsecamente imposible y no está concentrado en "algún otro", en el lugar desde el que habla el agente de la prohibición. Al mismo tiempo, esto nos permite identificar el punto débil del cuestionamiento de Deleuze al "edipismo" de Lacan.[6] Lo que Deleuze y Guattari no toman en cuenta es que el anti-Edipo más poderoso es *el propio Edipo*: el padre edípico (el padre que reina como su Nombre, como el agente de la ley simbólica) está en sí mismo necesariamente redoblado, y sólo puede ejercer su autoridad apoyándose en la figura superyoica del Padre-del-Goce. Precisamente esta dependencia del padre edípico (la agencia de la ley simbólica que garantiza el orden y la reconciliación), respecto de la figura perversa del Padre-del-Goce, explica que Lacan prefiera escribir la palabra *perversión* como *père-versión*, es decir el "verterse hacia el padre". Lejos de actuar sólo como un agente simbólico que restringe la perversión polimorfa preedípica, sometiéndola a la ley genital, la "versión", o el "giro" hacia el padre es la perversión más radical.

En este sentido, *Cementerio de animales*, de Stephen King, quizá la novelización definitiva del "retorno de los muertos vivos", tiene un interés especial para nosotros, pues presenta una suerte de inversión del tema del padre muerto que retorna como una figura espectral obscena. Esta novela es la historia de Louis Creed, un joven médico que, junto con su esposa Rachel, dos hijos pequeños (Ellie, de 6 años; y Gage, de 2 años) y su gato Church, se muda a una pequeña ciudad de Mein donde estará a cargo de la enfermería de la universidad. Alquilan una gran casa confortable cercana a la autopista, por la que circulan continuamente grandes camiones. Poco después de su llegada, Jud Crandall, un vecino anciano, los lleva a visitar el "cementerio de animales" que está en el bosque, detrás de la casa: un cementerio para perros y gatos atropellados por los camiones en la autopista. En su primer día de trabajo, un estudiante expira en los brazos de Louis. Ya muerto, sin embargo, de pronto se yergue y le dice al médico: "No vayas más allá, aunque sientas que lo necesitas. La barrera no fue hecha para que la rompan." El lugar designado por esta advertencia es precisamente el "entre dos muertes", el dominio prohibido de la Cosa. La barrera que no hay que cruzar es la que se ve llevada a atravesar Antígona, el ámbito fronterizo prohibido en el que "el ser insiste en sufrir" (como los muertos vivos de la película de Romero). Esta barrera es designada en *Antígona* con la palabra griega *átē*, perdición, devastación: "Más allá de *átē* sólo podríamos permanecer un lapso breve, y Antígona lucha por ir allí".[7] La advertencia sibilina del estudiante muerto adquiere muy pronto significado cuando Creed se siente irresistiblemente arrastrado hacia ese espacio que está más allá de la barrera. Algunos días después, un camión atropella a Church. Consciente del dolor que la muerte del gato le provocará a la pequeña Ellie, Jud inicia a Creed en el secreto del "cementerio de animales": es un antiguo cementerio indio habitado por Wendigo, un espíritu malévolo. Entierran el gato, pero éste vuelve al día siguiente: hediondo, repugnante, un muerto vivo análogo en todos los aspectos a su ser anterior, salvo por el hecho de que parece habitado por un demonio. Cuando Gage es también atropellado por un camión, Creed lo entierra, y el niño reaparece como un monstruo infantil que mata al viejo Jud, después a su propia madre, y finalmente perece a manos del padre. Creed retorna al cementerio una vez más con el cuerpo de la esposa, convencido de que en esa oportunidad las cosas saldrán bien. Al final de la novela, está sentado en la cocina solo, jugando un solitario y aguardando a la mujer muerta.

De modo que *Cementerio de animales* es una especie de *Antígona* pervertida, en la cual Creed representa la lógica del héroe fáustico moderno. Antígona se sacrifica para que su hermano tenga un entierro decente, mientras que Creed sabotea deliberadamente el entierro normal. Interviene con un rito funerario pervertido que, en lugar de dejar a los muertos en su eterno reposo, provoca su retorno como muertos vivos. El amor que siente por el hijo es ilimitado, y va más allá de la barrera de *átē*, hasta el dominio de la perdición: está dispuesto a correr el riesgo de la condena eterna, de que el hijo retorne como un monstruo asesino, con tal de tenerlo de nuevo. Es como si esta figura de Creed, con su acto horrible, estuviera destinada a dar sentido a unos versos de *Antígona*: "Hay muchas cosas espantosas en el mundo, pero ninguna es más espantosa que el hombre". A propósito de *Antígona*, Lacan observó que Sófocles nos proporciona una especie de crítica *avant la lettre* del humanismo, bosquejando de antemano, antes de que el humanismo hubiera llegado, su dimensión autodestructiva.[8]

El cadáver que no moría

Felizmente para nosotros, los muertos pueden también volver de un modo más divertido, por no decir benévolo, como en *El tercer tiro* [*The Trouble with Harry*] de Hitchcock. Hitchcock dijo que esta película era un ejercicio en el arte de quitar importancia: la atenuación. Este componente fundamental del humor inglés está presente en la irónica subversión del procedimiento básico empleado por Hitchcock en sus otras películas. Lejos de llevar una situación cotidiana, pacífica, hacia lo *Unheimlich* –lejos de representar la irrupción de una identidad traumática que perturba el flujo tranquilo de la vida–, la "mancha", el cuerpo de Harry (en la función del célebre "McGuffin"* hitchcockiano), parece un problema menor, marginal, en realidad no muy importante, casi insignificante.

La vida social del pueblo continúa, la gente sigue intercambiando ocurrencias, se cita en el lugar donde estaba el cadáver, presta la atención de siempre a sus asuntos ordinarios.

Sin embargo, la lección de la película no puede resumirse en una máxima confortadora (por ejemplo, "no nos tomemos la vida demasiado en serio; en última instancia, la muerte y la sexualidad son cosas frívolas y fútiles"), ni tampoco refleja una actitud tolerante, hedonista. Igual que la personalidad obsesiva descrita por Freud al final de su análisis del Hombre de las Ratas, el "yo oficial" de los personajes de *El tercer tiro* –abiertos, tolerantes– oculta una red de reglas e inhibiciones que bloqueen todo placer.[9] El distanciamiento irónico de los personajes con respecto al cadáver de Harry revela una neutralización obsesiva del complejo traumático subyacente. Por cierto, así como las reglas e inhibiciones obsesivas provienen de un endeudamiento simbólico generado por la disyunción entre la muerte real y la muerte simbólica del padre (el padre del Hombre de las Ratas murió "sin haber arreglado sus cuentas"), "el problema con Harry" consiste en que su cuerpo está presente sin haber muerto en el nivel simbólico. La película podría tener como subtítulo "El cadáver que no moría", puesto que la pequeña comunidad de aldeanos, cuyos destinos estaban de diversos modos vinculados con Harry, no sabía qué hacer con su cadáver. El único desenlace posible de la historia era la muerte simbólica de Harry. Se concierta entonces que el muchacho tropiece con el cuerpo por segunda vez, de modo que se puedan saldar las cuentas y finalmente tenga lugar el ritual del entierro.

Debemos recordar que el problema de Harry es el mismo de Hamlet (¿necesitamos subrayar que este último es un caso de obsesión por excelencia?): en última instancia, *Hamlet* es el drama de una muerte real no acompañada por un "arreglo de cuentas" simbólico. Polonio y Ofelia son enterrados subrepticiamente, sin los rituales prescriptos; el padre de Hamlet, asesinado en un momento inoportuno, sigue en estado de pecado, y debe enfrentar a su Hacedor sin confesión ni perdón. Por esta razón, y no por el asesinato como tal, el espectro retorna y le ordena al hijo que lo vengue. Podemos incluso dar un paso más atrás y recordar que el mismo problema aparece en *Antígona* (obra cuyo título casi podría ser "El problema con Polinices"): lo que pone en marcha la acción es que Creonte le prohíbe a Antígona que entierre al hermano y realice los rituales funerarios. Esto nos permite medir el camino recorrido por la "Civilización Occidental" en el pago de la deuda simbólica: desde los rasgos sublimes de Antígona (radiante de belleza y calma interior, para quien el acto es algo aceptado e incuestionable), a través de la vacilación y la duda obsesiva de Hamlet (que, por supuesto, finalmente actúa, pero cuando es demasiado tarde, cuando su acción no alcanza la meta simbólica), hasta el "problema con Harry" (en el cual toda la cuestión es tratada como una especie de equívoco, un inconveniente menor, un pretexto feliz para contactos sociales, pero en el cual la atenuación permite advertir una inhibición total, que buscaríamos en vano en *Hamlet* y *Antígona*.

La atenuación se convierte entonces en un modo específico de tomar nota de la "mancha" creada por lo real del cuerpo paterno: "Aísla la mancha, actúa como si no fuera seria, mantén la calma. Papá está muerto, muy bien, no es nada grave, ninguna causa de excitación." La economía de este aislamiento de la mancha, de ese bloqueo de su efectividad simbólica, encuentra una expresión perfecta en la paradoja familiar de la "situación catastrófica pero no grave", en lo que en los días de Freud se llamaba "filosofía vienesa". La clave de la atenuación parecería residir en la escisión entre el saber (real) y la creencia (simbólica): "Sé muy bien (que la situación es catastrófica), pero... (no creo en ella y seguiré actuando como si no fuera grave)". La actitud actual respecto de la crisis ecológica constituye una ilustración perfecta de esta escisión: tenemos plena conciencia de que tal vez sea demasiado tarde, de que quizás estemos ya al borde de la catástrofe (la agonía de los bosques europeos no es más que su presagio), pero no creemos en ella. Actuamos como si fuera sólo una preocupación exagerada por algunos árboles, algunas aves, y no una cuestión literal de supervivencia, de nuestra supervivencia. El mismo código nos permite comprender el lema "Seamos realistas, pidamos lo imposible" (escrito en las paredes de París en 1968) como un llamado a igualar lo real de la catástrofe que ha caído sobre nosotros, exigiendo lo que, en el marco de nuestra creencia simbólica, podría parecer "imposible".

Encontramos otra lectura de la atenuación en la célebre paradoja formulada por Winston Churchill. Los detractores de la democracia dicen que ella pavimenta el camino a la corrupción, la demagogia y el debilitamiento de la autoridad; Churchill les respondió: "Es cierto que la democracia es el peor de todos los sistemas posibles; el problema consiste en que ningún otro sistema sería mejor". Esta oración se basa en la lógica de "todo lo posible y algo más". La primera premisa se refiere al conjunto de "todos los sistemas posibles", y en este grupo el elemento cuestionado (la democracia) aparece como el peor. De la segunda premisa surge que el conjunto de "todos los sistemas posibles" no los incluye a todos, y que, comparado con elementos adicionales, el elemento del que se trata resulta perfectamente sobrellevable. Este procedimiento juega con el hecho de que los elementos adicionales son *los mismos* incluidos en el conjunto general de "todos los sistemas posibles"; la única diferencia reside en que *ellos ya no funcionan como elementos de una totalidad cerrada*. En relación con *la totalidad* de los sistemas de gobierno, la democracia es el peor, pero, dentro de la *serie no-totalizada* de los sistemas políticos, ninguno sería mejor. Entonces, a partir del hecho de que "ningún sistema sería mejor" no podemos concluir que la democracia sea "el mejor": su ventaja es estrictamente comparativa. En cuanto tratamos de formular la proposición en la forma del superlativo, la calificación de la democracia se invierte: el sistema se convierte en "el peor".

En el *post scriptum* a *¿Pueden los legos ejercer el análisis?*, Freud reproduce la misma paradoja del "no todo" con respecto a las mujeres, cuando recuerda un diálogo publicado en *Simplicissimus*, el periódico satírico vienés: "Un hombre se quejaba a otro de las debilidades y el carácter fastidioso de las mujeres. «De todos modos –contestó el interlocutor– la mujer es lo mejor que tenemos de esa especie».”[10] Ésta es la lógica de la mujer como síntoma del hombre: insoportable, pero nada es más agradable; vivir con ella es imposible, pero vivir sin ella es aún más difícil. El “problema con Harry” es catastrófico desde el punto de vista general, pero si tomamos en cuenta la dimensión del “no-todo”, ni siquiera representa una dificultad seria. El secreto de la atenuación (*understatement*) está precisamente en que explora esa dimensión del “no-todo” (*pas-tout*): es un modo adecuado de evocar el “no-todo” en inglés.

Por esta razón Lacan nos invita a “apostar a lo peor” (*parier sur le pire*): en el marco general, nada puede ser mejor que lo que parece ser “lo peor”, en cuanto es transpuesto al “no-todo” y sus elementos se comparan uno a uno. Dentro del marco general de la tradición psicoanalítica ortodoxa, el psicoanálisis lacaniano es sin duda “lo peor”, una catástrofe total, pero en cuanto lo comparamos con cada una de las otras teorías, surge que ninguna es mejor.

La respuesta de lo real

No obstante, el papel de lo real lacaniano es radicalmente ambiguo: por cierto, irrumpe en la forma de un retorno traumático, trastorna el equilibrio de nuestras vidas, pero al mismo tiempo es un sostén de ese equilibrio. ¿Qué sería nuestra vida cotidiana sin algún sostén en una *respuesta de lo real*? Para ejemplificar este aspecto de lo real, recordemos la película *El imperio del sol* [*Empire of the Sun*], de Steven Spielberg. En ella se narra la historia de Jim, un adolescente inglés atrapado en Shanghai durante la Segunda Guerra Mundial. El problema básico de Jim es sobrevivir, no sólo en el sentido físico, sino sobre todo psicológicamente: tiene que aprender a evitar la “pérdida de la realidad” después de que su mundo, su universo simbólico, ha caído literalmente en pedazos. Basta con que recordemos las escenas iniciales, en las cuales la miseria de la vida cotidiana de los chinos es confrontada con el mundo de Jim y sus padres: el mundo aislado de los ingleses, cuyo carácter onírico está vertido de un modo obvio cuando, ataviados para el baile de disfraces, atraviesan en su *limousine* el flujo caótico de los refugiados nativos. La realidad (social) de Jim es el mundo aislado de sus padres; él percibe la miseria china desde lejos. Una vez más descubrimos una barrera que separa lo interior de lo externo, una barrera que, como en *La desagradable profesión de Jonathan Hoag*, se materializa en la ventanilla del automóvil. A través de la ventanilla del Rolls Royce de su padre, Jim observa la miseria y el caos de la vida cotidiana en China como una especie de proyección cinematográfica, una experiencia de ficción totalmente discontinua con su propia realidad. Cuando la barrera cae (es decir, cuando se encuentra arrojado al mundo obsceno y cruel, respecto del cual hasta ese momento se había podido mantener a distancia), se inicia el problema de la supervivencia. La primera y casi automática reacción de Jim ante su pérdida de la realidad, ante este encuentro con lo real, consiste en repetir el gesto fálico elemental de la simbolización, es decir, invertir su impotencia total y convertirla en omnipotencia, concebirse a sí mismo como "radicalmente responsable" de la intrusión de lo real. El momento de esta intrusión puede ubicarse con exactitud: lo marca la toma desde el buque de guerra japonés que le ha disparado al hotel donde Jim y sus padres encontraron refugio. Precisamente para retener su sentido de realidad, Jim asume de modo automático la responsabilidad por ese disparo de cañón: se percibe como culpable del hecho de que se haya producido. Antes había estado observando a la nave japonesa mientras emitía señales luminosas, y había respondido a ellas con su linterna. Cuando el proyectil impacta en el hotel y el padre se precipita a la habitación, Jim grita aterrado "¡No quise hacerlo! ¡Era sólo una broma!" Hasta el final de la película, el niño sigue convencido de que la guerra se inició debido a sus señales luminosas despreocupadas. Más tarde, en el campo de prisioneros, surge el mismo sentimiento vehemente de omnipotencia cuando muere una dama inglesa. Jim la masajea con desesperación; el cadáver abre por un instante los ojos, a causa de la circulación sanguínea provocada artificialmente: Jim cae en un éxtasis, convencido de que es capaz de revivir a los muertos. Vemos de qué modo esa inversión fálica de la impotencia en omnipotencia está ligada con una *respuesta de lo real*. Siempre debe haber un "pequeño fragmento de lo real", totalmente contingente pero percibido como confirmatorio por el sujeto, que sostenga la creencia de este último en su propia omnipotencia.[11] En *El imperio del sol*, la respuesta de lo real es primero el cañonazo del buque japonés, que Jim atribuye a sus señales, y después los ojos abiertos de la inglesa muerta; hacia el final de la película, lo real responde con la llamarada de la bomba atómica arrojada sobre Hiroshima. Jim se siente iluminado por una luz especial, penetrado por un nueva energía que confiere a sus manos un poder curativo singular, e intenta devolver a la vida el cuerpo de su amigo japonés.[12] La misma función de respuesta de lo real cumple la "carta despiadada" que una y otra vez predice la muerte en *Carmen*, de Bizet, o la poción de amor que materializa la causa del vínculo fatal en *Tristán e Isolda*, de Wagner.

Lejos de limitarse a los denominados "casos patológicos", esta respuesta de lo real es necesaria para que tenga lugar la comunicación intersubjetiva como tal. No hay comunicación simbólica sin algún fragmento de lo real que garantice la consistencia de aquélla. Una de las obras más recientes de Ruth Rendell, *Hablar con desconocidos*, puede leerse como una novela de tesis sobre este tema (en el sentido en que Sartre llamaba "teatro de tesis" a sus propias obras de teatro, con las que ejemplificaba sus proposiciones filosóficas). La novela despliega una constelación intersubjetiva que ilustra a la perfección la tesis lacaniana de que la comunicación es una "desinteligencia exitosa". Como ocurre a menudo en Rendell (véanse también *El lago de las tinieblas*, *La muñeca asesina*, *El árbol de manos*), la trama se basa en el encuentro contingente de dos series, dos redes intersubjetivas. El protagonista es un hombre joven, desesperado porque su esposa lo ha abandonado para irse con otro. Al volver una noche a su casa, el héroe ve por azar que un muchacho pone un papel en la mano de una estatua, en un parque suburbano solitario. Cuando el muchacho se va, el héroe toma el papel, copia el mensaje en código escrito en él, y lo vuelve a colocar en su lugar. Puesto que se dedica como afición a descifrar códigos secretos, comienza ansiosamente a trabajar y, al cabo de un esfuerzo considerable, encuentra la clave. Aparentemente se trata de un mensaje secreto para los agentes de una red de espías. Lo que el héroe no sabe es que las personas que se comunican a través de esos mensajes no son verdaderos agentes secretos, sino un grupo de adolescentes que juegan: están divididos en dos "círculos", cada uno de los cuales trata de ubicar "un topo" en el círculo adversario, de penetrar en algunos de sus secretos (por ejemplo, robar un libro del departamento de uno de "los enemigos"). El protagonista de la novela no sabe nada de esto, y decide utilizar lo que ha descubierto en provecho propio. Pone en la mano de la estatua un mensaje codificado que ordena a uno de los "agentes" liquidar al hombre con el que se ha ido su mujer. De este modo desencadena una serie de acontecimientos imprevistos en el grupo de adolescentes, con el resultado final de la muerte accidental del amante de la mujer. Este accidente totalmente casual es interpretado por el personaje como resultado de su intervención exitosa.

El encanto de la novela deriva de la descripción paralela de las dos redes intersubjetivas: el héroe y su esfuerzo desesperado por recuperar a la esposa, por un lado, y por el otro los juegos adolescentes. Existe una interacción, una especie de comunicación entre ellos, pero ambos lados la perciben de modo incorrecto. El protagonista piensa que está en contacto con un círculo de espionaje real, capaz de ejecutar su orden. Los adolescentes ignoran que alguien de afuera ha interferido en la circulación de sus mensajes (atribuyen el mensaje del héroe a uno de los miembros del grupo). La "comunicación" se logra, pero de modo tal que una de las partes no sabe nada de ella (los miembros el grupo de adolescentes ignoran que un cuerpo extraño se ha intercalado en la circulación de sus mensajes; piensan que sólo están hablando entre ellos, y no "con hombres extraños"), mientras que la otra parte se engaña por completo acerca de "la naturaleza del juego". Los dos polos de la comunicación son entonces asimétricos. La "red" de adolescentes encarna al gran Otro, el mecanismo del significante, el universo de cifras y códigos, en su automatismo insensato, idiota, y cuando este mecanismo produce un cuerpo como resultado de su funcionamiento ciego, el otro lado (el héroe de la novela) interpreta este hecho casual como una "respuesta de lo real", una confirmación de que la comunicación ha sido exitosa: él puso en circulación una demanda, y esa demanda fue efectivamente satisfecha.[13]

Un "pequeño fragmento de lo real" producido accidentalmente (el cuerpo muerto) atestigua el éxito de la comunicación. Encontramos el mismo mecanismo en la adivinación y los horóscopos: basta una coincidencia totalmente contingente para que se produzca la transferencia; nos convencemos de que "algo tiene que haber". Lo real contingente desencadena el trabajo interminable de la interpretación, que intenta desesperadamente conectar la red simbólica de la predicción con los acontecimientos de nuestra "vida real". De pronto, "todas las cosas significan algo" y, si el significado no es claro, ello se debe sólo a que en parte permanece oculto, y hay que descifrarlo. En este caso lo real no funciona como algo que se resiste a la simbolización, como un resto carente de significado que no puede integrarse en el universo simbólico, sino, por el contrario, como su último sostén. Para que las cosas tengan significado, este significado debe ser confirmado por algún fragmento contingente de lo real que pueda interpretarse como "un signo". La misma palabra *signo*, en oposición a la marca arbitraria, forma parte de la respuesta de lo real: el signo proviene de la cosa misma, indica que por lo menos en un cierto punto se ha cruzado el abismo que separa lo real de la red simbólica: lo real ha respondido al llamado del significante. En los momentos de crisis social (guerras, plagas), los fenómenos celestes inusuales (cometas, eclipses, etcétera) son interpretados como signos proféticos.

"El rey es una cosa"

El punto crucial es que lo real que sirve como sostén de nuestra realidad simbólica debe parecer *encontrado* y no *producido*. Para aclarar esta cuestión recurriremos a otra novela de Ruth Rendell, *El árbol de manos*. La costumbre francesa de cambiar los títulos de las novelas traducidas produce como regla resultados desastrosos; en este caso, sin embargo, la regla tuvo una excepción: *Un enfant pour l'autre* ("Un niño por otro") define con exactitud la peculiaridad de esta historia macabra de una joven madre cuyo hijito muere de pronto como consecuencia de una enfermedad. Para compensar esta pérdida, la abuela enloquecida roba otro niño de la misma edad y se lo ofrece como sustituto a la madre angustiada. Después de una serie de intrigas y coincidencias entrelazadas, la novela desemboca en un final feliz más bien morboso. La joven madre admite la sustitución y acepta "un niño por otro".

A primera vista, Rendell parece proporcionar una lección elemental sobre la idea freudiana de la pulsión: su objeto es en última instancia indiferente y arbitrario (incluso en el caso de la relación "natural" y "auténtica" entre la madre y el hijo, resulta que el niño objeto es intercambiable). Pero el énfasis del relato de Rendell permite extraer una lección distinta: para que un objeto ocupe su lugar en un espacio libidinal, debe permanecer oculto su carácter arbitrario. El sujeto no puede decirse a sí mismo: "Puesto que el objeto es arbitrario, puedo elegir lo que quiera como objeto de mi pulsión". El objeto debe parecer *encontrado*, debe ofrecerse como sostén y punto de referencia para el movimiento circular de la pulsión. En la novela de Rendell, la madre sólo acepta al otro niño cuando las circunstancias le permiten decirse: "Realmente no puedo hacer nada; si lo rechazo ahora, las cosas se complicarán más; prácticamente, el niño me ha sido impuesto". De hecho, vemos que *El árbol de manos* tiene un funcionamiento inverso al del drama brechtiano: en lugar de hacer extraña una situación familiar, la novela demuestra que estamos preparados para aceptar paso a paso como familiar una situación extravagante y morbosa. Este procedimiento es mucho más subversivo que el brechtiano.

En esto consiste asimismo la lección fundamental de Lacan: si bien es cierto que cualquier objeto puede ocupar el lugar vacío de la Cosa, sólo puede hacerlo por medio de la ilusión de que siempre estuvo allí, es decir de que no lo pusimos nosotros, sino que *lo encontramos como respuesta de lo real*. Aunque cualquier objeto puede funcionar como objeto causa de deseo (en cuanto el poder de fascinación que ejerce no es su propiedad inmediata, sino que resulta del lugar que ocupa en la estructura), por necesidad estructural debemos caer víctimas de la ilusión de que el poder de fascinación pertenece al objeto como tal. Esta necesidad estructural nos permite encarar desde una perspectiva nueva la clásica descripción pascaliana-marxista de la lógica de la "inversión fetichista" de las relaciones interpersonales. Los súbditos creen que tratan a una cierta persona como rey porque ya es un rey en sí mismo, pero en realidad esa persona sólo es un rey porque los súbditos la tratan como tal. Desde luego, la inversión básica de Pascal y Marx reside en que ellos no definen el carisma del rey como una propiedad inmediata de la persona-rey, sino como una "determinación refleja" del comportamiento de sus súbditos, o (para emplear la terminología de la teoría del acto de habla) como un efecto performativo del ritual simbólico. Pero lo esencial es que una condición positiva necesaria para que tenga lugar este efecto performativo es que el carisma del rey sea experimentado precisamente como una propiedad inmediata de la persona-rey. En cuanto los súbditos toman conciencia de que el carisma del rey es un efecto performativo, ese efecto aborta. En otras palabras, si intentamos "sustraer" la inversión fetichista y presenciar directamente el efecto performativo, el poder performativo se disipa.

Podríamos preguntar por qué el efecto performativo sólo se produce cuando no se lo advierte. ¿Por qué el descubrimiento del mecanismo performativo necesariamente malogra su efecto? ¿Por qué, parafraseando a Hamlet, el rey es (también) una cosa? ¿Por qué el mecanismo simbólico tiene que engancharse a "una cosa", a algún fragmento de lo real? Desde luego, la respuesta lacaniana es que ello se debe a que el campo simbólico está desde siempre barrado, mutilado, estructurado en torno a algún núcleo éxtimo, alguna imposibilidad. La función del "pequeño fragmento de lo real" es precisamente llenar el espacio de este vacío que se abre en el corazón mismo de lo simbólico.

La dimensión psicótica de esta respuesta de lo real puede aprehenderse claramente en su oposición a otro tipo de respuesta de lo real: la coincidencia que nos toma por sorpresa y produce un choque vertiginoso. Lo primero que asociamos son algunos casos fabulosos, como el del político cuya tribuna se derrumba cuando él proclama apasionadamente: "¡Que Dios me arroje al suelo si he dicho una sola mentira!" Detrás de estos casos imaginarios *persiste* el miedo de que si mentimos y engañamos demasiado, intervendrá lo real para detenernos (como la estatua del Comendatore, que de pronto responde a la invitación insolente de Don Giovanni asintiendo con la cabeza).

Para analizar la lógica de este tipo de respuesta de lo real, recordemos la divertida aventura de Casanova analizada en detalle por Octave Mannoni en su clásico artículo "Je sais bien, mais quand même..."[14] Casanova intenta seducir a una campesina ingenua por medio de un engaño muy refinado. Para explotar la credulidad de la joven e impresionarla, finge ser un maestro del conocimiento oculto. En altas horas de la noche se pone ropa de mago, traza un círculo en el suelo, afirma que es un círculo mágico, y comienza a musitar fórmulas mágicas. De pronto sucede algo totalmente inesperado: estalla una tormenta con truenos y relámpagos, y Casanova se asusta. Aunque *sabe* muy bien que la tormenta es un simple fenómeno natural que se ha desencadenado en el curso del acto mágico por pura coincidencia, él entra en pánico: *cree* que se trata de un castigo por su juego blasfemo con la magia. Su reacción casi automática consiste en ponerse a salvo dentro de su propio círculo mágico, donde se siente seguro: "En el miedo que me sobrecogió, estaba convencido de que los rayos no me alcanzarían porque no podían entrar en el círculo. Sin esa falsa creencia no habría permanecido ni un minuto en el lugar." En síntesis, Casanova cayó víctima de su propio engaño. La respuesta de lo real (la tormenta) actuó como un choque que disolvió la máscara del embuste. Víctimas del pánico, la única salida parece ser "tomar en serio" nuestra propia ficción y aferrarnos a ella. La respuesta de lo real, con su núcleo psicótico que sirve como sostén de la realidad (simbólica), funciona de un modo inverso en la economía perversa de Casanova: es un choque que provoca la pérdida de la realidad.

"La naturaleza no existe"

La crisis ecológica, ¿no es la última forma de la respuesta de lo real, con la que nos confrontamos cotidianamente? El curso perturbado, desquiciado, de la naturaleza, ¿no es una respuesta de lo real a la praxis humana, a la intromisión humana en la naturaleza, mediada y organizada por el orden simbólico? El carácter radical de la crisis ecológica no debe subestimarse. Esta crisis no sólo es radical por el peligro real que representa: lo que está en juego no es sólo la supervivencia misma de la humanidad. Están en juego nuestros presupuestos más incuestionables, el horizonte de nuestros significados, nuestra comprensión cotidiana de la naturaleza como un proceso regular, rítmico. Para emplear las palabras del último Wittgenstein, la crisis ecológica socava la "certidumbre objetiva", el ámbito de las certidumbres evidentes sobre las cuales, en nuestra "forma de vida" establecida, carece de sentido tener dudas. De allí nuestra falta de disposición a tomar completamente en serio esta crisis; de allí que la reacción típica predominante consista aún en una variación sobre el tema de una renegación célebre: "Sé muy bien (que las cosas son tremendamente graves, que lo que está en juego es nuestra supervivencia misma), pero de todos modos... (en realidad no lo creo, no estoy realmente preparado para integrar ese hecho en mi universo simbólico, y por ello continúo actuando como si la ecología no tuviera consecuencias duraderas en mi vida cotidiana)".

Esto explica también que, en el nivel de la economía libidinal, sea obsesiva la reacción típica de quienes *sí* toman en serio la crisis ecológica. ¿Dónde está el núcleo de la economía obsesiva? El obsesivo se entrega a una actividad frenética, trabaja febrilmente todo el tiempo. ¿Por qué? Para evitar alguna catástrofe insólita que se produciría si él se detuviera; su actividad frenética se basa en un ultimátum: "Si yo no hago esto (el ritual compulsivo), se producirá alguna X indeciblemente horrible". En términos lacanianos, esta X puede especificarse como el Otro barrado, es decir, como la falta en el Otro, la inconsistencia del registro simbólico; en este caso, ella se refiere a la perturbación del ritmo establecido de la naturaleza. Debemos ser continuamente activos para que no salga a luz que "el Otro no existe" (Lacan).[15] La tercera reacción a la crisis ecológica consiste en considerarla una respuesta de lo real, un signo portador de cierto mensaje. El sida opera de este modo a los ojos de la "mayoría moral", que lo interpreta como un castigo divino por nuestra vida pecaminosa. Desde esta perspectiva, la crisis ecológica aparece también como un castigo por nuestra explotación implacable de la naturaleza, por el hecho de que la hemos tratado como un depósito de objetos y materiales disponibles, y no como interlocutora en un diálogo ni como fundamento de nuestro ser. La lección que extraen quienes reaccionan de este modo es que debemos cesar en nuestro modo de vida extraviado, pervertido, y comenzar a sentirnos parte de la naturaleza, acomodándonos a sus ritmos, enraizándonos en ella.

¿Qué puede decirnos sobre la crisis ecológica un enfoque lacaniano? Sencillamente que debemos aprender a aceptar lo real de esa crisis en su actualidad carente de sentido, sin cargarla con algún mensaje o significado. En este aspecto, podríamos interpretar las tres reacciones que hemos descrito ("Sé muy bien, pero de todos modos..."; la actividad obsesiva, y la percepción de un signo con algún significado oculto) como tres formas de evitar el encuentro con lo real: una escisión fetichista, un reconocimiento de la crisis que neutraliza su eficacia simbólica; la transformación de la crisis en un núcleo traumático; una proyección psicótica de significado sobre lo real. El hecho de que la primera reacción constituye una renegación fetichista de lo real de la crisis es evidente de por sí. No resulta tan obvio que también las otras dos reacciones obstaculizan una respuesta adecuada. Pues, si aprehendemos la crisis ecológica como un núcleo traumático que hay que mantener a distancia mediante una actividad obsesiva, o como portadora de un mensaje, como un llamado a encontrar nuevas raíces en la naturaleza, en ambos casos nos cegamos a la brecha irreductible que separa lo real de los modos de su simbolización. La única actitud correcta es la que asume plenamente esta brecha como algo que define nuestra *condición humana*, sin tratar de suspenderla mediante una renegación fetichista, ni de ocultarla por medio de una actividad obsesiva, ni de reducir la brecha entre lo real y lo simbólico proyectando un mensaje (simbólico) sobre lo real. El hecho de que el hombre es un ser hablante significa precisamente que, por así decirlo, está constitutivamente "fuera de carril", marcado por una fisura irreductible que el edificio simbólico intenta reparar en vano. De tanto en tanto, esta fisura hace irrupción de alguna manera espectacular, recordándonos la fragilidad del edificio simbólico: el último episodio se llamó Chernobyl.

La radiación de Chernobyl representó la intrusión de una contingencia radical. Fue como si el encadenamiento "normal" de causas y efectos hubiera quedado suspendido por un momento: nadie sabía cuáles serían exactamente las consecuencias. Los expertos admitían que cualquier determinación del umbral de peligro era arbitraria; la opinión pública osciló entre una previsión aterrada de catástrofes futuras y la idea de que no había ningún motivo de alarma. Precisamente esta indiferencia a su modo de simbolización es lo que sitúa la radiación en la dimensión de lo real. Con independencia de lo que digamos sobre ella, continúa ampliándose, reduciéndonos al papel de testigos impotentes. Los rayos son totalmente *irre-*

presentables; ninguna imagen es adecuada para ellos. En su estatuto como real, el "núcleo duro" en torno al cual fracasa cualquier simbolización, ellos se convierten en un puro semblante. No vemos ni sentimos los rayos radiactivos; son objetos totalmente quiméricos, efectos de la incidencia del discurso de la ciencia sobre nuestro mundo vital. Después de todo, sería perfectamente posible persistir en nuestra actitud de sentido común, y sostener que el pánico provocado por Chernobyl fue consecuencia de la confusión y exageración de algunos científicos: mucho ruido y pocas nueces en los medios de comunicación, mientras nuestra vida cotidiana simplemente seguía su curso. Pero el hecho mismo de que una serie de comunicaciones públicas respaldadas por la autoridad del discurso de la ciencia pudieran provocar ese pánico demuestra la medida en que nuestra vida cotidiana está ya penetrada por el discurso científico.

Chernobyl nos enfrentó con la amenaza de lo que Lacan denomina "la segunda muerte": el resultado del reinado del discurso de la ciencia es que, lo que en la época del marqués de Sade fue una fantasía literaria (una destrucción radical que interrumpiera en el proceso de la vida), se ha convertido hoy en día en una amenaza a nuestra subsistencia cotidiana. El propio Lacan observó que la explosión de la bomba atómica ejemplificaba la segunda muerte: en la muerte radiactiva se disuelve, se desvanece la materia misma, el fundamento, el sostén permanente del circuito externo de generación y corrupción. La desintegración radiactiva es la "herida abierta del mundo", un corte que perturba y extravía la circulación de lo que llamamos "realidad". "Vivir con la radiación" significa vivir con el conocimiento de que en algún lugar, en Chernobyl, hizo irrupción una Cosa que conmueve el fundamento mismo de nuestro ser. Por lo tanto, nuestra relación con Chernobyl puede escribirse como $\$ \lozenge a$: en ese punto irrepresentable donde el fundamento mismo de nuestro mundo parece disolverse, el sujeto tiene que reconocer el núcleo de su ser más íntimo. En última instancia, ¿qué es esta "herida abierta del mundo" si no *el hombre mismo*, el hombre en cuanto dominado por la pulsión de muerte, en cuanto su fijación al espacio vacío de la Cosa lo extravía, lo priva de sostén en la regularidad de los procesos vitales? La aparición misma del hombre necesariamente entraña una pérdida del equilibrio natural, de la homeostasis propia de los procesos de la vida.

El joven Hegel propuso una definición posible del hombre que hoy en día, en medio de la crisis ecológica, adquiere una nueva dimensión: "la naturaleza enferma de muerte". Cualquier intento de recobrar un nuevo equilibrio entre el hombre y la naturaleza, de eliminar de la actividad humana su carácter excesivo e incluirla en el circuito regular de la vida, no es más que una serie de esfuerzos sucesivos tendientes a suturar una brecha original e irredimible. Así hay que pensar la tesis clásica freudiana sobre la discordia fundamental entre la realidad y el potencial pulsional del hombre. Freud dice que esta discordia original, constitutiva, no puede ser explicada por la biología: resulta del hecho de que las pulsiones del hombre están ya radicalmente desnaturalizadas, sacadas de carril por su apego traumático a una Cosa, a un espacio vacío; esto excluye para siempre al hombre del movimiento circular de la vida, y de tal modo abre la posibilidad inmanente de una catástrofe radical, la "segunda muerte".

Tal vez sea aquí donde debemos buscar la premisa básica de una teoría freudiana de la cultura: en última instancia, una cultura no es más que una formación de transacción, una reacción a alguna dimensión terrorífica radicalmente inhumana, propia de la condición humana en sí. Esto explica también la obsesión de Freud por el Moisés de Miguel Ángel: en él, Freud reconocía (por supuesto, erróneamente, pero esto no importa) a un hombre que estaba al borde de dejar paso a la furia destructiva de la pulsión de muerte, y encontraba fuerzas para dominarla y no destruir las tablas en las que estaban inscritos los mandamientos de Dios.[16] Ante las catástrofes que ha hecho posible la incidencia del discurso de la ciencia sobre la realidad, este gesto mosaico tal vez sea nuestra única esperanza.

La debilidad básica de nuestras respuestas ecológicas consiste por lo tanto en su economía libidinal obsesiva: nos parece que debemos hacer todo lo posible para mantener el equilibrio del circuito natural, a fin de evitar que alguna turbulencia terrorífica extravíe la regularidad establecida en los caminos de la naturaleza. Para desembarazarnos de esta economía predominantemente obsesiva, tenemos que dar un paso más y *renunciar a la idea misma de un "equilibrio natural" supuestamente perturbado por la intervención del hombre como "naturaleza enferma de muerte"*. Lacan decía que "La Mujer no existe": de modo análogo, tal vez nosotros debamos afirmar que *la Naturaleza no existe*: no existe como un circuito periódico equilibrado, sacado de carril por inadvertencia del hombre. En última instancia, hay que abandonar la idea misma del hombre como un "exceso" con respecto al circuito equilibrado de la naturaleza. La imagen de la naturaleza como un circuito equilibrado no es más que una proyección retroactiva de los seres humanos. Ésa es la lección de las recientes teorías del caos: la naturaleza es ya, en sí misma, turbulenta, desequilibrada; su "regla" no es una oscilación equilibrada en torno a algún punto de atracción constante, sino una dispersión caótica dentro de los límites de lo que la teoría del caos denomina el "atractor extraño", una regularidad que dirige el caos.

Uno de los logros de la teoría del caos es la demostración de que este último no implica necesariamente una red intrincada e impenetrable de causas: la conducta "caótica" puede ser producida por causas sencillas. La teoría del caos subvierte de este modo la "intuición" básica de la física clásica, según la cual todo proceso, librado a sí mismo, tiende a una especie de equilibrio natural (un punto de reposo o un movimiento regular). El aspecto revolucionario de esta teoría queda condensado en la expresión "atractor extraño". Es posible que un sistema se comporte de un modo regular, caótico (es decir, que nunca vuelva a un estado previo) y sea no obstante capaz de formalizarse por medio de un atractor que lo regula: un atractor que es "extraño", es decir, que no toma la forma de un punto o de una figura simétrica, sino de serpentinas interminablemente entretejidas dentro de los contornos de una figura definida, un círculo desfigurado "anamorfóticamente", una "mariposa", etcétera.

Nos sentimos incluso tentados a arriesgar una homología entre dos oposiciones: la del atractor "normal" (un estado de equilibrio o de oscilación regular hacia el cual se supone que tiende un sistema perturbado) y un atractor "extraño", por un lado, y por el otro la oposición entre el equilibrio por el que lucha el principio de placer, y la Cosa freudiana que encarna el goce. La Cosa freudiana, ¿no es una especie de "atractor fatal" que perturba el funcionamiento regular del aparato psíquico, impidiéndole establecerse en un equilibrio? La forma misma del "atractor extraño", ¿no es una especie de metáfora física del objeto *a* lacaniano? Encontramos aquí otra confirmación de la tesis de Jacques-Alain Miller en cuanto a que el objeto *a* es una pura forma: es la forma de un atractor que nos arrastra a una oscilación caótica. El arte de la teoría del caos consiste en que *nos permite ver la forma misma del caos*, nos permite ver una pauta donde comúnmente no vemos más que un desorden informe.

La oposición tradicional entre "el orden" y "el caos" queda entonces en suspenso: lo que parece un caos incontrolable (desde las oscilaciones de la bolsa y el desarrollo de las epidemias hasta la formación de los remolinos y el ordenamiento de las ramas de un árbol) sigue una cierta regla; el caos es regulado por un atractor. No se trata de "detectar el orden que está detrás del caos", sino de identificar la forma, el patrón del caos, de su dispersión irregular. En oposición a la ciencia tradicional, centrada en la idea de una ley uniforme (la conexión regular de causas y efectos, etcétera), estas teorías ofrecen un primer borrador de una futura "ciencia de lo real", es decir, de una ciencia que elabore las reglas generadoras de contingencias, *tyché*, opuestas al *automaton* simbólico. El verdadero cambio de paradigma de la ciencia contemporánea debe buscarse aquí, y no en los intentos oscurantistas de "síntesis" entre la física de las partículas y el misticismo oriental, esa síntesis que apunta a la afirmación de un nuevo enfoque orgánico, holista, que supuestamente reemplazaría a la antigua concepción mecanicista del mundo.[17]

CÓMO SE REPRODUCE Y CONOCE LO REAL

La reproducción de lo real

La ambigüedad de lo real lacaniano no reside sólo en el núcleo no simbolizado que aparece de pronto en el registro simbólico con la forma de "retornos" y "respuestas" traumáticos. Lo real está al mismo tiempo contenido en la forma simbólica en sí: lo real es *inmediatamente reproducido* por esta forma. Para aclarar este punto crucial, recordemos un rasgo del seminario *Aun*, rasgo éste que debe parecer un tanto extraño desde el punto de vista de la teoría lacaniana convencional. En efecto, todo el esfuerzo de la teoría lacaniana convencional del significante tiende a mostrarnos la pura contingencia de la cual depende el proceso de la simbolización: tiende a "desnaturalizar" el efecto del significado, revelando que resulta de una serie de encuentros contingentes y siempre está sobredeterminado. Pero, en *Aun*, Lacan, sorprendentemente, *rehabilita la noción de signo*, del signo concebido precisamente en su oposición al significante, es decir, preservando la continuidad con lo real.[18] ¿Qué significa este desplazamiento, si, desde luego, descartamos la posibilidad de una simple regresión teórica?

El registro del significante se define como un círculo vicioso de diferencialidad: es un registro de discurso en el cual la identidad de cada elemento está sobredeterminada por su articulación, es decir que cada elemento *es* sólo su diferencia respecto de los otros, sin ningún sostén en lo real. Al rehabilitar la noción de "signo", Lacan trata de indicar el estatuto de una letra que no puede reducirse a la dimensión de significante, es decir, que es *prediscursiva*, que está aún impregnada con la sustancia del goce. Si en 1962 Lacan había postulado que "el goce está interdicto para quien habla, como tal"[19] en el nuevo seminario teorizó una letra paradójica que no es más que goce materializado.

Para explicar este punto, volvamos a considerar la teoría del cine, porque lo que ha delimitado Michel Chion con su concepto de *rendu* es precisamente el estatuto de esta letra-goce. Lo *rendu* se opone al *simulacro* (imaginario) y al *código* (simbólico) como un tercer modo de verter la realidad en el cine: no por medio de una imitación imaginaria, ni a través de una representación codificada simbólicamente, sino por la vía de su *reproducción* inmediata.[20] Chion se refiere sobre todo a las técnicas contemporáneas de sonido que no sólo nos permiten reproducir con exactitud el sonido original, natural, sino incluso reforzarlo y hacer audibles detalles que pasaríamos por alto si nos encontráramos en la realidad registrada por la película. Este tipo de sonido nos penetra, se apodera de nosotros en un nivel real inmediato, como los ruidos obscenos, mucosos, viscosos, repugnantes, que acompañan la transformación de los seres humanos en sus clones extraños, en la versión de Philip Kaufman de *La invasión de los usurpadores de cuerpos* [*The Invasion of the Body Snatchers*]: sonidos asociados con alguna entidad indefinida, a media distancia entre el acto sexual y el parto. Según Chion, este cambio de estatuto de la banda sonora apunta a una "revolución suave", lenta pero de largo alcance, que se está produciendo en el cine contemporáneo. Ya no es correcto decir que el sonido "acompaña" el flujo de las imágenes, en cuanto la banda sonora funciona ahora como marco de referencia elemental que nos permite orientarnos en el espacio cinematográfico. Al bombardearnos con detalles provenientes de distintas direcciones (las técnicas estereofónicas, etcétera), la banda sonora asume la función de toma fundante. Nos proporciona la perspectiva básica, el "mapa" de la situación, y asegura su continuidad, mientras que las imágenes quedan reducidas a la condición de fragmentos aislados que flotan libremente en el medio universal del acuario sonoro. Sería difícil inventar una mejor metáfora para la psicosis: en contraste con el estado de cosas "normal", en el cual lo real es una falta, un agujero en medio del registro simbólico (como la mancha negra central en las pinturas de Rothko), tenemos aquí el "acuario" de lo real que rodea a islas aisladas de lo simbólico. En otras palabras, ya no se trata de un goce que "pulsiona" la proliferación de los significantes funcionando como un agujero negro central, en torno al cual está entrelazada la red significante; por el contrario, el registro simbólico en sí aparece reducido al estatuto de islas flotantes del significante, *îles flottantes* blancas en un mar de goce pringoso.[21]

El hecho de que lo real "reproducido" de este modo es lo que Freud denominaba "realidad psíquica" puede demostrarse con las escenas misteriosamente hermosas de *El hombre elefante* [*Elephant Man*] de David Lynch, que presenta desde adentro, por así decirlo, la experiencia subjetiva del hombre elefante. La matriz de los sonidos y ruidos externos, "reales", queda en suspenso o por lo menos atenuada, empujada a un segundo plano; sólo oímos un sonido rítmico de estatuto incierto, algo intermedio entre los latidos del corazón y la marcha regular de una máquina. Tenemos aquí lo *rendu* en su forma más pura, un pulso que no imita ni simboliza nada pero se apodera de nosotros de inmediato, que reproduce inmediatamente la cosa. ¿Qué cosa? Una vez más, un latido, el de esa "niebla gris e informe latiendo lentamente como con una vida rudimentaria". Ésta es su mejor descripción. Esos sonidos que nos penetran como rayos invisibles, pero no obstante materiales, son lo real de la realidad psíquica. Su presencia abrumadora suspende la denominada realidad externa. Ellos reproducen el modo en que el hombre elefante se oye a sí mismo, el modo en que está apresado en su círculo autístico, excluido de la comunicación pública, intersubjetiva. La belleza poética de la película reside en una serie de tomas que, desde el punto de vista del relato realista, son totalmente redundantes e incomprensibles: su única función es visualizar el pulso de lo real. Piénsese, por ejemplo, en la toma misteriosa del telar; es como si fuera ese telar el que, con su movimiento rítmico, generara el latido que oímos.[22]

Este efecto del *rendu* no se limita, por supuesto, a la "revolución suave" que se está produciendo actualmente en el cine. Un análisis cuidadoso ya revela su presencia en películas clásicas de Hollywood: más precisamente, en algunos de sus productos límite, como tres *films noirs* producidos a fines de la década de 1940 y principios de la de 1950, vinculados por un rasgo común: los tres se basan en la prohibición de un elemento formal que es un constituyente central del procedimiento narrativo "normal" de una película sonora:

- En *La dama del lago* [*Lady in the Lake*], de Robert Montgomery, lo prohibido es la toma objetiva. Salvo en la introducción y el final, donde el detective (Philip Marlowe) mira directamente a la cámara, presentando y comentando los acontecimientos, todo el relato en *flashbacks* tiene la estructura de tomas subjetivas, es decir que sólo vemos lo que ve el personaje principal (y sólo aparece él mismo, por ejemplo, cuando se mira al espejo).
- En *Festín diabólico* [*Rope*], de Alfred Hitchcock, lo que está prohibido es el montaje. Toda la película parece una única toma prolongada; incluso cuando se impone un corte por limitaciones técnicas (en 1948 no era posible filmar tomas de más de diez minutos), se realiza de un modo tal que pase inadvertido (por ejemplo, un personaje obstruye el objetivo y oscurece por un momento la pantalla).
- *The Thief*, de Russell Rouse, la menos conocida de estas tres películas, narra la historia de un espía comunista (Ray Milland), que finalmente se derrumba bajo la presión moral y se entrega al FBI; en este caso está prohibida la voz. No se trata de una película muda; continuamente oímos los habituales sonidos de fondo, los ruidos que hacen las personas y los automóviles, etcétera, pero, con la excepción de algunos murmullos distantes, nunca nos llega una voz, una palabra hablada: la película evita todas las situaciones en las cuales habría que recurrir necesariamente al diálogo. Desde luego, el propósito de ese silencio es permitirnos experimentar la soledad y el aislamiento desesperados del agente comunista en la comunidad.

Estas tres películas son experimentos formales artificiales, extremadamente tensos, pero, ¿de dónde proviene la innegable impresión de fracaso? En primer lugar, cada uno de estos filmes es un hápax: el único espécimen de su clase. No se podrían repetir estos trucos, sólo es posible utilizarlos con eficacia una única vez. Pero también advertimos una fuente más profunda del fracaso. No es casual que las tres películas induzcan la misma sensación de encierro claustrofóbico. Es como si nos encontráramos en un universo psicótico sin apertura simbólica; hay barreras que no se pueden atravesar de ningún modo. La presencia de estas barreras se siente continuamente y crean una tensión casi insoportable. En *La dama del lago* anhelamos salir de la "casa de vidrio" de la mirada del detective, hasta que, finalmente, tenemos una visión objetiva, "libre", de la acción; en *Festín diabólico* aguardamos desesperadamente un corte que nos salve de esa continuidad de pesadilla; en *The Thief*, esperamos de modo incesante que alguna voz nos saque del universo cerrado, autista, en el cual los ruidos sin significado reproducen del modo más palpable el silencio básico, es decir, la falta de palabra hablada.

Cada una de estas tres prohibiciones genera su propio tipo de psicosis: con las tres películas como puntos de referencia podríamos elaborar una clasificación de los tipos fundamentales de psicosis. Por medio de la prohibición de la toma objetiva, *La dama del lago* produce un efecto *paranoico*. Puesto que la visión de la cámara no es nunca objetiva, el campo de lo visto está continuamente asediado por lo no visto, y la mera proximidad de los objetos se vuelve hostil: todos asumen el carácter de amenazas potenciales, en todas partes hay peligro. Por ejemplo, cuando una mujer se acerca a la cámara nos parece una intrusión agresiva en la esfera de nuestra intimidad. Por medio de la prohibición del montaje, *Festín diabólico* escenifica un pasaje al acto psicótico. La "soga" del título en inglés es por supuesto la conexión entre las palabras y los actos; ella marca el momento en el que lo simbólico cae en lo real, como en el caso de Bruno en *Pacto siniestro* [*Strangers on a Train*]; allí, el homosexual asesino toma las palabras en su sentido literal, y pasa inmediatamente a los hechos, realizando las teorías nietzscheanas del profesor (James Stewart), que precisamente se refieren a la ausencia de prohibición (a los superhombres todo se les está permitido). Finalmente, *The Thief*, al prohibir la voz, reproduce un *autismo* psicótico, el aislamiento respecto de la red discursiva de la intersubjetividad. Podemos ver entonces dónde reside la dimensión de lo *rendu*: no en los contenidos psicóticos de estas películas, sino en el modo en que el contenido, lejos de ser sencillamente descrito, es inmediatamente reproducido por la forma cinematográfica: el mensaje de la película es inmediatamente su forma.[23]

¿Qué es lo que está en última instancia prohibido por la barrera inatravesable que opera en cada una de estas tres películas? La razón fundamental de su fracaso está en la sensación persistente de que la prohibición es arbitraria y caprichosa: como si el autor hubiera decidido renunciar a algunos de los elementos constitutivos del cine sonoro "normal" (el montaje, la toma objetiva, la voz) a los fines de un experimento puramente formal. Las prohibiciones en las que se basan estas películas vedan algo que también podría no haber sido prohibido. No prohíben algo ya en sí mismo imposible (paradoja fundamental que, según Lacan, define la castración simbólica, la prohibición del incesto: la prohibición del goce que es imposible obtener). En esto reside la sensación de ahogo insoportable, incestuoso. *Falta* la interdicción fundamental constitutiva del orden simbólico (la prohibición del incesto, el "corte de la soga" que nos permite tomar una distancia simbólica respecto de la "realidad"), y la prohibición arbitraria que la reemplaza no hace más que encarnar, atestiguar esa falta, esa falta de la falta.

El saber en lo real

Ahora debemos dar el paso final: si en toda formación simbólica opera un núcleo psicótico por medio del cual se reproduce inmediatamente lo real, y si esta forma es en última instancia la de una cadena significante, es decir, una cadena de saber (S_2), entonces, por lo menos en cierto nivel, debe haber un tipo de saber que opera en lo real en sí. La noción lacaniana del "saber en lo real" parece a primera vista puramente especulativa, una extravagancia superficial, distante de nuestra experiencia cotidiana. La idea de que la propia naturaleza conoce sus leyes y se comporta en concordancia con ellas se nos ocurre descabellada. Pero, aunque esta idea fuera una salida ingeniosa y hueca, tendríamos que preguntarnos por qué se repite con tanta regularidad en los dibujos animados. El gato persigue salvajemente al ratón, sin advertir el precipicio; cuando la tierra desaparece bajo sus patas, el gato no cae, continúa corriendo, y sólo se desploma al mirar hacia abajo y *ver* que está flotando en el aire. Todo ocurre como si lo real hubiera olvidado por un momento las leyes que tiene que obedecer. Cuando el gato mira hacia abajo, lo real "recuerda" sus leyes y actúa en consecuencia. La reiteración de estas escenas indica que deben de tener el sostén de algún guión fantasmático elemental. Otro argumento en favor de esta conjetura es que encontramos la misma paradoja en el célebre sueño registrado por Freud en *La interpretación de los sueños* sobre el padre que ignora que está muerto:[24] sigue viviendo porque no sabe que ha dejado de existir, como el gato de los dibujos animados, que continúa corriendo porque no sabe que no hay tierra debajo de sus patas. Nuestro tercer ejemplo es el de Napoleón en la isla de Elba: históricamente, ya no tenía vida (había pasado su momento, había terminado su papel), pero seguía vivo (presente en el escenario de la historia) porque no había tomado conciencia de que estaba muerto, razón por la cual debió "morir dos veces", ser derrotado por segunda vez en Waterloo. En ciertos estados o aparatos ideológicos encontramos la misma sensación: aunque son claramente anacrónicos, subsisten porque *no lo saben*. Alguien debe asumir el deber descortés de recordarles este hecho desagradable.

Estamos ahora en condiciones de especificar con más claridad los contornos del escenario fantasmático que sostiene este fenómeno del saber en lo real: en la realidad psíquica encontramos una serie de entidades que, literalmente, sólo existen sobre la base de una falta de reconocimiento, es decir, en la medida en que el sujeto no sabe algo, en la medida en que algo queda sin decir, en que eso no es integrado al universo simbólico. En cuanto el sujeto llega a "saber demasiado", paga por este exceso, por este saber excedente "en la carne", próximo a la sustancia misma de su ser. Sobre todo el yo es una entidad de este tipo; consiste en una serie de identificaciones imaginarias de las que depende la consistencia del ser del sujeto; en cuanto este último "sabe demasiado", en cuanto se acerca demasiado a la verdad inconsciente, su yo se disuelve. El ejemplo paradigmático de este drama es Edipo: cuando finalmente se entera de la verdad, desde el punto de vista existencial "la tierra desaparece bajo sus plantas", y él se encuentra en un vacío insoportable.

Esta paradoja merece nuestra atención, porque nos permite rectificar una cierta concepción errónea. Como regla, se concibe el inconsciente de una manera opuesta: se supone que es una entidad sobre la cual, en virtud del mecanismo de defensa de la represión, el sujeto no sabe nada (no quiere saber nada). Por ejemplo, no quiere conocer sus deseos perversos, ilícitos. Pero el inconsciente debe concebirse como una entidad positiva que sólo conserva su consistencia sobre la base de un cierto no saber: su condición ontológica positiva es que algo debe quedar sin simbolizar, algo no debe ser puesto en palabras. Ésta es también la definición más elemental del síntoma: una cierta formación que sólo existe porque el sujeto ignora alguna verdad fundamental sobre sí mismo; en cuanto el significado de esta verdad se integra en el universo simbólico de ese sujeto, el síntoma se disuelve. Por lo menos, ésta era la posición del primer Freud, que creía en la omnipotencia del proceso interpretativo. En el cuento corto "Los nueve mil millones de nombres de Dios", compilado por Isaac Asimov, se presenta el universo en los términos de la lógica del síntoma, confirmando la tesis lacaniana de que "el mundo" como tal, "la realidad", es siempre un síntoma, y se basa en la forclusión de un cierto significante clave. La realidad en sí no es más que la corporización de un cierto bloqueo en el proceso de la simbolización. Para que la realidad exista, algo debe quedar sin decir. Los monjes de un monasterio de los Himalayas compran una computadora y contratan a dos expertos norteamericanos. Según las creencias de esos monjes, Dios tiene una cantidad limitada de nombres, que consisten en todas las combinaciones posibles de nueve letras, con la exclusión de las series carentes de sentido (por ejemplo, con más de tres consonantes sucesivas). El mundo fue creado para que todos esos nombres sean pronunciados o escritos; en cuanto esto ocurra, la creación habrá cumplido su propósito y el mundo se aniquilará. Por supuesto, la tarea encargada a los expertos es que programen la computadora para que haga imprimir los nueve mil millones de nombres posibles de Dios. En cuanto los expertos han realizado su tarea, la impresora comienza a lanzar una cantidad interminable de hojas de papel, y los dos norteamericanos inician el viaje de regreso al valle, comentando irónicamente la excéntrica solicitud de sus clientes. Al cabo de cierto tiempo uno de ellos mira su reloj y observa con una carcajada que precisamente en ese momento la computadora debía de estar terminando su tarea. Dirige entonces la mirada al cielo nocturno, y queda petrificado: las estrellas han comenzado a expirar, el universo comienza a desvanecerse. Una vez escritos todos los nombres de Dios, una vez completada su simbolización total, se disuelve el mundo como síntoma.

Desde luego, la primera objeción que surge es que este "saber en lo real" tiene sólo un valor metafórico, ilustra un rasgo de la realidad psíquica. Pero la ciencia contemporánea nos enfrenta con una desagradable sorpresa: la física de las partículas subatómicas (es decir, una disciplina científica supuestamente exacta, exenta de resonancias psicológicas) ha tenido que encarar reiteradamente en las últimas décadas el problema del "saber en lo real". Una y otra vez ha encontrado fenómenos que parecen suspender el principio de la causa local, fenómenos que aparentemente implican un transporte de información a una velocidad mayor que la máxima posible según la teoría de la relatividad. Éste es el denominado efecto Einstein-Podolsky-Rosen: lo que hemos hecho en un área A afecta lo que sucede en un área B, sin que quepa suponer una cadena causal normal que no exceda la velocidad de la luz.

Supongamos un sistema de dos partículas de polaridad cero: si una de las partículas se polariza hacia arriba, la otra lo hace hacia abajo. Supongamos ahora que separamos estas dos partículas de un modo que no afecte sus respectivas polaridades: una partícula saldrá en una dirección, y la otra en dirección opuesta. Después de separarlas, hacemos que una atraviese un campo magnético que la polarice hacia arriba; la otra se polarizará entonces hacia abajo. Sin embargo, entre una y otra no ha habido ninguna posibilidad de comunicación ni de vínculo causal normal, porque la reacción ha sido inmediata, se produjo antes de que la polarización hacia arriba de la primera partícula pudiera ser causa de la polarización hacia abajo de la otra del modo más rápido posible (enviando la señal a la velocidad de la luz). Se plantea entonces la cuestión de *cómo "supo" la segunda partícula que le habíamos impartido a la primera una polarización hacia arriba*. Debemos presuponer una especie de "saber en lo real", como si una partícula de algún modo "supiera" lo que ocurre en otro lugar y actuara en consecuencia. A la física contemporánea de las partículas la obsesiona el problema de crear experiencias que pongan a prueba esta hipótesis (confirmada por el célebre experimento de Alain-Aspect de principios de la década de 1980), y articular una explicación de esta paradoja.

Este caso no es el único. Toda una serie de nociones formuladas por Lacan en su lógica del significante (conceptos que podrían parecer trivialidades intelectuales y paradojas carentes de valor científico) se corresponden sorprendentemente con algunas ideas clave de la física de las partículas subatómicas (por ejemplo, la paradoja de una partícula que "no existe", aunque tiene propiedades y produce efectos). No hay nada extraño en esto, si tenemos en cuenta que la física subatómica es un ámbito de pura diferencialidad en el cual ninguna partícula se define como una entidad positiva, sino como una de las combinaciones posibles de otras partículas (así como la identidad de cada significante consiste en el haz de sus diferencias respecto de los otros significantes). No debe sorprendernos entonces que en la física reciente podamos encontrar incluso la lógica lacaniana del "no-todo" (*pas-tout*), es decir, la concepción de la diferencia sexual que define el lado masculino como una función universal constituida mediante la excepción fálica, y el lado femenino como un conjunto "no-todo", no-universal, pero sin excepción. Nos estamos refiriendo a las consecuencias de los límites del universo trazados por Stephen Hawking con su hipótesis del "tiempo imaginario" ("imaginario", no en el sentido psicológico de "existir en la imaginación", sino en un sentido puramente matemático: es sólo calculable con números imaginarios).[25] Hawking intenta construir una teoría alternativa a la del *big-bang* convencional, según la cual, para explicar la evolución del universo, tenemos que presuponer un punto de partida como momento de "singularidad" con las leyes físicas universales suspendidas. La teoría del *big-bang* correspondería entonces al lado masculino de la lógica del significante: la función universal (las leyes físicas) se basan en una cierta excepción (la singularidad). Pero lo que Hawking intenta demostrar es que, si aceptamos la hipótesis del tiempo imaginario, no necesitamos postular la existencia de esa singularidad. Al introducir el tiempo imaginario, la diferencia entre el tiempo y el espacio desaparece por completo; el tiempo comienza a funcionar del mismo modo que el espacio en la teoría de la relatividad: aunque es finito, no tiene límites. Aunque sea "curvo", circular, finito, no es necesario que algún punto externo lo limite. En otras palabras, el tiempo es "no-todo", "femenino" en el sentido lacaniano. A propósito de esta distinción entre el tiempo real y el tiempo imaginario, Hawking señala claramente que se trata de dos modos paralelos de conceptualizar el universo: aunque en la teoría del *big-bang* hablamos de tiempo "real", y en esta otra teoría nos referimos a un tiempo "imaginario", ninguna de estas dos versiones tiene prevalencia ontológica, ninguna nos ofrece un cuadro más adecuado de la realidad; su duplicidad (en todos los sentidos de la palabra) es irreductible.

¿Qué conclusión debemos entonces extraer de este acuerdo inesperado entre las más recientes especulaciones físicas y las paradojas de la lógica lacaniana del significante? Por supuesto, podríamos derivar hacia una especie de oscurantismo junguiano: diríamos que lo masculino y lo femenino no tienen que ver sólo con la antropología, sino que también son principios cósmicos, una polaridad que determina la estructura del universo; la diferencia sexual humana sería sólo una forma especial de este antagonismo cósmico universal entre los principios masculino y femenino, *yin* y *yang*. Es casi innecesario añadir que la teoría lacaniana nos lleva a una conclusión opuesta, a una versión radical antropocéntrica o, más precisamente, "simbolocéntrica": nuestro saber del universo, el modo en que simbolizamos lo real, está en última instancia determinado por las paradojas del lenguaje como tal; la división en masculino y femenino (es decir, la imposibilidad de un lenguaje neutro, no marcado por esta diferencia) es inevitable porque la simbolización está por definición estructurada alrededor de una cierta imposibilidad central, un callejón sin salida que no es más que una estructuración de esa imposibilidad. Ni siquiera la física subatómica más pura puede sustraerse a este atolladero fundamental de la simbolización.

NOTAS

1. Con respecto a esta relación entre la pulsión y el deseo, podríamos tal vez arriesgar aquí una pequeña rectificación a la máxima lacaniana de la ética psicoanalítica, según la cual "no hay que ceder en el propio deseo": El deseo como tal, ¿no es ya una cierta renuncia, una especie de formación de transacción, un desplazamiento metonímico, un repliegue, una defensa contra la pulsión ingobernable? "Desear" *significa* ceder en la pulsión; en la medida en que sigamos a Antígona y "no cedamos en nuestro deseo", ¿no estamos precisamente saliendo del dominio del deseo, no pasamos de la modalidad del deseo a la modalidad de la pura pulsión?

2. Como regla, estas encarnaciones de la pura pulsión llevan una máscara. ¿Por qué? Quizá podríamos obtener la respuesta a través de una de las definiciones un tanto enigmáticas que da Lacan de lo real: en "Television" habla de "la mueca de lo real" (Jacques Lacan, "Television", en *October* nº 40, primavera de 1987, pág. 10). Lo real

no es entonces un núcleo inaccesible oculto debajo de capas de simbolizaciones, sino que está en la superficie: es una especie de desfiguración excesiva de la realidad, como la mueca fija de una sonrisa en el rostro de Joker en Batman. Joker, por así decirlo, es un esclavo de su propia máscara, condenado a obedecer su compulsión ciega; la pulsión de muerte reside en esta deformación superficial, y no en lo que hay debajo de ella. El horror real es una estúpida máscara que ríe, y no el rostro distorsionado y sufriente que oculta. La experiencia cotidiana con un niño lo confirma: si nos ponemos una máscara en su presencia, se horroriza, aunque sabe que debajo está nuestro rostro de siempre: es como si hubiera un mal indecible en la propia máscara. El estatuto de una máscara no es entonces imaginario ni simbólico (indicador de un rol simbólico que supuestamente desempeñaríamos); es estrictamente real (desde luego, si concebimos lo real como "una mueca" de la realidad).

3. Encontramos el mismo tema de la "subjetivización" de un *cyborg* en *Bladerunner*, de Ridley Scott, donde la novia androide del protagonista "se convierte en sujeto" al (re)inventar su historia personal; aquí adquiere un inesperado valor *literal* la tesis lacaniana de que la mujer es "un síntoma del hombre": en efecto, ella es el *sinthome* del héroe, su "complemente sintético", de modo que la diferencia sexual coincide con la diferencia entre ser humano y androide.

4. Cf. Sigmund Freud, *Totem and Taboo, en The Standard Edition of the Complete Psychological Works of Sigmund Freud* (en adelante *SE*), vol. 13, Londres, Hogart Press, 1953. [Ed. cast.: *Tótem y tabú*, en Sigmund Freud, *Obras Completas*, Amorrortu Editores, Buenos Aires (en adelante *OC*).]

5. Cf. Catherine Millot, *Nobodaddy*, París, Le Point Hors-Ligne, 1988.

6. Cf. Gilles Deleuze y Felix Guattari, Anti-Oedipus, Nueva York, Viking Press, 1977. [Ed. cast.: *El anti-Edipo: capitalismo y esquizofrenia*, Barcelona, Paidós, 1988.]

7. Jacques Lacan, *Le séminaire, livre II: L'Éthique de la psychanalyse*, París, Seuil, 1986, pág. 305. [Ed. cast.: *El Seminario, Libro VII. La ética del psicoanálisis*, Buenos Aires, Paidós, 1988.]

8. Ibíd., pág. 319.

* El "McGuffin", originariamente nombre de un whisky, es un recurso propio de la intriga popularizado por Alfred Hitchcock: no se trata de un objeto en particular, sino de una abstracción que suscita tensión, persecuciones y muertes en aquellos que disputan su

posesión. Véase E. Russo, *Diccionario de cine*, Buenos Aires, Paidós, 1998. (N. del E.)

9. Cf. Sigmund Freud, "Notes upon a Case of Obsessional Neurosis", en *SE*, vol. 10. [Ed. cast.: "A propósito de un caso de neurosis obsesiva", en *OC*.]

10. Sigmund Freud, *The Question of Lay Analysis*, en *SE*, vol. 20, pág. 257. [Ed. cast.: *¿Pueden los legos ejercer el análisis?*, en *OC*.]

11. Cf. Jacques-Alain Miller, "Les réponses du réel", en *Aspects du malaise dans la civilisation*, París, Navarin, 1988.

12. El logro irónico y perverso de *El imperio del sol* consiste sin duda en que –en una época de nostalgia posmoderna, en la que una multitud de imágenes del tiempo perdido se ofrecen como objetos causa de deseo– nos presenta como objeto de nostalgia el campo de concentración, el punto traumático de lo real/imposible de nuestra historia. Pensemos en la vida cotidiana en el campo, tal como la describe *El imperio del sol*: los niños se deslizan alegremente colina abajo, caballeros de edad juegan torneos improvisados de golf, las damas charlan alegremente mientras planchan después de haber lavado, y Jim vaga entre todos, entregando la ropa blanca, comerciando zapatos y verdura, lleno de recursos y sintiéndose como un pez en el agua; la música de fondo, siguiendo los códigos tradicionales de Hollywood, ilustra el animado idilio de la vida cotidiana en un pueblo pequeño. Ésa es la imagen del *campo de concentración*, el fenómeno que sin duda funciona como el real traumático del siglo XX, lo que "retornó como lo mismo" en los diferentes sistemas sociales. Fue creado hacia el cambio de siglo por los ingleses durante su guerra contra los Boers, y no sólo lo pusieron en práctica las dos principales potencias totalitarias (la Alemania nazi y la URSS estalinista), sino también ese "pilar de la democracia" que son los Estados Unidos (durante la Segunda Guerra Mundial), para aislar a los japoneses residentes en el país. Por ello, todo intento de convertir el campo de concentración en algo "relativo", de reducirlo a una de sus formas, de concebirlo como resultado de un conjunto específico de condiciones sociales (por ejemplo, preferir los términos "Gulag" u "Holocausto" a la expresión "campo de concentración") indica ya una evasión respecto del peso insoportable de lo real.

13. Al mismo tiempo, no debemos olvidar que hay también un lado cómico y benévolo del Otro como mecanismo que regula el caos de las intersecciones contingentes de las líneas narrativas paralelas. Pensemos en dos películas que a primera vista parecen totalmente discrepantes: *Buscando desesperadamente a Susan* [*Desperately*

Seeking Susan] y *Trama macabra* [*Family Plot*], la última de Hitchcock. ¿Qué tienen en común? En ambos casos, dos líneas narrativas se cruzan por accidente, y esa mezcla en apariencia caótica ha sido guiada por una mano invisible paradójicamente benévola, que asegura el final feliz. (*Buscando desesperadamente a Susan* tiene un interés especial, porque el cruce de las dos líneas narrativas se debe a la súbita transformación de una niña común, dócil, Rosanna Arquette, en el personaje salvaje de Madonna. Una y otra intercambian literalmente sus lugares y se produce un juego sutil de identificaciones.)

14. Octave Mannoni, "Je sais bien, mais quand même...", en *Clefs pour l'imaginaire*, París, Seuil, 1968.

15. En otras palabras, la falsedad de la posición subjetiva del ecólogo obsesivo reside en el hecho de que, al prevenirnos constantemente contra la catástrofe que nos acecha, al acusarnos de indiferencia, etcétera, lo que realmente lo preocupa es que la catástrofe no llegue. La respuesta adecuada es tranquilizarlo con una palmada en el hombro: "Cálmate, no te preocupes, la catástrofe llegará sin duda".

16. Cf. Sigmund Freud, "The Moses of Michelangelo", en *SE*, vol. 13. [Ed. cast.: "El Moisés de Miguel Ángel", en *OC*.]

17. Cf. el capítulo 5 de James Cleick, *Chaos: Making of a New Science*, Nueva York, Viking Press, 1987, y el capítulo 13 de Ian Stewart, *Does God Play Dice? The Mathematics of Chaos*, Cambridge, Mass., Basil Blackwell, 1989. [Ed. cast.: *¿Juega Dios a los dados? La nueva matemática del caos*, Barcelona, RBA Coleccionables, 1994.]

18. Cf. Jacques Lacan, *Le seminaire, livre XX: Encore*, París, Seuil, 1975. [Ed. cast.: *El Seminario, Libro 20. Aun*, Barcelona, Paidós, 1985.]

19. Jacques Lacan, *Écrits: A Selection*, Londres, Tavistock, 1977, pág. 319. [Ed. cast.: *Escritos 1 y 2*, México, Siglo XXI, 1993.]

20. Cf. Michel Chion, "Revolution douce", en *La toile trouée*, París, Cahiers du Cinéma/Éditions de l'Étoile, 1988.

21. Esto debería aclarar la razón de que el nazismo, en su economía libidinal psicótica, se haya inclinado a adoptar la teoría cosmológica de que la Tierra no es un planeta en un espacio vacío infinito, sino, por el contrario, un agujero esférico en medio del hielo eterno: una isla de lo simbólico, rodeada de goce coagulado.

22. En el ámbito de la pintura, lo que corresponde a lo *rendu* es la "*action painting*", según la practican los expresionistas abstractos: se supone que el espectador verá el cuadro en primer plano, perdiendo la "distancia objetiva" respecto de él, y que será atraído hacia su interior. El cuadro no imita la realidad ni la representa a través de

códigos simbólicos, sino que "reproduce" lo real "aferrando" al espectador.

23. El caso más claro de *rendu* en la obra de Hitchcock es por supuesto el célebre *travelling* hacia atrás de *Frenesí*, donde el movimiento mismo de la cámara (que primero cierra un círculo y después retrocede), siguiendo la línea de una corbata, nos dice lo que está sucediendo detrás de la puerta en la que se inició ese movimiento: otro "asesinato con corbata". En su texto sobre Hitchcock titulado "*Système formel d'Hitchcock*" (*Cahiers du cinéma, hors-série 8*, Alfred Hitchcock, París, 1980), François Regnault arriesga incluso la hipótesis de que esa relación entre la forma y el contenido nos ofrece una clave de toda la obra de Hitchcock: el contenido es siempre reproducido por cierto rasgo formal (en *Vértigo*, los círculos en espiral; en *Psicosis*, las líneas que se cruzan, etcétera).

En otro nivel, una transposición similar del énfasis desde el contenido a su marco caracteriza toda la historia de Hollywood hasta nuestros días: el marco es la forma de subjetividad propia del héroe de Hollywood a través de cuya perspectiva vemos la acción. Esta transposición se percibe más fácilmente cuando Hollywood aborda algún tema social traumático contemporáneo (el racismo, las guerras del Tercer Mundo, etcétera): las tres películas representativas del "género" que se podría denominar "el periodismo occidental y el Tercer Mundo" (*Salvador*, *Bajo Fuego* [*Under Fire*] y *El año que vivimos en peligro* [*The Year of Living Dangerously*]), aunque sensibles a las desventuras del Tercer Mundo, en última instancia tratan sobre la maduración del protagonista norteamericano, mientras que los episodios tercermundistas (la caída de Somoza, el golpe de estado militar en Indonesia) no son más que una especie de trasfondo. Esta fórmula fue llevada al cenit en todas las películas representativas sobre la guerra de Vietnam, desde *Apocalypse Now* hasta *Pelotón* (*Platoon*), donde la guerra en sí es sólo una etapa exótica del "viaje interior" edípico del protagonista y, como decía el comercial publicitario de *Pelotón*, la primera víctima de la guerra es la inocencia del héroe. El último caso ilustrativo al respecto es *Mississippi en llamas* (*Mississippi Burning*), film en el cual la búsqueda de los asesinos del Ku Klux Klan por militantes de los derechos civiles funciona como un telón de fondo del tema real de la película: la tensión entre sus dos héroes, el antirracista liberal crudamente burocrático (Dafoe) y su colega más pragmático y comprensivo (Hackmann). El momento crucial está al final, cuando por primera vez Dafoe llama a Hackmann por su nombre cristiano. En el estilo de las novelas del siglo

XVIII, el film podría haberse subtitulado "la historia de cómo dos policías que al principio no se gustaban fueron finalmente capaces de llamarse por sus nombres".

Esta forma específica de subjetividad dentro de la cual la realidad histórica se reduce a una especie de marco o metáfora de los conflictos interiores del héroe fue llevada al extremo en *Reds*, de Warren Beatty. Desde la perspectiva de la ideología norteamericana, ¿cuál fue el acontecimiento más traumático del siglo XX? La Revolución de Octubre, sin ninguna duda. Y Warren Beatty creó un modo, el único posible, de "rehabilitar" la Revolución de Octubre para integrarla en el universo de Hollywood: la presentó como trasfondo metafórico del acto sexual entre los principales personajes de la película, John Reed (Beatty) y su compañera (Diane Keaton). En el film, la Revolución de Octubre se produce inmediatamente después de una crisis en la relación entre ellos. Mientras él está pronunciando un impetuoso discurso revolucionario ante la multitud entusiasta, Beatty y Keaton intercambian miradas vehementes: los gritos de la multitud sirven como metáfora del renovado estallido de pasión entre los amantes. Las escenas cruciales, míticas, de la Revolución (las manifestaciones en las calles, el asalto al Palacio de Invierno) alternan con la descripción de su relación sexual apasionada. Las escenas de masas funcionan como una metáfora vulgar del acto sexual. El propio Lenin, dirigiéndose a los diputados en un gran salón, aparece como una especie de figura paterna, que asegura el éxito del acto sexual, mientras la escena es acompañada por la música de *La Internacional.* Tenemos en este caso el extremo opuesto del realismo socialista soviético, en el cual los amantes experimentan su pasión como una contribución a la lucha por el socialismo, haciendo votos de sacrificarlo todo por el éxito de la revolución, y sumergiéndose en las masas. En *Reds*, por el contrario, la revolución aparece como una metáfora del encuentro sexual exitoso.

24. Sigmund Freud, *The Interpretation of Dreams*, en *SE.*, vols. 4-5, pág. 430. [Ed. cast.: *La interpretación de los sueños*, en *OC.*]

25. Cf. Stephen Hawking, *A Brief History of Time*, Nueva York, Bantam Press, 1988. [Ed. cast.: *Historia del tiempo*, Barcelona, Grijalbo - Mondadori, 1992.]

3. *Dos modos de evitar lo real del deseo*

El método de Sherlock Holmes

El detective y el analista

El modo más fácil de detectar cambios en el llamado *Zeitgeist* consiste en prestar una atención cuidadosa al momento en que ciertas formas artísticas (literarias, etcétera) se vuelven "imposibles", como por ejemplo la tradicional novela psicológica realista en la década de 1920. En esa década se produjo la victoria final de la novela moderna sobre la novela realista tradicional. Por supuesto, en adelante no dejó de ser posible escribir novelas realistas, pero la novela moderna establecía la norma; la forma tradicional era "mediada" por ella (para emplear la terminología de Hegel). Después de esta ruptura, el gusto literario común percibía las nuevas novelas realistas como imitaciones serviles y paradójicas, intentos nostálgicos de recobrar una unidad perdida, regresiones inauténticas y superficiales, o incluso ya no pertenecientes al ámbito del arte. Ahora bien, lo interesante es un hecho habitualmente inadvertido: el derrumbe de la novela realista tradicional en la década de 1920 coincidió con un cambio de énfasis, que pasó del *cuento* (Conan Doyle, Chesterton, etcétera) a la *novela* policiales (Christie, Sayers, etcétera) en el dominio de la cultura popular. La forma novela no era aún posible en Conan Doyle, según surge con claridad de sus propios intentos en tal sentido: por lo general son sólo cuentos ampliados con un largo relato retrospectivo, escritos como historias de aventuras (*El valle del terror*), o bien incorporan elementos de otro género, la novela gótica (*El sabueso de los Baskerville*). Pero en la década de 1920 el cuento policial desapareció rápidamente como género, y fue reemplazado por la forma clásica de la novela policial con lógica y deducción. Esta coincidencia entre el derrumbe final de la novela realista y el ascenso de la novela policial, ¿fue totalmente casual, o tiene algún significado? ¿Tienen algo en común la novela moderna y la novela policial, a pesar del abismo que las separa?

Por lo general no encontramos la respuesta debido a que es obvia: tanto la novela moderna como la novela policial se centran en el mismo problema formal: *la imposibilidad de narrar una historia de un modo lineal, consistente*, de reproducir la continuidad realista de los acontecimientos. Desde luego, es un lugar común que la novela moderna reemplaza el relato realista por una diversidad de nuevas técnicas literarias (la corriente de conciencia, el estilo seudodocumental, etcétera), que dan testimonio de la imposibilidad de situar el destino del individuo en una totalidad histórica significativa, orgánica. Pero, en otro nivel, el problema del cuento policial es el mismo. El acto traumático (el asesinato) no puede situarse en la totalidad significativa de una historia de vida. En la novela policial hay una cierta tensión que se refleja en la novela misma: se trata del esfuezo de un detective que intenta narrar, es decir, reconstruir lo que "sucedió realmente" en torno y antes del asesinato, y la novela no termina cuando "sabemos quien lo hizo", sino cuando el detective puede finalmente contar "la historia real" en la forma de un relato lineal.

Una reacción obvia a lo que acabamos de decir sería la siguiente: sí, pero subsiste el hecho de que la novela moderna es una forma de arte, mientras que la novela policial es puro entretenimiento gobernado por certidumbres, sobre todo la de que al final el detective logrará explicar todo el misterio y reconstruir "lo que sucedió realmente". Pero precisamente esta infalibilidad y omnisciencia del detective revela la falencia de las teorías despectivas convencionales sobre la novela policial: la agresiva negación del poder del detective permite advertir una perplejidad, una incapacidad fundamental para explicar cómo funciona y por qué le parece tan convincente al lector, a pesar de su indudable improbabilidad. Los intentos explicativos suelen seguir dos rutas opuestas. Por un lado, la figura del detective se interpreta como una personificación del racionalismo científico burgués; por otro, se la concibe como sucesora del clarividente romántico, el hombre que tiene un poder irracional, casi sobrenatural, para penetrar en el misterio de la mente de otra persona. La inadecuación de estos dos enfoques resulta evidente para cualquier admirador de una buena historia de lógica y deducción. Si el desenlace deriva de un procedimiento puramente científico (por ejemplo, si el asesino es identificado por medio de un análisis químico de rastros en el cadáver), nos sentimos inmensamente defraudados. Nos parece que "algo falta", que "ésta no es una deducción propiamente dicha". Pero incluso más decepcionante es que, al final, después de nombrar al asesino, el detective afirme "haber sido guiado desde el principio por algún instinto certero": en este caso hemos sido engañados, el detective debe llegar a la solución sobre la base del *razonamiento*, y no por mera intuición.[1]

En lugar de intentar una solución inmediata a este enigma, dirijamos la atención a otra posición subjetiva que suscita la misma perplejidad: la del analista en una cura. Podemos definir esta posición en paralelo con la del detective: por un lado, el analista es concebido como alguien que intenta reducir a su fundamento racional ciertos fenómenos que a primera vista son propios de los estratos más oscuros e irracionales de la psique humana; por otra parte, él también aparece como sucesor del clarividente romántico, como un lector de signos oscuros que saca a luz "significados ocultos", no susceptibles de verificación científica. Toda una serie de pruebas circunstanciales demuestra que este paralelo no carece de fundamento: el psicoanálisis y el relato de lógica y deducción aparecieron en la misma época (en Europa, y en el momento del cambio de siglo). El "Hombre de los Lobos", el más célebre paciente de Freud, cuenta en sus memorias que el maestro era un lector regular y cuidadoso de los relatos de Sherlock Holmes, no precisamente por distracción, sino en virtud del paralelo existente entre los respectivos procedimientos del detective y el analista. Una de las imitaciones serviles de Sherlock Holmes, *Seven Per-Cent Solution*, de Nicholas Meyer, tiene como tema un supuesto encuentro entre Freud y Sherlock Holmes, y debe recordarse que los *Escritos* de Lacan comienzan con un análisis detallado del cuento de Edgar Allan Poe titulado "La carta robada", uno de los arquetipos del cuento policial. En ese análisis, Lacan pone el énfasis en el paralelo entre la posición subjetiva de Auguste Dupin, el detective aficionado de Poe, y la del analista.

El indicio

La analogía entre el detective y el analista ha sido postulada con bastante frecuencia. Una amplia gama de estudios han tratado de revelar los matices psicoanalíticos del relato policial: el crimen primordial que hay que explicar es el parricidio, el prototipo del detective es Edipo, en lucha por alcanzar la verdad terrible sobre él mismo. Pero aquí preferimos abordar la tarea en un nivel diferente, el nivel de la forma. Siguiendo las observaciones accidentales de Freud sobre el "Hombre de los Lobos", nos centraremos en los respectivos *procedimientos formales* del detective y el analista. ¿Qué es lo que distingue la interpretación psicoanalítica de las formaciones del inconsciente (por ejemplo, los sueños)? El siguiente pasaje de *La interpretación de los sueños*, de Freud, nos proporciona una respuesta preliminar.

> Los pensamientos del sueño son inmediatamente comprensibles en cuanto los conocemos. Por otro lado, el contenido del sueño se expresa, por así decirlo, de un modo pictográfico; sus caracteres deben transponerse individualmente al lenguaje de los

> pensamientos del sueño. Si intentamos leer estos caracteres según su valor pictórico, en lugar de tener en cuenta su relación simbólica, sin duda cometeremos un error. Supongamos que tengo frente a mí un acertijo gráfico. Hay en él una casa con un bote en el techo, una letra del alfabeto, la figura de un hombre que corre sin cabeza, y así sucesivamente. Puedo ser llevado erróneamente a plantear objeciones y declarar que la figura como un todo y sus partes componentes carecen de sentido. Un bote no tiene nada que hacer en el techo de una casa, y un hombre sin cabeza no puede correr. Además el hombre es más grande que la casa, y si la totalidad de la imagen pretende representar un paisaje, las letras del alfabeto están fuera de lugar, puesto que ese tipo de objetos no aparece en la naturaleza. Pero es obvio que sólo podemos dar forma a un juicio correcto sobre el acertijo si hacemos a un lado este tipo de críticas sobre la composición total y sus partes, y en cambio tratamos de reemplazar cada elemento separado por una sílaba o palabra, que de un modo u otro pueda ser representada por ese elemento. Las palabras reunidas de este modo ya no carecen de sentido, sino que forman una frase poética de la mayor belleza y significación. Un sueño es un acertijo gráfico de este tipo, y nuestros predecesores en el campo de la interpretación de los sueños han cometido el error de tratar el acertijo gráfico como una composición pictórica: como tal, les ha parecido carente de sentido y de valor.[2]

Freud es perfectamente claro: ante un sueño, debemos evitar absolutamente la búsqueda del denominado "significado simbólico" de la totalidad o sus partes constitutivas; *no debemos* preguntarnos "qué significa la casa, cuál es el significado del bote en el techo de la casa, qué podría simbolizar la figura del hombre que corre sin cabeza". Lo que debemos hacer es traducir los objetos en palabras, reemplazar las cosas por las palabras que las designan. En un acertijo gráfico, las cosas *representan literalmente a sus nombres*, a sus significantes. Podemos entonces comprender por qué es totalmente erróneo caracterizar el pasaje desde las representaciones de palabra (*Wort-Vorstellungen*) a las representaciones de cosa (*Sach-Vorstellungen*) –las denominadas "consideraciones de representabilidad" que operan en el sueño– como una especie de regresión desde el lenguaje a las representaciones prelingüísticas. En un sueño, las cosas mismas están ya "estructuradas como un lenguaje"; su disposición es regulada por la cadena significante que ellas representan. El significado de esta cadena significante, obtenido por medio de la retraducción de las cosas a palabras, es el pensamiento del sueño. En el nivel del significado, el contenido de este pensamiento del sueño no está en modo alguno conectado con los objetos que el sueño presenta (como en el caso del acertijo gráfico, cuya solución no está en modo alguno conectada con el significado de los objetos presentes en él). Si buscamos el "significado oculto más profundo" de las figuras que aparecen en un sueño, *nos cegamos* al pensamiento latente articulado en él. El vínculo entre los contenidos inmediatos del sueño y el pensamiento latente sólo existe en el nivel del juego de palabras, es decir, del material significante carente de sentido. ¿Recuerda el lector la célebre interpretación que, según Artemidoro, propuso Aristander del sueño de Alejandro de Macedonia? Alejandro "había rodeado a Tiro, sometiéndola a sitio, pero se sentía inquieto y perturbado por el tiempo que estaba llevando ese asedio. Alejandro soñó con un sátiro que danzaba sobre su escudo. Sucedió que Aristander estaba cerca de Tiro [...] Dividiendo la palabra «sátiro» en *sa* y *tiro* alentó al rey a estrechar el asedio para convertirse en amo de la ciudad." Como podemos ver, a Aristander no le interesaba ningún posible significado simbólico de la figura del sátiro danzante (¿deseo ardiente, jovialidad?): en lugar de ello, se concentró en *la palabra*, dividiéndola, y de este modo obtuvo el mensaje del sueño: *sa* y *tiro* = Tiro es tuya.

No obstante, hay una cierta diferencia entre un acertijo gráfico y un sueño, en virtud de la cual el acertijo es mucho más fácil de interpretar. En un sentido, el acertijo es como un sueño que no ha sufrido una revisión secundaria con el propósito de satisfacer la necesidad de unificación. Por esa razón el acertijo es percibido inmediatamente como algo carente de sentido, un amontonamiento de elementos heterogéneos no conectados, mientras que el sueño oculta su carácter absurdo mediante una revisión secundaria que le presta por lo menos una unidad y consistencia superficiales. La imagen del sátiro danzante es entonces percibida como un todo orgánico; nada indicaría que sólo existe para prestar una figuración imaginaria a la cadena significante *sa Tiro*. Ése es el papel de la "totalidad significativa" imaginaria, el resultado final del trabajo de sueño: intenta cegarnos, por medio de la aparición de una unidad orgánica, a la razón efectiva de su existencia.

El presupuesto básico de la interpretación psicoanalítica, su a priori metodológico, es que todo producto final del trabajo de sueño, todo contenido manifiesto del sueño, incluye *por lo menos un* ingrediente que funciona como tapón, como un relleno que ocupa el lugar de lo que necesariamente *falta*. A primera vista, este elemento se inserta perfectamente en el todo orgánico de la escena imaginaria manifiesta, pero en realidad contiene en su seno el lugar de lo que esta escena imaginaria debe reprimir, excluir, expulsar, para constituirse. Es una especie de cordón umbilical que liga la estructura imaginaria con el proceso reprimido de su estructuración. En síntesis, la revisión secundaria nunca tiene un éxito completo. Y esto, no por razones empíricas, sino por una necesidad estructural a priori. En el análisis final, siempre hay un elemento que sobresale, señalando la marca constitutiva del sueño, es decir, representando dentro de éste lo que es exterior. Este elemento está apresado en una dialéctica paradójica de falta y excedente simultáneos: de no ser por él, el resultado final (el texto manifiesto del sueño) no se mantendría unido, algo faltaría. Su presencia es absolutamente indipensable para crear la sensación de que el sueño es un todo orgánico. Pero, una vez ubicado este elemento en su lugar, de algún modo está "en exceso", funciona como una plétora embarazosa.

> Nuestra opinión es que en toda estructura hay un señuelo, algo que ocupa el lugar de la falta, incluido por lo percibido, pero al mismo tiempo el eslabón más débil de una serie dada, el punto que vacila y sólo parece pertenecer al nivel actual; en él está *comprendido* el nivel virtual total [del espacio estructurante].

Este elemento es en realidad *irracional*, e indica el lugar de la falta.[3]

Resulta casi superfluo añadir que la interpretación de los sueños debe comenzar precisamente aislando este elemento paradójico, que "ocupa el lugar de la falta", el punto de sinsentido del significante. A partir de él, la interpretación del sueño debe proceder a "desnaturalizar", disipar la falsa apariencia de la totalidad significativa del contenido manifiesto del sueño, es decir, penetrar en el trabajo del sueño, hacer visible el montaje de los ingredientes heterogéneos, borrado por su propio resultado final. De este modo llegamos a la semejanza entre el procedimiento del analista y el procedimiento del detective: la escena del crimen que el detective enfrenta es también, como regla, una falsa imagen preparada por el asesino a fin de borrar las huellas de su acto. El carácter orgánico, natural de la escena, es un señuelo, y la tarea del detective consiste en desnaturalizarlo, descubriendo en primer lugar los detalles poco llamativos que no calcen bien en el marco de la imagen superficial. El vocabulario de la narración policial incluye un término técnico preciso para designar esos detalles: son *indicios* o pistas. Los califican una serie de adjetivos: "raro, curioso, impropio, extraño, inverosímil, carente de sentido, y otras expresiones más fuertes, como «misterioso», «irreal», «increíble», hasta el categórico «imposible»".[4] Se trata de detalles que en *sí mismos* suelen ser insignificantes (el asa rota de una taza, la posición cambiada de una silla, alguna observación incidental de un testigo, incluso un no-acontecimiento, es decir, el hecho de que algo *no haya* sucedido), pero que, *por su posición estructural*, desnaturalizan la escena del crimen y producen un efecto de extrañamiento casi brechtiano (del mismo modo que la alteración de un pequeño detalle en un cuadro bien conocido hace que de pronto toda la escena parezca extraña y ominosa). Por supuesto, estos indicios sólo pueden detectarse si ponemos entre paréntesis la totalidad significativa de la escena y nos concentramos en los detalles. Holmes le aconsejaba a Watson no prestar atención a las impresiones básicas, sino tomar en cuenta los detalles; este consejo hace eco a la afirmación freudiana de que el psicoanálisis interpreta en detalle, y no en masa. "Desde el principio mismo, [el psicoanálisis] considera que los sueños tienen un carácter compuesto, son conglomerados de formaciones psíquicas."[5]

A partir de los indicios, el detective desenmascara la unidad imaginaria de la escena del crimen, tal como fue montada por el asesino. El detective capta la escena como un *bricolage* de elementos heterogéneos, en el cual la conexión entre la puesta en escena del asesino y los "acontecimientos reales" se corresponde exactamente con el vínculo que existe entre los contenidos manifiestos del sueño y el pensamiento latente, o entre la figuración inmediata del acertijo gráfico y su solución. Se refiere sólo al material significante inscrito dos veces, del mismo modo que "el sátiro" significa primero la figura danzante del sátiro, y después "Tiro es tuya". La pertinencia de esta doble inscripción para el relato policial ya fue advertida por Victor Shklovsky: "El escritor busca casos en los cuales dos cosas que no se corresponden, compartan no obstante un rasgo específico".[6] Shklovsky señaló también que el paradigma de este tipo de coincidencia es un juego de palabras: se refiere a "La banda de lunares" ("The Adventure of the Speckled Band"), de Conan Doyle, donde la clave de la solución está oculta en un dicho de la mujer agonizante: "Fue la cinta manchada..." (*speckled band*). La solución errónea se basa en la lectura de la palabra *band* como *gang* (pandilla), sugerida por el hecho de que una banda de gitanos había acampado cerca del lugar del asesinato, evocando de tal modo la imagen convincente del exótico asesino gitano. Sólo se llega a la solución real cuando Sherlock Holmes interpreta *band* como "cinta". En la mayoría de los casos, este elemento inscrito dos veces consiste en un material no lingüístico, pero incluso entonces está ya estructurado como un lenguaje (el propio Shklovsky menciona un relato de Chesterton basado en la semejanza entre el traje de noche de un caballero y el uniforme de un valet).

¿Por qué es necesaria la solución falsa?

Lo esencial en cuanto a la distancia que separa la escena falsa montada por el asesino y el curso real de los acontecimientos es *la necesidad estructural de la solución falsa*, solución que no seduce por el carácter convincente de la escena montada, la cual (por lo menos en el relato clásico de lógica y deducción) sólo suele persuadir a los representantes del saber oficial (la policía). La solución falsa está contenida epistemológicamente en la solución verdadera final a la que llega el detective. La clave del procedimiento del detective es que la relación con las primeras soluciones falsas no es simplemente externa: el detective no las toma como simples obstáculos que hay que hacer a un lado para llegar a la verdad, sino que sólo *a través* de ellas puede encontrarla, pues no hay ninguna senda inmediata.[7]

En "La liga de los pelirrojos", de Conan Doyle, un cliente pelirrojo visita a Sherlock Holmes y le narra su extraña aventura. Un aviso publicado en un periódico solicitaba hombres pelirrojos para un empleo temporario bien remunerado. Después de presentarse en el lugar indicado, él fue elegido entre numerosos candidatos, aunque el pelo de muchos de éstos era bastante más rojizo. El trabajo estaba realmente bien remunerado, pero no se comprendía su sentido: todos los días, entre las 9 y las 17, tenía que copiar fragmentos de la Biblia. Holmes resolvió rápidamente el enigma: junto a la casa del cliente (en la cual el hombre solía permanecer todo el día cuando no estaba empleado) había un gran banco. Los criminales pusieron el aviso para que ese hombre respondiera, con el propósito de hacerlo salir del hogar durante el día; entonces, ellos podrían cavar un túnel desde el sótano hasta el banco vecino. Habían apelado al color del pelo sólo como señuelo. En *Asesinato por orden alfabético*, de Agatha Christie, hay una serie de asesinatos en los cuales los nombres de las víctimas siguen una complicada pauta alfabética, dando la impresión de un móvil patológico. Pero la solución revela algo totalmente distinto: el asesino quería matar a una sola persona, no por razones patológicas, sino por una muy inteligible ganancia material. Para desorientar a la policía, mató a algunos otros individuos, escogidos de modo tal que sus nombres respondieran a una pauta alfabética, y se pensara que los asesinatos eran la obra de algún lunático. ¿Qué tienen en común estos dos relatos? En ambos casos, la primera impresión engañosa ofrece la imagen de un exceso patológico, de una fórmula lunática que abarca a una multitud de personas (pelo rojo, alfabeto), mientras que en realidad la operación apunta a una sola. La solución no se encuentra examinando el posible significado oculto de la impresión superficial (¿qué podría significar la fijación patológica en el pelo rojizo?, ¿cuál es el significado de la pauta alfabética?): caemos en la trampa si nos permitimos este tipo de reflexión. El único procedimiento adecuado consiste en poner entre paréntesis el campo significativo que nos impone la primera impresión engañosa, y dedicar toda nuestra atención a los detalles, *abstraídos del campo significativo impuesto*. ¿Por qué esa persona había sido contratada para una tarea carente de significado, *sin relación con el hecho de que fuera pelirrojo*? ¿Quién se beneficia con la muerte de cierta persona, *independientemente de la primera letra de su nombre*? En otras palabras, debemos tener continuamente presente que los campos significativos que nos impone el marco de interpretación lunático "*sólo existen para ocultar la razón de su existencia*":[8] su significado es sólo que "los otros" (la *doxa*, la opinión común) pensarán que tiene significado. El único "significado" del pelo rojizo es que el individuo escogido para la tarea creerá que su pelo tuvo que ver con el hecho de que lo eligieran; el único "significado" de la pauta alfabética es inducir a la policía a pensar que esa pauta tiene un significado.

Esta dimensión intersubjetiva del significado, propia de la falsa imagen, es articulada del modo más claro en "The Adventure of the Highgate Miracle", una imitación de Sherlock Holmes escrita por John Dickson Carr y Adrian Conan Doyle, hijo de Arthur. El señor Cabpleasure, un comerciante casado con una rica heredera, de pronto desarrolla un apego patológico a su bastón: nunca se separa de él, lo lleva consigo día y noche. ¿Qué significa este súbito apego fetichista? ¿Sirve acaso el bastón para ocultar los diamantes que poco antes desaparecieron del alhajero de la señora Cabpleasure? Un examen detallado del bastón excluye esta posibilidad: es sólo un bastón común. Finalmente, Sherlock Holmes descubre que ese apego al bastón había sido escenificado para dar credibilidad a la escena de la desaparición mágica del señor Cabpleasure. Durante la noche anterior a su huida planificada, él sale de la casa sin ser observado, va a ver al lechero y lo soborna para que le preste su ropa y le deje ocupar su lugar. Vestido de lechero, a la mañana siguiente aparece frente a su casa con el carro, toma una botella, entra y la deja en la cocina, según la costumbre. Aun dentro de la casa, rápidamente se pone el sobretodo y el sombrero, y sale *sin el bastón*; a medio camino en el jardín, hace un gesto, como si de pronto se diera cuenta de que ha olvidado su amado bastón, da la vuelta y vuelve rápidamente a la casa. Detrás de la puerta vuelve a caracterizarse como lechero, sale con toda tranquilidad, sube al carro y parte. El señor Cabpleasure le robó los diamantes a la esposa; sabía que ella sospechaba y que había contratado detectives que vigilaban la casa durante el día. Él contó con que se advirtiera su apego lunático al bastón, de modo que a esos detectives no les resultara extraño que él volviera a entrar en la casa por haberlo olvidado. En síntesis, el único significado de su apego al bastón consistía en hacer pensar a los otros que tenía significado.

Ahora debería haber quedado en claro por qué es totalmente erróneo concebir el procedimiento del detective como una versión del método de las ciencias naturales exactas: es cierto que el científico objetivo también "atraviesa la falsa apariencia y llega a la realidad oculta", pero la falsa apariencia que él aborda *carece de la dimensión del engaño*. A menos que aceptemos la hipótesis de un Dios engañador y maligno, de ningún modo podemos afirmar que el científico es engañado por su objeto, es decir, que la falsa apariencia que tiene ante sí "sólo existe para ocultar la razón de su existencia". Pero, en contraste con el científico objetivo, el detective no alcanza la verdad mediante la simple cancelación de la falsa apariencia; él la toma en cuenta. Ante el misterio del bastón de Cabpleasure, Holmes no se dijo a sí mismo: "Descartemos el significado, es sólo un señuelo"; Holmes se planteó una cuestión totalmente distinta: "El bastón no tiene significado; por supuesto, el significado especial supuestamente ligado a él es sólo un señuelo, pero ¿qué es exactamente lo que logra el criminal al llevarnos a creer que ese bastón tiene un significado especial para él?" La verdad no está más allá del ámbito del engaño, sino en la intención, en la función intersubjetiva de ese engaño. El detective no pasa sencillamente por alto el significado de la escena falsa: la empuja hasta el punto de la autorreferencia, es decir, hasta el punto en el cual resulta obvio que su único significado es la intención de que los otros piensen que tiene algún significado. En el punto en el que la posición de enunciación del asesino es la de un cierto "*estoy engañándote*", el detective es finalmente capaz de devolverle la verdadera significación de su mensaje:

> El "*estoy engañándote*" surge del punto en el que el detective aguarda al asesino y, de acuerdo con la fórmula, le devuelve su propio mensaje en su verdadera significancia, es decir, en forma invertida. Le dice: *Con este "estoy engañándote", lo que me envías como mensaje es lo que yo te expreso, y al hacerlo estás diciendo la verdad.*[9]

El detective como "sujeto supuesto saber"

Estamos ahora en condiciones de situar adecuadamente la crítica a la omnisciencia e infalibilidad del detective. La certidumbre que tiene el lector de que, finalmente, el detective resolverá el caso, no incluye la suposición de que llegará a la verdad *a pesar* de todas las apariencias engañosas. Se trata más bien de que literalmente *sorprenderá al asesino en su engaño*, y podrá atraparlo porque toma en cuenta su astucia. El engaño que el asesino inventa para salvarse es la causa de su caída. Esa conjunción paradójica en la cual nos traiciona el intento mismo de engañar sólo es posible en el ámbito del significado, de una estructura significante; en este sentido, la omnisciencia del detective es estrictamente homóloga a la del psicoanalista, a quien el paciente considera un "sujeto supuesto saber": un sujeto que se supone que sabe. Se supone que sabe, ¿qué? Se supone que conoce el verdadero significado de nuestro acto, el significado visible en la falsedad de la apariencia. El ámbito del detective, igual que el del psicoanalista, es el campo del significado, y no de los hechos: como ya lo hemos señalado, la escena del crimen analizada por el detective está por definición "estructurada como un lenguaje". El rasgo básico del significante es su carácter diferencial: puesto que la identidad de un significante consiste en un manojo de diferencias respecto de los otros significantes, la ausencia de un rasgo puede tener un valor positivo. Por ello los recursos del detective no se basan sencillamente en su capacidad para captar el significado posible de los detalles insignificantes, sino incluso más en su capacidad para percibir la ausencia (la no-aparición de algún detalle) como dato significativo. Tal vez no sea casual que el más célebre de los diálogos de Sherlock Holmes sea el siguiente, incluido en "Estrella de plata":

– ¿Hay algún punto que quiera señalar a mi atención?
– Sí, el curioso incidente del perro en la noche.
– El perro no hizo nada en la noche.
– Ése fue el curioso incidente –observó Holmes.

Es así como el detective atrapa al asesino: no sencillamente advirtiendo las huellas que el criminal no ha logrado borrar, sino percibiendo como huella una ausencia de huella.[10] Podemos entonces especificar la función del detective como sujeto supuesto saber de la manera siguiente: la escena del crimen contiene una diversidad de indicios, de detalles esparcidos carentes de significado, de los que no surge ninguna pauta obvia (como las asociaciones libres del analizante en el proceso psicoanalítico), y *el detective, por el solo hecho de su presencia, garantiza que todos esos detalles adquirirán sentido retroactivamente*. En otras palabras, su omnisciencia es un efecto *transferencial* (la persona que está en una relación de transferencia con el detective es sobre todo su compañero watsoniano; junto con información, este compañero le proporciona el significado que él mismo no advierte en absoluto).[11] Y precisamente sobre la base de esta posición específica del detective como garante del significado, podemos dilucidar la estructura circular del relato policial. Lo que tenemos al principio es un vacío, un blanco de lo no explicado o, más exactamente, de lo *no narrado* (¿cómo ocurrió?, ¿qué sucedió la noche del asesinato?). El relato rodea este vacío, es puesto en marcha por el intento del detective tendiente a reconstruir la falta narrativa interpretando los indicios. Y, sólo al final llegamos al principio propiamente dicho: el detective puede entonces contar toda la historia en su forma lineal, normal, para reconstruir lo que ha sucedido realmente, llenando los blancos. Al principio está el asesinato: un choque traumático, un acontecimiento que no puede integrarse en la realidad simbólica porque parece interrumpir la cadena causal normal. A partir de esa irrupción, incluso los hechos más corrientes de la vida parecen cargados con posibilidades amenazantes; la realidad cotidiana se convierte en una pesadilla, pues ha quedado suspendido el vínculo "normal" entre causa y efecto. Esta apertura radical, esta disolución de la realidad simbólica, entraña la transformación de la sucesión legislada de los acontecimientos en una especie de secuencia sin ley, y por lo tanto atestigua un encuentro con lo real imposible, que se resiste a la simbolización. De pronto todo es posible, incluso lo imposible. El papel del detective consiste precisamente en demostrar que "lo imposible es posible" (Ellery Queen), es decir, en resimbolizar el choque traumático, para integrarlo en la realidad simbólica. La presencia del detective garantiza de antemano la transformación de la secuencia sin ley en una secuencia legislada: en otras palabras, garantiza el restablecimiento de "la normalidad".

En este punto tiene una importancia crucial la dimensión *intersubjetiva* del asesinato: más exactamente, *del cadáver*. El cadáver, como objeto, vincula a un grupo de individuos: los constituye como grupo (un grupo de sospechosos), los une y los mantiene juntos en virtud de su sentimiento compartido de culpa (cualquiera de ellos *podría haber sido* el asesino, todos tuvieron un motivo y la oportunidad). El papel del detective consiste también, precisamente, en disolver el atolladero de esta culpa universalizada, flotante: él va a localizarla en un único sujeto, exculpando de este modo a todos los otros.[12] Pero aquí la homología entre el procedimiento del analista y el del detective revela sus límites. No basta con trazar un paralelo y afirmar que el psicoanalista analiza la realidad psíquica, interna, mientras que el detective se limita a la realidad material externa. Lo que hay que hacer es definir el espacio donde ambos se superponen, planteando el interrogante crucial: ¿cómo gravita en el dominio de la economía libidinal, interior, esta transposición del procedimiento analítico a la realidad externa? Ya hemos indicado la respuesta: el acto del detective consiste en cancelar la posibilidad libidinal, la verdad interior de que cada uno de los miembros del grupo podría haber sido el asesino (es decir que *en el inconsciente de nuestro deseo somos* asesinos, en cuanto el asesino real realiza el deseo del grupo constituido por el cadáver) en el nivel de la realidad (donde el culpable identificado *es* el asesino, y por lo tanto la garantía de *nuestra* inocencia). En esto reside la no-verdad fundamental, la falsedad existencial de la solución del detective: él juega con la diferencia entre la verdad fáctica (la exactitud de los hechos) y la verdad interior concerniente a nuestro deseo. En nombre de la exactitud de los hechos, debilita la verdad libidinal interior, y nos descarga de culpa por la realización de nuestro deseo, ya que imputa esa realización exclusivamente al culpable. Con respecto a la economía libidinal, la solución del detective no es por lo tanto más que una especie de alucinación realizada. El detective "prueba con hechos" lo que de otro modo sería una proyección alucinatoria de la culpa sobre una víctima propiciatoria; él, demuestra que la víctima propiciatoria es efectivamente culpable. El inmenso placer generado por la solución del detective deriva de esta ganancia libidinal, de una especie de plusvalía obtenida de ella: nuestro deseo se realiza sin que tengamos que pagar por él. Resulta entonces claro el contraste entre el psicoanalista y el detective: el psicoanálisis nos enfrenta precisamente con el precio que debemos pagar por el acceso a nuestro deseo, con una pérdida irredimible (la castración simbólica). En concordancia con esto, cambia también el modo en que el detective funciona como sujeto supuesto saber: ¿qué es lo que garantiza con su mera presencia? Garantiza precisamente que seremos descargados de culpa, que la culpa por la realización de nuestro deseo será externalizada en la víctima propiciatoria y que, en consecuencia, podremos desear sin pagar un precio por ello.

El método de Philip Marlowe

El detective clásico y el detective duro

Quizás el mayor encanto del relato policial clásico resida en el carácter fascinante, ominoso, onírico de la historia que el cliente le cuenta al detective al principio del relato. Una joven le explica a Sherlock Holmes que todas las mañanas, en su trayecto desde la estación ferroviaria hasta su lugar de trabajo, un hombre tímido enmascarado la sigue a distancia en bicicleta, y retrocede en cuanto ella intenta acercarse a él. Otra mujer le habla a Holmes de las cosas extrañas que le pide su empleador: ella recibe una paga generosa por sentarse junto a una ventana durante un par de horas, todas las noches, con un vestido anticuado y trenzas. Esta escena ejerce una fuerza libidinal tan poderosa que casi nos sentimos tentados a conjeturar que la principal función de la explicación racional del detective consistirá en romper el hechizo, es decir, en salvarnos del encuentro con lo real de nuestro deseo que estas escenas montan. La novela policial dura presenta en este sentido una situación totalmente distinta. En ella, el detective pierde la distancia que le permitiría analizar la escena falsa y disolver su encanto; se convierte en un héroe activo enfrentado a un mundo caótico y corrupto, y cuanto más interviene, más involucrado queda en sus caminos perversos.

Por lo tanto, es totalmente engañoso caracterizar la diferencia entre el detective clásico y el detective duro en términos de actividad, intelectual en un caso y física en el otro; sería erróneo decir que el detective clásico de lógica y deducción se basa en el razonamiento, mientras que el detective duro se dedica principalmente a la persecución y la lucha. La ruptura real reside en el hecho de que, en términos existenciales, el detective clásico no está en absoluto comprometido: se mantiene en todo momento en una posición excéntrica; está excluido de los intercambios que se producen en el grupo de sospechosos constituido por el cadáver. La homología entre el detective y el analista se funda precisamente en esta exterioridad de su posición (la cual, por supuesto, no debe confundirse con la posición de científico objetivo, cuya distancia al objeto de la investigación es de una naturaleza totalmente distinta). Una de las claves indicativas de la diferencia entre estos dos tipos de detectives es la actitud respecto de la recompensa monetaria. Después de resolver el caso, el detective clásico acepta con notorio placer el pago por los servicios que ha prestado, mientras que el detective duro, como regla, desdeña el dinero, y soluciona sus casos con el compromiso personal de alguien que se entrega a una misión ética, aunque este compromiso esté a menudo oculto bajo una máscara de cinismo. Lo que está en juego no es la simple codicia del detective clásico o su insensibilidad al sufrimiento humano y la injusticia. Se trata de algo mucho más sutil: el pago le permite no mezclarse en el circuito libidinal de la deuda (simbólica) y su rescate. El valor simbólico del pago es el mismo que en psicoanálisis: los honorarios del psicoanalista le permiten permanecer al margen del ámbito "sagrado" del intercambio y el sacrificio, es decir, le permiten no involucrarse en el circuito libidinal del analizante. Lacan articula esta dimensión del pago precisamente a propósito de Dupin, quien, al final de "La carta robada", le da a entender al prefecto de policía que ya tiene la carta, pero sólo va a entregarla a cambio de una recompensa adecuada:

> ¿Significa esto que Dupin, hasta entonces un personaje admirable, casi excesivamente lúcido, se ha convertido de pronto en un pequeño vendedor de su tiempo, ostentoso y agresivo? Yo no vacilo en ver en esta acción la re-compra de lo que podríamos llamar el mal *mana* ligado a la carta. Y por cierto, desde el momento en que él recibe su paga, se ha salido del juego. No sólo porque le entrega la carta a otro, sino porque sus motivos son claros para todos: tiene su dinero, el resto ya no le preocupa. El valor sagrado de la remuneración, de los honorarios, está claramente indicado por el contexto [...] Nosotros, que dedicamos nuestro tiempo a ser los portadores de todas las cartas robadas del paciente, también somos un tanto caros. Piensen en esto con más cuidado: si no se nos pagara, quedaríamos involucrados en el drama de Atreo y Tieste, el drama en el cual están involucrados todos los sujetos que vienen a confiarnos su verdad [...] Todos saben que el dinero no sólo paga las cosas, sino que los precios que, en nuestra cultura, se calculan en el fondo de roca, tienen la función de neutralizar algo infinitamente más peligroso que el pago en dinero, a saber: deberle algo a alguien.[13]

En síntesis, al pedir honorarios, Dupin se sustrae a la maldición (el lugar en la red simbólica) que cae sobre quienes entran en posesión de la carta. El detective duro, por el contrario, está involucrado desde el principio, atrapado en el circuito: este compromiso define su posición subjetiva. Lo que lo lleva a resolver el misterio es en primer lugar el hecho de que tiene una cierta deuda que honrar. Podemos ubicar esta "acción de saldar las cuentas (simbólicas)" en una amplia escala que va desde el *ethos* vengativo primitivo de Mike Hammer en las novelas de Mickey Spillane, hasta la percepción refinada de la subjetividad herida que caracteriza al Philip Marlowe de Chandler. Tomemos, como caso ejemplar de este autor, uno de sus primeros cuentos cortos, titulado "Viento rojo". La protagonista, Lola Barsley, tuvo un amante que murió inesperadamente. Como recuerdo de su gran amor, ella guarda un costoso collar de perlas, regalo de él, pero, para evitar las sospechas de su marido, le dice que las perlas son de imitación. Su ex chofer roba el collar y la chantajea, suponiendo que las perlas son auténticas, y en vista de lo que la joya significa sentimentalmente para la mujer. Pide dinero por el collar a cambio de no revelarle al esposo que no se trata de una imitación. Después de que el chantajista es asesinado, Lola le pide a John Dalmas (precursor de Marlowe) que encuentre el collar faltante, pero cuando él lo consigue y se lo muestra a un joyero, descubre que las perlas son realmente falsas. El gran amor de Lola también había sido un impostor, y su recuerdo, una ilusión. Pero Dalmas no quiere herir a su clienta, de modo que hace fabricar una copia tosca del collar. Por supuesto, Lola advierte de inmediato que la joya que Dalmas le entrega no es la suya, y el detective le explica que el chantajista probablemente tenía la intención de devolverle esa copia y conservar el original, para venderlo posteriormente. De tal modo queda intacto el recuerdo del gran amor de Lola, que daba sentido a su vida. Por cierto, este acto de bondad no carece de una especie de belleza moral, pero va en sentido contrario a la ética psicoanalítica: trata de ahorrarle al otro la confrontación con una verdad que podría herirlo al demoler su ideal del yo.

Este compromiso entraña la pérdida de la posición excéntrica por medio de la cual el detective clásico desempeña un papel homólogo al del sujeto supuesto saber. Es decir que, como regla, el detective nunca es el narrador de la novela policial clásica, relatada por un sujeto omnisciente o por un miembro del círculo social del detective, que simpatiza con éste, preferiblemente un compañero watsoniano: en síntesis, la persona *para la cual* el detective es un sujeto supuesto saber. El sujeto supuesto saber es un efecto de la transferencia, y como tal *estructuralmente imposible en primera persona*: por definición, es otro sujeto el que "supone que uno sabe". Por esa razón está estrictamente prohibido divulgar los pensamientos no expresados del detective. Su razonamiento debe quedar oculto hasta el desenlace triunfal, con la excepción de algunas misteriosas preguntas y observaciones ocasionales, cuya función es enfatizar aún más el carácter inaccesible de lo que sucede en la cabeza del detective. Agatha Christie es una gran maestra en tales observaciones, aunque a veces parece llevarlas a un extremo manierista: en medio de una intrincada investigación, Poirot suele preguntar, por ejemplo: "¿Sabe usted, por casualidad, de qué color eran las medias que llevaba la doncella de la dama?" Después de obtener la respuesta, masculla debajo de su mostacho: "¡Entonces el caso está totalmente resuelto!"

En cambio, las novelas duras son en general narradas en primera persona, por el propio detective (una excepción notable, que requeriría una interpretación exhaustiva, son la mayoría de las obras de Dashiell Hammett). Este cambio de la perspectiva narrativa tiene consecuencias profundas para la dialéctica de la verdad y el engaño. En virtud de su decisión inicial de aceptar un caso, el detective duro queda mezclado en una serie de acontecimientos que es incapaz de dominar; de pronto resulta evidente que le han tomado el pelo. Lo que al principio parecía un trabajo fácil se convierte en un juego intrincado, enmarañado, y todos sus esfuerzos se dirigen a clarificar los perfiles de la trampa en la que ha caído. La verdad a la que intenta llegar no es sólo un desafío a su razonamiento, sino que también le concierne éticamente, y a menudo profundamente. El juego engañador en el que ha pasado a participar amenaza su identidad como sujeto. En síntesis, la dialéctica del engaño en la novela dura es la dialéctica de un héroe activo atrapado en un juego de pesadilla cuyo objetivo él mismo no advierte. Sus actos adquieren una dimensión imprevista, puede herir a alguien sin saberlo; la culpa que de este modo contrae involuntariamente lo impulsa a "honrar su deuda".[14]

De modo que en este caso es el propio detective (y no los miembros aterrados del grupo de sospechosos) quien sufre una especie de "pérdida de la realidad", quien se encuentra en un mundo onírico en el cual nunca se ve con claridad quién está jugando qué juego. Y la persona que encarna este carácter engañoso del universo, su corrupción fundamental, la persona que seduce al detective y lo toma por tonto, es como regla la mujer fatal, razón por la cual el "ajuste de cuentas" final consiste habitualmente en la confrontación con ella. De esta confrontación deriva toda una gama de reacciones, desde la resignación desesperada o la fuga al cinismo en Hammett y Chandler, hasta la masacre en Mickey Spillane (en el final de *I, the Jury*, Mike Hammer responde "Fue fácil" cuando su amante traidora, que agoniza, le pregunta cómo pudo matarla mientras hacían el amor). ¿Por qué esta ambigüedad, este carácter corrupto y engañoso del universo, se encarna en una mujer cuya promesa de goce excedente oculta un peligro mortal? ¿Cuál es la dimensión precisa de este peligro? Nuestra respuesta es que, contrariamente a lo que parece, la mujer fatal corporiza una actitud *ética* radical, la de "no ceder en el propio deseo", de persistir en él hasta el final, cuando se revela su verdadera naturaleza como pulsión de muerte. Es el héroe quien quiebra esta posición ética, al rechazar a la mujer fatal.

La mujer que "no cede en su deseo"

Lo que significa exactamente "ética" en este contexto puede dilucidarse recurriendo a la célebre versión de Peter Brooks de la ópera *Carmen*, de Bizet. Nuestra tesis es que, por medio de los cambios que introdujo en la trama original, Brooks no sólo convirtió a Carmen en una figura trágica, sino que, más radicalmente, la transformó en una figura *ética* del linaje de Antígona. Una vez más, a primera vista parece que no podría haber un contraste mayor que el existente entre el digno sacrificio de Antígona y el libertinaje que lleva a la destrucción de Carmen. Pero estos dos términos están vinculados por la misma actitud ética; en concordancia con la lectura lacaniana de *Antígona* como una aceptación irrestricta de la pulsión de muerte, en esa actitud ética podríamos ver una lucha por la autoaniquilación radical, por lo que Lacan llama "la segunda muerte", que va más allá de la mera destrucción física y suponer borrar la trama simbólica de generación y corrupción. Es perfectamente legítimo que Brooks convierta el aria de "la carta despiadada" en el motivo musical central de toda la obra: el aria de la carta que "siempre significa muerte" (en el acto tercero) señala el preciso momento en el que Carmen adquiere un estatuto ético, aceptando sin reservas la inminencia de su propia muerte. Las cartas que, tiradas al azar, siempre predicen la muerte, son "el pequeño fragmento de lo real" al que se aferra la pulsión de muerte de Carmen. Y se convierte en un sujeto en el estricto sentido lacaniano precisamente en el momento en que no sólo toma conciencia de que ella, una mujer que marca el destino de los hombres con los que se encuentra, es a su vez víctima del destino, un juguete en las manos de fuerzas que no puede dominar, pero también acepta plenamente su destino al no ceder en su deseo. Para Lacan, el sujeto es en última instancia el nombre de ese "gesto vacío" por medio del cual asumimos libremente lo que se nos impone, lo real de la pulsión de muerte. En otras palabras, hasta el aria de la "carta despiadada", Carmen era un objeto para los hombres, el poder de fascinación de ella dependía del papel que desempeñaba en el espacio fantasmático de ellos; ella no era más que el síntoma de ellos, aunque vivía bajo la ilusión de ser quien realmente "manejaba los hilos". Cuando finalmente se convierte en un objeto *también para ella*, es decir, cuando comprende que es sólo un elemento pasivo en el interjuego de las fuerzas libidinales, Carmen se "subjetiviza", se convierte en un sujeto. Desde la perspectiva lacaniana, la subjetivización es estrictamente correlativa del hecho de experimentarse a uno mismo como un objeto, como una víctima desamparada: es el nombre de la mirada por medio de la cual enfrentamos la total nulidad de nuestras pretensiones narcisistas.

Para demostrar que Brooks era plenamente consciente de todo esto, basta con mencionar su intervención más ingeniosa: el cambio radical del desenlace de la ópera. La versión original de Bizet es bien conocida. Frente a la arena en la que el torero Escamillo prosigue su lucha victoriosa, Don José se acerca a Carmen y le pide que vuelva a vivir con él. Carmen lo desaira, y mientras la música de fondo anuncia otro triunfo de Escamillo, Don José apuñala mortalmente a la mujer. Éste es el drama habitual de un amante rechazado que no puede soportar la pérdida. Brooks le da un giro totalmente distinto. Don José, resignado, *acepta* el rechazo final de Carmen, pero cuando la joven se aleja de él, los sirvientes le llevan a Escamillo muerto: ha perdido la batalla, el toro lo ha matado. Entonces es Carmen quien se quiebra. Lleva a Don José a un lugar solitario cercano a la plaza de toros, se arrodilla y se ofrece para que él la apuñale. ¿Hay un desenlace más desesperado que éste? Por supuesto que lo hay: Carmen podría haberse ido con Don José, ese débil, para seguir con su miserable vida cotidiana. En otras palabras, el final feliz habría sido el más desesperado.

Lo mismo ocurre con la figura de la mujer fatal en la novela dura y el *film noire*: ella arruina la vida de los hombres y al mismo tiempo es víctima de su propia avidez de goce; está obsesionada por un deseo de poder; manipula interminablemente a sus parejas, y es al mismo tiempo esclava de un tercero ambiguo, a veces incluso un impotente o un hombre sexualmente ambivalente. Lo que le confiere un aura de misterio es precisamente el modo en que resulta imposible situarla con claridad en la oposición del amo y el esclavo. En el mismo momento en que parece llena de un placer intenso, de pronto le revela que sufre inmensamente; cuando parece ser la víctima de alguna violencia horrible e indecible, de pronto resulta claro que está gozando. Nunca podemos estar seguros de si goza o sufre, de si manipula o es la víctima de una manipulación. A esto se debe el carácter profundamente ambiguo de esos momentos del *film noire* (o de la novela policial dura) en los que la mujer fatal se derrumba, pierde su poder para la manipulación y se convierte en víctima de su propio juego. Permítasenos referirnos al primer modelo de ese derrumbe, la confrontación final entre Sam Spade y Brigid O'Shaughnessy en *El halcón maltés*. Cuando comienza a perder el control de la situación, Brigid sufre un derrumbe histérico; pasa inmediatamente de una tragedia a otra. Primero amenaza, después llora y dice que no sabía lo que le estaba ocurriendo, de pronto asume de nuevo una actitud de fría distancia y desdén, y así sucesivamente. En síntesis, despliega un abanico completo de máscaras histéricas inconsistentes. Este momento de la quiebra final de la mujer fatal (que aparece entonces como una entidad sin sustancia, como una serie de máscaras inconsistentes, sin una actitud ética coherente), este momento en el que se evapora su poder de fascinación y nos deja con una sensación de náusea y disgusto, este momento en el que "no vemos más que sombras de lo que no es" donde antes había una forma clara y distinta que ejercía un poder tremendo de seducción, este momento de inversión es al mismo tiempo el momento del triunfo del detective duro. Cuando la figura fascinante de la mujer fatal se desintegra en un montón inconsistente de máscaras histéricas, él finalmente es capaz de tomar distancia respecto de ella, y puede rechazarla.

El destino de la mujer fatal en el *film noir*, su derrumbe histérico final, ejemplifica perfectamente la proposición lacaniana de que "La Mujer no existe": ella no es más que "el síntoma del hombre"; su poder de fascinación oculta el vacío de su inexistencia, de modo que, cuando es finalmente rechazada, toda su consistencia ontológica se disuelve. Pero precisamente como inexistente (es decir, en el momento mismo en el que, a través del derrumbe histérico, ella *asume* su inexistencia), se constituye como sujeto: lo que la aguarda *más allá* de la histerización es la pulsión de muerte en su forma más pura. En los escritos feministas sobre el *film noir* a menudo encontramos la tesis de que la mujer fatal representa una amenaza mortal para el hombre (el detective duro), es decir, que su goce ilimitado amenaza la identidad de él como sujeto: al rechazarla al final, el detective recobra su sensación de integridad e identidad personales. Esta tesis es correcta, pero en un sentido exactamente opuesto al que se le suele atribuir. Lo que hay de amenazante en la mujer fatal no es el goce ilimitado que abruma al hombre y lo convierte en juguete o esclavo de esa mujer. No es La Mujer como objeto de fascinación lo que causa que perdamos nuestro sentido crítico y nuestra actitud moral sino, por el contrario, lo que permanece oculto detrás de su máscara fascinante, y que sale a luz cuando la máscara cae: la dimensión del puro sujeto que asume plenamente la pulsión de muerte. Para emplear la terminología kantiana, la mujer no representa una amenaza para el hombre por encarnar el goce patológico, por entrar en el marco de un fantasma particular. La dimensión real de la amenaza se revela cuando "atravesamos" el fantasma, cuando las coordenadas del espacio fantasmático se pierden en el derrumbe histérico. En otras palabras, lo que hay de realmente amenazante en la mujer fatal no es que sea fatal *para los hombres*, sino que es un caso de sujeto "puro", no patológico, que asume plenamente *su propio* destino. Cuando la mujer llega a este punto, al hombre sólo le quedan dos actitudes posibles: cede en su deseo, la rechaza y recobra su identidad imaginaria narcisista (Sam Spade al final de *El halcón maltés*), o bien *se identifica* con la mujer como síntoma y cumple su destino en un gesto suicida (el acto de Robert Mitchum en el que es tal vez el *film noir* crucial: *Traidora y mortal* o *Retorno al pasado* [*Out of the Past*], de Jacques Tourneur).[15]

NOTAS

1. Innecesario es decir que no tienen mejor suerte los intentos de síntesis seudodialéctica que conciben la figura del detective como una fusión contradictoria de la racionalidad burguesa y su reverso, la intuición irracional: las dos caras juntas no logran lo que les falta por separado.

2. Freud, *The Interpretation of Dreams*, págs. 277-278.

3. Jacques-Alain Miller, "Action de la structure", en *Cahiers pour l'Analyse* 9, París, Graphe, 1968, págs. 96-97.

4. Richard Alewyn, "Anatomie des Detektivromans", en Jochen Vogt (comp.), *Der Kriminalroman*, Múnich, UTB-Verlag, 1971, vol. 2, pág. 35.

5. Freud, *The Interpretation of Dreams*, pág. 104.

6. Victor Shklovsky, "Die Kriminalerzählung bei Conan Doyle", en Jochen Vogt (comp.), *Der Kriminalroman*, Múnich, UTB-Verlag, 1971, vol. 1, pág. 84.

7. Sobre la base de esta necesidad estructural de la solución falsa podemos explicar el papel de una de las figuras convencionales del relato policial clásico: el compañero cotidiano, ingenuo, del detecti-

ve, que suele ser también el narrador (el Watson de Holmes, el Hastings de Poirot, etcétera). En una de las novelas de Agatha Christie, Hastings le pregunta a Poirot para qué le sirve él en su trabajo, ya que es sólo una persona común, promedio, llena de los prejuicios habituales. Poirot le responde que lo necesita *precisamente por eso*, es decir, precisamente porque es un hombre común que encarna lo que podríamos llamar el campo de la *doxa*, la opinión común espontánea. Es decir que, después de realizar el crimen, el asesino debe borrar sus huellas componiendo una imagen que oculte su verdadero motivo y apunte a un falso culpable (una solución clásica: el asesinato es realizado por un allegado a la víctima que arregla las circunstancias para dar la impresión de que el criminal fue un ladrón sorprendido por la víctima). *¿A quién*, precisamente, quiere engañar el asesino con esa escena falsa? ¿Cuál es el razonamiento del asesino cuando monta la escena falsa? Por supuesto, estamos en el campo de la *doxa*, de la opinión común encarnada por el fiel compañero del detective. De modo que el detective no necesita a su Watson para escenificar el contraste entre su deslumbrante perspicacia y la humanidad corriente del compañero; en realidad, Watson, con su sentido común, es necesario para sacar a luz con la mayor claridad posible el efecto que el asesino intentó lograr con el montaje de una escena falsa.

8. Miller, "Action de la structure", pág. 96.

9. Lacan, *The Four Fundamental Concepts of Psycho-Analysis*, págs. 139-140 (cambiamos ligeramente la cita para adecuarla a nuestros fines).

10. Por ello, el "oficial retirado" de uno de los últimos relatos de Sherlock Holmes, aunque bastante ingenioso, no aprovecha realmente todas las astucias del engaño propias del orden del significante. Este viejo oficial, cuya esposa ha desaparecido, y que presuntamente ha huido con una amante joven, de pronto comienza a pintar la casa. ¿Por qué? Para que el olor fuerte de la pintura fresca impida que los visitantes perciban otro olor, el de los cuerpos en descomposición de su esposa y el amante, a quienes él ha asesinado y ocultado en la casa. Un engaño más ingenioso habría sido pintar las paredes para dar la impresión de que se pretendía ocultar un olor, es decir, dar la impresión de que se ocultaba algo, cuando en realidad no había nada que ocultar.

11. A propósito del "sujeto supuesto saber" es absolutamente crucial captar este vínculo entre el saber y la *presencia* estúpida, carente de sentido, del sujeto que lo encarna. El sujeto supuesto saber es alguien que, *por su mera presencia*, garantiza que el caos adquirirá

sentido, es decir, que "hay un método en la locura". Por ello, el título original de *Desde el jardín* (la película de Hal Ashby sobre los efectos de la transferencia), *Being There*, "estar allí", es perfectamente adecuado: basta con el pobre jardinero Chance (interpretado por Peter Sellers), en razón de un error puramente contingente, se encuentre en cierto lugar, para que ocupe para los otros el lugar de la transferencia, para que opere como el sabio "Chauncey Gardener". Sus frases estúpidas, restos de su experiencia de jardinero y recuerdos fragmentarios de televidente obsesivo, adquieren de pronto un supuesto significado metafórico más profundo. Por ejemplo, sus observaciones infantiles sobre el cuidado del jardín en invierno y primavera son interpretadas como alusiones profundas a las relaciones entre las superpotencias. Los críticos que vieron en esta película un elogio al sentido común de los hombres sencillos, a su triunfo sobre la artificialidad de los expertos, estaban totalmente equivocados. En este sentido, el film no está maculado por ninguna transacción. Chance es descrito como un idiota completo y lamentable; todo el efecto de su "sabiduría" resulta de que "está allí", en el lugar de la transferencia. Aunque el *establishment* psicoanalítico norteamericano no ha podido digerir a Lacan, Hollywood, afortunadamente, ha sido más hospitalario.

12. *Asesinato en el Oriente-Express*, de Agatha Christie, lo confirma con una excepción ingeniosa: el asesinato ha sido realizado por todo el grupo de sospechosos, y precisamente por esa razón no pueden ser culpables, de modo que el desenlace, paradójico pero necesario, es que *el culpable coincide con la víctima*: el asesinato resulta ser un castigo merecido.

13. Jacques Lacan, *The Seminar of Jacques Lacan, Book II: The Ego in Freud's Theory and in the Technique of Psychoanalysis*, Nueva York, Norton, 1988, pág. 204. [Ed. cast.: *El Seminario. Libro II. El yo en la teoría de Freud y en la técnica psicoanalítica*, Barcelona, Paidós, 1986.]

14. Desde luego, hemos omitido considerar el muy interesante ascenso de la "*crime novel*" de la posguerra, en la cual la atención ya no está concentrada en el detective (como sujeto supuesto saber o como narrador en primera persona), sino en la víctima (Boileau-Narcejac) o en el culpable (Patricia Highsmith, Ruth Rendell). La consecuencia necesaria de este cambio es que se modifica la estructura temporal del relato. La historia es presentada del modo lineal habitual, con énfasis en lo que sucede *antes* del crimen, es decir que ya no se trata de la *estela* del crimen ni de los intentos de reconstruir el curso de los acontecimientos que llevaron a él. En las novelas de

Boileau-Narcejac (por ejemplo, *Les Diaboliques*), la historia es usualmente narrada desde la perspectiva de la futura víctima, una mujer a quien parecen sucederle cosas extrañas, que presagian un crimen horrible, aunque hasta el desenlace no estamos seguros de que no son alucinaciones. Por otro lado, Patricia Higshmit describe todas las contingencias y los atolladeros psicológicos que pueden inducir a una persona aparentemente "normal" a cometer un asesinato. Ya en su primera novela, *Extraños en un tren*, esta autora estableció su matriz elemental: una relación transferencial entre un asesino psicótico capaz de realizar el acto, y un histérico que organiza su propio deseo por medio de una referencia al psicótico, es decir, que literalmente *desea por procuración* (no sorprende que Hitchcock reconociera de inmediato la afinidad entre esa matriz y su tema de la "transferencia de la culpa"). Incidentalmente, un caso interesante con respecto a esta oposición entre la "novela de la víctima" y "la novela del culpable" es la obra maestra de Margaret Millar titulada *La bestia se acerca*, que pertenece simultáneamente a los dos géneros: el culpable resulta ser la víctima del crimen, una personalidad escindida patológicamente.

15. El hecho de que haya aquí una "purificación" del deseo después del fantasma se desprende de un detalle ingenioso: en la escena final, la indumentaria de Jane Greer se asemeja inequívocamente a la de una monja.

II

Nunca se puede saber demasiado sobre Hitchcock

4. Cómo los no engañados se equivocan

"El inconsciente está afuera"

Hacia adelante, hacia atrás

Una de las más difundidas leyendas de Hollywood tiene que ver con la escena final de *Casablanca*. Se dice que, incluso durante la filmación de esa escena, el director y los guionistas vacilaron entre diferentes versiones del desenlace (Ingrid Bergman se iba con el esposo, permanecía con Bogart, moría uno de los dos hombres). Igual que la mayoría de estas leyendas, ésta es falsa, constituye uno de los ingredientes del mito de *Casablanca*, construido posteriormente (en realidad, hubo alguna discusión sobre los finales posibles, pero todo quedó resuelto antes de la filmación). Sin embargo, esta leyenda ilustra perfectamente el modo en que el "punto de almohadillado" funciona en un relato. Experimentamos el final actual (Bogart sacrifica su amor, y Bergman se va con el esposo) como algo que se sigue natural y orgánicamente de la acción anterior, pero si imagináramos otro final (por ejemplo, que el heroico esposo de Bergman muere, y Bogart ocupa su lugar junto a Bergman en el aeroplano que vuela a Lisboa), los espectadores también sentirían que se desarrolló naturalmente a partir de los acontecimientos anteriores. ¿Cómo es esto posible, ya que los acontecimientos anteriores son los mismos en ambos casos? Por supuesto, la única respuesta es que la experiencia de un flujo orgánico lineal de los acontecimientos es una ilusión (aunque una ilusión necesaria), y oculta el hecho de que el propio final, *retroactivamente*, confiere la consistencia de un todo orgánico a los hechos anteriores. Lo que se enmascara es la contingencia radical del encadenamiento del relato, el hecho de que, en cualquier punto, las cosas podrían haber sido distintas. Pero, si esta ilusión resulta de la misma linealidad de la narración, ¿cómo se puede sacar a luz la contingencia radical de los encadenamientos de los hechos? Paradójicamente, la respuesta es: procediendo a la inversa, presentando los acontecimientos de atrás para adelante, desde el principio hasta el final. Lejos de ser ésta una solución puramente hipotética, el procedimiento ha sido puesto en práctica varias veces.

- *Time and the Conways*, de J. B. Priestley, es una obra de teatro en tres actos sobre el destino de la familia Conway. En el primer acto somos testigos de una cena familiar (que tuvo lugar veinte años antes), durante la cual todos se entusiasman haciendo planes para el futuro. El segundo acto tiene lugar en el presente, es decir, veinte años después, cuando la familia, ya convertida en un grupo de individuos quebrados cuyos planes fracasaron, se reúne nuevamente. El tercer acto nos hace retroceder de nuevo veinte años, y continúa con la cena del primer acto. El efecto de esta manipulación temporal es sumamente depresivo, por no decir directamente horroroso. Pero lo horroroso no es el pasaje del acto primero al segundo (al principio los planes entusiastas, después de la triste realidad), sino el pasaje del acto segundo al tercero. Ver la triste realidad de un grupo de personas cuyos proyectos vitales han sido implacablemente desbaratados y, *a continuación*, observar a esas mismas personas veinte años antes, cuando aún estaban llenas de esperanza e ignoraban lo que les aguardaba, equivale a experimentar plenamente la destrucción de la esperanza.
- La película *Traición de amor* [*Betrayal*], basada en un libro

de Harold Pinter, narra una trivial historia de amor. El truco consiste simplemente en que los episodios están ordenados en sentido inverso: primero vemos a los amantes cuando se encuentran en una hostería, un año después de su ruptura; después presenciamos la ruptura misma, a continuación el primer conflicto, luego el clímax apasionado del amor, la primera cita secreta, y finalmente el momento en que se conocen en una fiesta.

Cabría esperar que estas inversiones del orden narrativo provocaran un efecto de fatalismo total: todo está decidido de antemano, mientras que los protagonistas, como títeres, desempeñan sus papeles siguiendo, sin saberlo, un guión que ya está escrito. Sin embargo, un análisis más atento revela una lógica totalmente distinta detrás del horror provocado por esa organización de los hechos, una versión de la división fetichista del *Je sais bien, mais quand même*: "Sé muy bien lo que seguirá (porque conozco de antemano el final del relato) pero sin embargo no estoy totalmente convencido, por lo cual me siento lleno de angustia. ¿Sucederá realmente lo inevitable?". En otras palabras, es precisamente la inversión del orden temporal lo que nos hace experimentar de un modo casi palpable la total contingencia de la secuencia narrativa, es decir, el hecho de que, en cada punto de inflexión, las cosas podrían haber tomado otra dirección. Otro ejemplo de la misma paradoja es probablemente una de las mayores curiosidades de la historia de la religión: una religión notoria por impulsar a sus seguidores a una actividad incesante y frenética es el calvinismo, que se basa en la creencia en la predestinación. Es como si el sujeto calvinista se sintiera impulsado por la premonición angustiosa de que, después de todo, lo inevitable *podría no suceder*.

La misma forma de angustia impregna la excelente novela policial de Ruth Rendell titulada *Un juicio de piedra*, la historia de una criada que, temiendo ser avergonzada públicamente porque no sabe leer ni escribir, mata a toda la familia que la emplea, compuesta por benefactores generosos que querían ayudarla de todos los modos posibles. La historia se despliega linealmente, salvo que desde el principio Rendell revela el desenlace, y en cada punto de inflexión dirige nuestra atención hacia algún hecho azaroso que sella el destino de todos los involucrados. Por ejemplo, cuando la hija del jefe de familia, después de algunas vacilaciones, decide quedarse un fin de semana en su casa, y no salir con el novio, Rendell comenta directamente que "su destino quedó sellado por esta decisión arbitraria: perdió la última oportunidad de escapar a la muerte que la aguardaba". Lejos de transformar el flujo de los acontecimientos en un encadenamiento fatal, el punto de vista de la catástrofe final hace palpable la contingencia radical de los hechos.

"El Otro no debe saberlo todo"

A partir de la "inexistencia del gran Otro", es decir, del hecho de que el Otro es sólo una ilusión retroactiva que oculta la contingencia radical de lo real, sería erróneo extraer la conclusión de que podemos sencillamente suspender esta ilusión y "ver las cosas tal como son". El punto esencial es que esta ilusión estructura nuestra realidad (social): su desintegración lleva a una "pérdida de la realidad" o, como dice Freud en *El porvenir de una ilusión*, después de caracterizar como ilusión a la religión, "¿No se debe llamar también ilusiones a los supuestos que determinan nuestras regulaciones políticas?"[1]

Una de las escenas clave de *Saboteador* [*Saboteur*], de Hitchcock, el baile de caridad en el palacio de la opulenta dama de sociedad que en realidad es una espía nazi, demuestra perfectamente que la misma superficialidad del Otro (el campo de la etiqueta de las reglas y las costumbres sociales) sigue siendo el lugar donde se determina la verdad, y por lo tanto el lugar desde donde se dirige el juego. La escena establece una tensión entre la superficie idílica (la buena educación del baile de caridad) y la acción real oculta (el héroe realiza un intento desesperado de salvar a su novia de las manos de los agentes nazis, para escapar con ella). El escenario es un gran salón, con cientos de invitados. Tanto el héroe como sus adversarios tienen que observar la etiqueta adecuada para la ocasión; se espera que mantengan una conversación banal, que acepten una invitación a bailar, etcétera, y las acciones de cada uno contra el adversario tienen que concordar con las reglas de juego social (cuando un nazi quiere apartar a la novia del héroe, le pide un baile, solicitud que, según las reglas de la buena educación, ella no podía rechazar; cuando el héroe quiere huir, se une a una pareja inocente que está saliendo: los nazis no pueden detenerlo por la fuerza, porque esto los descubriría ante la pareja, y así sucesivamente). Es cierto que ello dificulta la acción (para que podamos golpear al adversario, nuestra acción debe inscribirse en la trama del juego social superficial, y pasar por un acto socialmente aceptable), pero nuestro adversario sufre una limitación aún más rigurosa: si logramos inventar ese acto de inscripción doble, él quedará encerrado en el papel de observador impotente, no podrá devolver el ataque porque también tiene prohibido violar las reglas. Esta situación le permite a Hitchcock desarrollar la conexión íntima entre la mirada y el par poder/impotencia. La mirada denota al mismo tiempo poder (nos permite ejercer control sobre la situación, ocupar la posición del amo) e impotencia (como portadores de una mirada, estamos reducidos al papel de testigos pasivos de la acción del adversario). En síntesis, la mirada es una encarnación perfecta del "amo impotente", una de las figuras centrales del universo de Hitchcock.

Esta dialéctica de la mirada en su conexión con el poder y la impotencia fue articulada por primera vez en "La carta robada", el relato de Poe. Cuando el ministro le roba a la reina el relato que la incrimina, ella ve lo que está sucediendo, pero lo único que puede hacer es observar esa acción con impotencia. Si hiciera algo, se traicionaría ante el rey, que también está presente pero no sabe ni debe saber nada sobre la carta incriminatoria (que probablemente revela algún desliz amoroso de la reina). El punto crucial que hay que observar es que la situación de la "mirada impotente" no es nunca dual, no es nunca una confrontación simple entre un sujeto y un adversario. Siempre hay involucrado un tercer elemento (en "La carta robada" es el rey; en *Saboteador*, son los invitados ignorantes) que personifica la ignorancia inocente del Otro (las reglas del juego social), a quien debemos ocultar nuestros verdaderos designios. Tenemos entonces tres elementos: un *tercero inocente* que lo ve todo pero no capta la significación real de lo que ve; el *agente* cuyo acto (bajo el disfraz de las reglas del juego social) dirige un golpe decisivo al adversario, y finalmente el adversario mismo, el *observador impotente* que se da perfectamente cuenta de las consecuencias reales del acto, pero está condenado al rol de un testigo pasivo, puesto que su reacción provocaría la sospecha del Otro ignorante, inocente. El pacto fundamental que une a los actores del juego social es que el *Otro no debe saberlo todo*. Este desconocimiento del Otro introduce una cierta distancia que, por así decirlo, nos proporciona un espacio para respirar, que nos permite conferir a nuestras acciones un significado complementario, más allá del socialmente reconocido. Por esta misma razón, el juego social (las reglas de etiqueta, etcétera), en la estupidez misma de su ritual, nunca es sencillamente superficial. Sólo podemos permitirnos secretos de guerra en la medida en que el Otro no los conozca, pues en cuanto el Otro deje de ignorarlos, el vínculo social se disolverá. Habrá una catástrofe, análoga a la provocada por la observación del niño que veía desnudo al emperador. *El Otro no debe saberlo todo*: ésta es una definición importante del campo social no-totalitario.[2]

La transferencia de la culpa

La noción misma del Otro (el registro simbólico) se basa en el tipo especial de doble engaño que se vuelve visible en una escena de la película *Sopa de ganso* [*Duck Soup*] de los hermanos Marx, en la cual Groucho, ante un tribunal, defiende a su cliente, con el siguiente argumento: "Este hombre parece un idiota y actúa como un idiota, pero esto no debe en modo alguno engañarlos: ES un idiota". La paradoja de esta proposición ejemplifica perfectamente el punto clásico de la teoría lacaniana acerca de la diferencia entre el engaño animal y el engaño humano: sólo el hombre es capaz de engañar *por medio de la verdad*. Un animal puede fingir que es o pretende algo distinto de lo que realmente es o pretende, pero sólo el hombre puede mentir diciendo una verdad que espera sea tomada por mentira. Sólo el hombre puede *engañar fingiendo que engaña*. Desde luego, ésta es la lógica del chiste que cuenta Freud, a menudo citado por Lacan, sobre los dos judíos polacos. Uno de ellos le reprocha al otro: "¿Por qué me dices que vas a Cracovia, para que yo piense que vas a Lemberg, cuando en realidad vas a Cracovia?". Esta misma lógica estructura la trama de toda una serie de películas de Hitchcock: al principio, la pareja de enamorados se une por pura casualidad o por una coacción externa; se encuentran en una situación en la cual deben fingir que están casados o son pareja, hasta que se enamoran en realidad. La paradoja de esa situación puede describirse adecuadamente con una paráfrasis de razonamiento de Groucho: "Esta pareja parece una pareja enamorada y actúa como una pareja enamorada, pero esto de ningún modo debe engañarlos: SON una pareja enamorada". Tal vez la versión más refinada de este planteo sea la de *Tuyo es mi corazón* [*Notorious*], cuando Alicia y Devlin, agentes norteamericanos en la casa de Sebastian, un rico partidario de los nazis y esposo de Alicia, entran furtivamente en la bodega a fin de investigar qué hay en las botellas de champaña. Allí los sorprende la súbita aparición de Sebastian. Para ocultar el propósito real de su visita a la bodega, ellos se abrazan, fingiendo el encuentro clandestino de dos amantes. Por supuesto, están realmente enamorados: logran engañar al esposo (por lo menos por un tiempo), pero lo que le presentan como engaño es la pura verdad.

Este tipo de movimiento "de afuera hacia adentro" es uno de los componentes clave de las relaciones intersubjetivas en las películas de Hitchcock: al fingir que *ya somos* algo, *nos convertimos* efectivamente en ello. Para captar la dialéctica de este movimiento debemos tomar en cuenta el hecho crucial de que ese "afuera" nunca es sencillamente "una máscara" que llevamos en público, sino que se trata del registro simbólico. Al fingir que somos algo, al actuar como si lo fuéramos, ocupamos un cierto lugar en la red simbólica intersubjetiva, y ese lugar externo define nuestra posición verdadera. Si en nuestro interior seguimos convencidos de que en realidad no somos eso, si preservamos una distancia íntima respecto del rol social que desempeñamos, sin duda nos engañamos a nosotros mismos. El engaño final es que la apariencia social sea engañosa, pues en la realidad simbólico-social, en última instancia las cosas *son* precisamente lo que *fingen* ser. (Con más exactitud, esto sólo vale para los filmes de Hitchcock que Lesley Brill denomina "romances", en oposición a los "irónicos". Los romances son regidos por la lógica pascaliana, en virtud de la cual el juego social se transforma gradualmente en una relación intersubjetiva auténtica, mientras que los filmes irónicos –por ejemplo *Psicosis* [*Psycho*]– describen un bloqueo total de la comunicación, una división psicótica en la que la máscara no es efectivamente *más que una máscara*, es decir que el sujeto conserva la distancia característica de la psicosis respecto del registro simbólico.)

También contra este fondo debemos concebir la transferencia de la culpa, que, según Rohmer y Chabrol, es el tema central del universo hitchcockiano.[3] En las películas de Hitchcock, el asesinato nunca tiene que ver solamente con el asesino y la víctima; siempre implica a un tercero, siempre implica la referencia a un tercero: el asesino mata *para* ese tercero, su acto se inscribe en el marco de un intercambio simbólico con él. Por medio de su acto, el asesino realiza su deseo reprimido. En consecuencia, el tercero se encuentra cargado de culpa, aunque no sepa nada o, más precisamente, no quiera saber nada sobre el modo en que está involucrado en el asunto. Por ejemplo, en *Pacto siniestro* [*Strangers in a train*], Bruno, al matar a la esposa de Guy, le transfiere a este último la culpa por el asesinato, aunque Guy no quiere saber nada sobre el pacto de intercambiar asesinatos, al que se refiere Bruno. *Pacto siniestro* es el segundo término de la gran "trilogía de la transferencia de la culpa": *Festín diabólico*, *Pacto siniestro*, *Mi secreto me condena* [*I Confess*]. En estas tres películas, el asesinato funciona como lo que está en juego en una lógica intersubjetiva de intercambio: el asesino espera que el tercero lo recompense de algún modo por su acto (con el reconocimiento en *Festín diabólico*, con otro asesinato en *Pacto siniestro*, y con el silencio ante el tribunal en *Mi secreto me condena*).

Pero lo esencial es que esta transferencia de la culpa no tiene que ver con algún deseo psíquico interior, renegado, reprimido, profundamente oculto debajo de la máscara de urbanidad, sino todo lo contrario: está relacionado con una red radicalmente externa de relaciones intersubjetivas. En cuanto el sujeto se encuentra en un cierto lugar (o pierde cierto lugar) en esta red, se convierte en culpable, aunque en su interior psíquico sea totalmente inocente. Por ello (como lo ha señalado Deleuze) *Su amado enemigo* [*Mr. and Mrs. Smith*] es una película totalmente hitchcockiana. Una pareja casada se entera inesperadamente de que su matrimonio no es válido en términos legales. Lo que durante años fueron placeres conyugales lícitos se convierte de pronto en un adulterio pecaminoso; retroactivamente, la misma actividad toma un valor simbólico totalmente distinto. En esto consiste la transferencia de la culpa, esto es lo que le confiere al universo de Hitchcock su radical ambigüedad e inestabilidad. En cualquier momento, la trama idílica del uso cotidiano de las cosas puede desintegrarse, no porque de pronto irrumpa en la superficie de las reglas sociales alguna violencia inicua (según la idea común de que, por debajo de la máscara civilizada, somos todos salvajes y asesinos), sino porque, como resultado de cambios inesperados en la trama simbólica de las relaciones intersubjetivas, lo que un momento antes estaba permitido por las reglas se convierte en un vicio abominable, sin que cambie la realidad física inmediata del acto. Para dilucidar más esta inversión súbita, basta con recordar tres grandes películas de Charles Chaplin, que se distinguen por el mismo humor melancólico y triste: *El gran dictador*, *Monsieur Verdoux*, *Candilejas*. Las tres giran en torno al mismo problema estructural: el de ubicar una línea demarcatoria, definir un cierto rasgo, difícil de especificar en el nivel de las propiedades positivas, cuya presencia o ausencia modifica radicalmente el estatuto simbólico del objeto.

> Entre el peluquero judío y el dictador, la diferencia es tan desdeñable como la que existe entre sus respectivos bigotes. Pero genera dos situaciones infinitamente remotas, tan opuestas como la de la víctima y la del verdugo. De modo análogo, en *Monsieur Verdoux* la diferencia entre los dos aspectos o comportamientos del mismo hombre, el asesino de mujeres y el marido amante de una esposa paralítica, es tan tenue que se necesita toda la intuición de la esposa para adivinar que de algún modo él "ha cambiado" [...] La pregunta ardiente de *Candilejas* es qué es esa nada, ese signo de la edad, esa pequeña diferencia trivial que convierte la rutina divertida del payaso en un espectáculo tedioso.[4]

El rasgo diferencial que no puede definirse como alguna cualidad positiva es lo que Lacan denomina *le trait unaire*, el rasgo unario: un punto de identificación simbólica al que se aferra lo real del sujeto. Mientras el sujeto está vinculado a este rasgo, tenemos ante nosotros una figura carismática, fascinante, sublime; en cuanto ese vínculo se rompe, la figura se derrumba. Como prueba de que Chaplin tenía conciencia de esta dialéctica de la identificación, basta con recordar *Luces de la ciudad*, donde lo que pone en marcha la acción es una coincidencia paralela al incidente inaugural de *Intriga internacional* [*North by Northwest*]: la yuxtaposición casual del ruido de una puerta de automóvil y los pasos de un cliente que se aleja lleva a la florista ciega a identificar erróneamente a *Carlitos* con el propietario del costoso automóvil. Más tarde, después de recuperar la vista, la niña no reconoce a Carlitos como el benefactor que le procuró el dinero para su operación. Esta intriga, que a primera vista parece banal y melodramática, demuestra una aprehensión de la dialéctica intersubjetiva mucho más perspicaz que la que caracteriza a la mayoría de los dramas psicológicos "serios".

Si la tragedia se basa en última instancia en una cuestión de "carácter" –es decir, si la necesidad inmanente que lleva a la catástrofe final está inscrita en la estructura misma de la personalidad trágica–, hay por el contrario algo *cómico* en el modo en que el sujeto está vinculado al significante que determina su lugar en la estructura simbólica, que "lo representa para los otros significantes". Este vínculo carece en última instancia de fundamento, es irracional, su naturaleza es radicalmente contingente, sin ninguna relación con una determinada personalidad. No es casual que *Su amado enemigo*, la película de Hitchcock que expone más claramente los elementos constitutivos de su universo, sea una comedia. Los numerosos encuentros accidentales, las coincidencias, etcétera, que ponen en marcha la trama de sus películas, son de naturaleza esencialmente *cómica* (recordemos, por ejemplo, la identificación falsa inagural de Thornhill como el inexistente "Kaplan" en *Intriga internacional*). El film en el cual Hitchcock quiso sacar a luz el lado trágico de las coincidencias imprevistas de ese tipo (*El hombre equivocado* [*The Wrong Man*], donde el músico Balestrero es identificado erróneamente como un ladrón), demuestra este principio *a contrario*, porque esa película fue un fracaso.

Cómo histerizar el cristianismo

Al hacer de la externalidad radical del Otro el lugar donde se articula la verdad del sujeto, Hitchcock hace eco a la tesis de Lacan según la cual "el inconsciente está afuera". Esta externalidad suele concebirse como el carácter externo, no psicológico, de la estructura simbólica formal que regula la experiencia íntima que el sujeto tiene de sí mismo. Pero este modo de ver es engañoso: el Otro (hitchcockiano y al mismo tiempo lacaniano) no es sencillamente una estructura formal universal llenada por contenidos contingentes imaginarios (como en Lévi-Strauss, donde el registro simbólico equivale a las leyes simbólicas universales que estructuran el material de los mitos, las relaciones de parentesco, etcétera). Por el contrario, la estructura del Otro opera ya en lo que puede parecer la más pura contingencia *subjetiva*. Obsérvese el papel del amor en las películas de Hitchcock: es una especie de milagro que surge "de la nada" y hace posible la salvación de la pareja hitchcockiana. En otras palabras, el amor es un caso ejemplar en lo que Jon Elster llama "estados que son esencialmente subproductos": emociones íntimas que no se pueden planificar de antemano ni suscitar por medio de una decisión consciente (yo no puedo imponerme "ahora me enamoraré de esa mujer": en cierto momento, sencillamente *me encuentro* enamorado).[5] La lista que da Elster de ese tipo de estados incluye sobre todo conceptos tales como los de "respeto" y "dignidad". Si trato conscientemente de parecer digno o de suscitar respeto, el resultado es ridículo: parezco un imitador lamentable. La paradoja básica de estos estados es que, aunque son lo que más importa, nos eluden en cuanto los convertimos en la meta inmediata de nuestra actividad. El único modo de generarlos consiste en no apuntar a ellos, sino perseguir otras metas y esperar que se produzcan "por sí mismos". Aunque son propios de nuestra actividad, en última instancia los percibimos como algo que nos pertenece por lo que *somos* y no por lo que *hacemos*. El nombre lacaniano de este subproducto de nuestra actividad es "objeto *a*", el tesoro oculto, lo que es "en nosotros más que nosotros mismos", esa X elusiva, inalcanzable, que confiere a todos nuestros autos un aura de magia, aunque no puede ser identificada como ninguna de nuestras cualidades positivas. A través del objeto *a* podemos captar el funcionamiento del estado subproducto fundamental, la matriz de todos los otros: *la transferencia*. El sujeto nunca puede dominar y manipular plenamente el modo en que provoca la transferencia en los otros; siempre hay algo "mágico". De pronto uno parece poseer una X no especificada, algo que colorea todas sus acciones, las somete a una especie de transustanciación. Es probable que la encarnación más trágica de este estado sea la mujer fatal de buen corazón, que aparece en las novelas policiales duras. Básicamente una mujer decente y honesta, ve con horror el modo en que su mera presencia genera la corrupción moral de todos los hombres que la rodean. Desde la perspectiva lacaniana, es *allí* donde el Otro entra en escena: los "estados que son esencialmente subproductos" son *estados esencialmente producidos por el Otro* (este Otro es precisamente la agencia que decide en lugar de nosotros, por nosotros). Cuando de pronto nos encontramos ocupando una cierta posición transferencial (es decir, cuando nuestra mera presencia provoca respeto o amor) podemos estar seguros de que esa transformación mágica no tiene nada que ver con alguna espontaneidad irracional: lo que produce el cambio es el gran Otro.

No es por lo tanto casual que Elster ilustre estos "estados que son esencialmente subproductos" con la idea hegeliana de "la astucia de la razón". El sujeto emprende una cierta actividad con el propósito de lograr una meta bien definida; fracasa, porque el resultado final de sus acciones es un estado de cosas distinto, totalmente al margen de sus intenciones, y que no se habría producido si el sujeto hubiera apuntado directamente a él. Ese resultado final sólo se alcanza como subproducto de una actividad orientada hacia otra meta. Piénsese en el ejemplo hegeliano clásico del asesinato de Julio César. La meta inmediata, consciente, de los conspiradores que se oponían a César era reinstalar la República; el resultado final (el "subproducto esencial") fue la instauración del Imperio, es decir, exactamente lo contrario de lo que pretendían. En términos hegelianos, podríamos decir que la Razón de la Historia los utilizó como medios involuntarios para alcanzar su meta. Esta Razón que maneja los hilos de la Historia es por supuesto una figuración hegeliana del Otro lacaniano. Hegel nos dice que para detectar la Razón no hay que buscar los grandes ideales y metas proclamados que guiaron a los agentes históricos, sino prestar atención a los "subproductos" reales de su actividad. Lo mismo vale respecto de la "mano invisible del mercado" (Adam Smith), una de las fuentes históricas de la idea hegeliana de la astucia de la Razón. En el mercado, cada participante contribuye inconscientemente al bien común cuando persigue sus propios intereses egoístas. Es como si la propia actividad fuera guiada por una mano benévola invisible. Ésta es otra figuración del Otro.

Contra este fondo hay que interpretar la tesis lacaniana de que "el Otro no existe". El Otro no existe como sujeto de la historia; no está dado de antemano ni regula nuestra actividad de modo teleológico. La teleología es siempre una ilusión retroactiva, y "los estados que son esencialmente subproductos" son también radicalmente contingentes. Asimismo, es contra este fondo como debemos encarar la clásica definición lacaniana de la comunicación, según la cual el emisor recibe del otro su propio mensaje, en su forma verdadera, invertida. La verdad del mensaje, su significado efectivo, es devuelto al sujeto en los "subproductos esenciales" de su actividad, en sus resultados no buscados. El problema consiste en que, como regla, el sujeto no está preparado para reconocer el verdadero significado de sus acciones en la confusión que resulta de ellas. Esto nos retrotrae a Hitchcock: en las primeras dos películas de la trilogía de la transferencia de la culpa, el destinatario del asesinato (el profesor Caddell en *Festín diabólico*, Guy en *Pacto siniestro*) no está preparado para asumir la culpa que el asesino le transfiere. En otras palabras, no está preparado para reconocer un acto de comunicación en el asesinato consumado por el otro personaje. Al realizar el deseo del destinatario, el asesino le devuelve su propio mensaje en su verdadera forma (lo demuestra la conmoción del profesor Caddell al final de *Festín diabólico*, cuando los dos asesinos le recuerdan que no hicieron más que tomarle la palabra y llevar a la práctica su convicción de que el Superhombre tiene derecho a matar).

Mi secreto me condena, el film final de la trilogía, constituye sin embargo una excepción significativa. El padre Logan se reconoce desde el principio como destinatario del acto asesino. ¿Por qué? A causa de su posición de *confesor*. Al asociar de modo directo el tema de la transferencia de la culpa con el cristianismo (a través de una serie de paralelos entre el sufrimiento del padre Logan y la Pasión de Cristo), *Mi secreto me condena* pone de manifiesto el carácter subversivo de la relación de Hitchcock con esta religión. La película saca a luz el núcleo escandaloso, histérico, del cristianismo, más tarde oscurecido por su institucionalización del ritual obsesivo. El sufrimiento del padre Logan consiste en que acepta la transferencia de la culpa, es decir, en que reconoce como propios los deseos del otro (el asesino). Desde esta perspectiva, Jesús, el inocente que cargó con los pecados de la humanidad, toma un nuevo aspecto: en cuanto asume la culpa de los pecadores y paga por ella, reconoce el deseo de los pecadores como el suyo propio. *Jesús desea desde el lugar del otro (el pecador)*, y ésta es la raíz de su compasión por los pecadores. En los términos de la economía libidinal, el pecador es un perverso, y Jesús un inequívoco histérico. Pues el deseo histérico es el deseo del otro. En otras palabras, lo que hay que preguntarse en un caso de histeria no es *qué* desea él o ella, cuál es *el objeto* de su deseo. El verdadero enigma se expresa en una pregunta: ¿desde dónde desea él o ella? La tarea consiste en ubicar el sujeto con el que el histérico tiene que identificarse para poder acceder a su propio deseo.

Damas que desaparecen

"La Mujer no existe"

En vista del estatuto central del engaño en relación con el registro simbólico, hay que extraer una conclusión radical: el único modo de *no ser* engañado consiste en mantenerse a distancia del registro simbólico, es decir, en asumir una posición *psicótica*. Un psicótico es precisamente un sujeto que *no es engañado por el registro simbólico*.

Encaremos esta posición psicótica a través de *La dama desaparece* [*The Lady Vanishes*], esa película de Hitchcock que probablemente sea la variación más hermosa y efectiva sobre el tema de la "desaparición que todo el mundo niega". Por lo general, la historia es narrada desde el punto de vista de un protagonista que, totalmente por azar, conoce a una persona agradable, un tanto excéntrica; poco después esa persona desaparece, y cuando el héroe trata de encontrarlo o encontrarla, los personajes que los vieron juntos no recuerdan nada sobre el desaparecido o desaparecida (o incluso recuerdan positivamente que el héroe estaba solo), de modo que la existencia misma de esa persona pasa por una idea fija alucinatoria del protagonista. En sus conversaciones con Truffaut, el propio Hitchcock se refiere al original de esta serie de variaciones: es la historia de una anciana dama que desapareció de su habitación de hotel en París, en 1989, en la época de la Gran Exposición. Después de *La dama desaparece*, la variación más famosa es sin duda la novela negra de Cornell Woolrich titulada *La mujer fantasma*; en ella, el héroe pasa la noche con una hermosa mujer que conoció en un bar. Esta mujer, que después desaparece y a la que nadie admite haber visto, se convierte en la única coartada del protagonista para demostrar que no ha cometido un asesinato.

A pesar de la completa improbabilidad de estas tramas, en todas ellas hay algo psicológicamente convincente, como si pulsaran alguna cuerda de nuestro inconsciente. Para comprender por qué estos argumentos parecen correctos, debemos observar en primer lugar que la persona que desaparece es como regla una inequívoca *dama*. Resulta difícil no reconocer en esta figura fantasmática la aparición de La Mujer, de la mujer que podría llenar la falta en el hombre, la pareja ideal con la cual sería finalmente posible la relación sexual. En síntesis, La Mujer que, según la teoría lacaniana, precisamente no existe. Para el héroe, la inexistencia de esta mujer se pone de manifiesto por la ausencia de su inscripción en la red sociosimbólica: la comunidad intersubjetiva actúa como si ella no existiera, como si fuera sólo la idea fija de él.

¿Dónde debemos situar la falsedad y al mismo tiempo el atractivo, el encanto irresistible de este tema de "la desaparición que todos niegan"? Según el final común de las historias de este tipo, la dama que desaparece, a pesar de todas las pruebas en sentido contrario, no fue sencillamente alucinada. En otras palabras, La Mujer *sí* existe. La estructura de esta ficción es la misma que la de un chiste muy conocido sobre un psiquiatra a quien un paciente se le queja de que tiene un cocodrilo debajo de la cama. El psiquiatra trata de convencerlo de que se trata de una alucinación, de que debajo de la cama no hay ningún cocodrilo. En la sesión siguiente el hombre insiste en la queja, y el psiquiatra continúa con sus esfuerzos de persuasión. Cuando el hombre no concurre a la tercera sesión, el psiquiatra deduce que se ha curado. Algún tiempo después se encuentra con un amigo de ese hombre, y le pregunta por él; la respuesta es: "¿A quién se refiere exactamente? ¿Al que fue comido por un cocodrilo?"

A primera vista, lo esencial de este relato parece ser que el sujeto tenía razón en oponerse a la *doxa* del Otro: la verdad estaba del lado de su idea fija, aunque su insistencia en ella amenazaba con excluirlo de la comunidad simbólica. Sin embargo, esta interpretación oscurece un rasgo esencial, que es posible abordar a través de otra variante, ligeramente distinta, sobre el tema de la *alucinación realizada*: el cuento corto de ciencia ficción de Robert Heinlein titulado "They". Su protagonista, encerrado en un manicomio, está convencido de que todo el mundo de la realidad objetiva externa es una gigantesca puesta en escena montada por "ellos" para engañarlo. Todas las personas que lo rodean forman parte de este engaño, incluso su mujer. (Las cosas le resultaron claras unos meses antes, un domingo en el que iba a salir a dar un paseo en auto con la familia. Afuera llovía, y él ya había subido al vehículo, cuando de pronto recordó un pequeño detalle y volvió a la casa. Una mirada fortuita por la ventana del fondo del segundo piso le permitió advertir que el sol brillaba, y comprendió que a "ellos" se les había deslizado un error al no escenificar la lluvia también detrás de la casa.) Su bondadoso psiquiatra, su amante esposa, todos sus amigos, trataban desesperadamente de devolverlo a "la realidad"; a solas con la mujer, ella le manifiesta su amor, y él casi queda convencido, pero termina prevaleciendo su tenaz idea fija. Al final de la historia, la esposa sale y le informa a una agencia no identificada: "Hemos fracasado con el sujeto X, aún tiene dudas, sobre todo debido a nuestro error con el efecto lluvia: olvidamos escenificarlo detrás de la casa".

En este caso, como en el chiste del cocodrilo, el desenlace no es interpretativo, no nos transpone a otro marco de referencia. Al final somos de nuevo arrojados al principio: el paciente está convencido de que hay un cocodrilo debajo de su cama, y hay en efecto un cocodrilo; el héroe de Heinlein piensa que la realidad objetiva es una puesta en escena organizada por "ellos", y resulta que la realidad objetiva *es* una puesta en escena organizada por "ellos". Tenemos aquí una especie de *encuentro exitoso*: la sorpresa final surge del hecho de que queda abolida una cierta brecha que separa la alucinación de la realidad. Este cortocircuito de la ficción (los contenidos de la alucinación) y la realidad define el universo psicótico. Pero sólo el segundo relato ("They") nos permite aislar el rasgo crucial del mecanismo que opera; allí el engaño del Otro se sitúa en un agente, en otro sujeto ("ellos") que *no es engañado*. Este sujeto que sostiene y manipula los hilos del engaño propios del registro simbólico es lo que Lacan llama "el Otro del Otro". En la paranoia, este otro emerge como tal, adquiere existencia visible, en la forma del perseguidor que supuestamente orquesta el juego del engaño.

Éste es entonces el rasgo crucial: la desconfianza del sujeto psicótico respecto del Otro, su idea fija de que el Otro (encarnado en la comunidad intersubjetiva) está tratando de engañarlo, es siempre innecesariamente respaldada por una inconmovible creencia en un Otro consistente, un Otro sin fisura, un "Otro del Otro" (en la historia de Heinlein, "ellos"). Cuando el sujeto paranoide se aferra a su desconfianza respecto del Otro de la comunidad simbólica, de la "opinión común", postula implícitamente la existencia de un "Otro de este Otro", de un agente no engañado que lleva las riendas. El error del paranoico no reside en su desconfianza radical, en su convicción de que hay un engaño universal (en ese punto tiene razón, el registro simbólico es en última instancia el registro de un engaño fundamental); su error reside en la creencia en un agente oculto que manipula el engaño, que trata de engañarlo para que acepte que, por ejemplo, "La Mujer no existe". Ésta sería entonces la versión paranoide del hecho de que "La Mujer no existe": ella por cierto existe; la impresión de su inexistencia no es más que un efecto del engaño escenificado por el Otro conspirativo, como la pandilla de conspiradores de *La dama desaparece*, que intentan engañar a la heroína para que acepte que la dama desaparecida nunca existió.

La dama que desaparece es entonces, en última instancia, la mujer con la cual sería posible la relación sexual, la sombra elusiva de una Mujer que no sería sólo otra mujer; en consecuencia, la desaparición de esa mujer significa que en el relato fílmico se toma conocimiento de que "La Mujer no existe" y no hay relación sexual. Un clásico de Hollywood, *Carta a tres esposas* [*A Letter to Three Wives*], de Joseph Mankiewicz, también la historia de una dama que desaparece, presenta esta imposibilidad de la relación sexual de otro modo, más refinado. La dama que desaparece, aunque nunca se la ve en pantalla, está constantemente presente en la forma de lo que Michel Chion llamó *la voix acousmatique*.[6] La historia es presentada por la voz en *off* de Attie Ross, una mujer fatal pueblerina: ella les hace llegar una carta a tres mujeres que un domingo han ido al río de picnic. La carta les informa que ese mismo día, mientras ellas están fuera del pueblo, Attie huirá con uno de los maridos. Entonces cada una de las tres mujeres recuerda en *flashback* las dificultades de su matrimonio. Cada una teme que Attie haya escogido precisamente a su pareja, porque para todos ella representa a la mujer ideal, una dama refinada con "algo" que le falta a la esposa, y que hace que el matrimonio sea menos que perfecto. La primera esposa es una enfermera, una joven simple y poco educada, casada con un hombre rico que la conoció en el hospital; la segunda es una profesional activa, más bien vulgar, que gana mucho más dinero que el marido, profesor y escritor; la tercera es una advenediza de clase baja que, sin ninguna ilusión amorosa, se casó con un comerciante para tener seguridad económica. Chica común ingenua, profesional activa, advenediza astuta: tres modos de introducir desarmonía en el matrimonio, tres modos de ser inadecuada en el papel de esposa, y en los tres casos Attie Ross aparece como "la otra", la mujer que tiene lo que les falta: experiencia, delicadeza femenina, independencia económica.[7] Por supuesto, la película tiene un final feliz, pero con un matiz interesante. Attie había planeado huir con el esposo de la tercera mujer, el comerciante rico, el cual, a último momento, cambia de idea, vuelve al hogar y le confiesa todo a su mujer. Aunque ésta podría divorciarse y obtener una pensión sustancial, lo perdona al descubrir que, después de todo, lo ama. De modo que al final las tres parejas quedan reunidas; ha desaparecido la amenaza que pareció pender sobre sus matrimonios. Pero la lección del film es algo más ambigua que lo que puede parecer a primera vista. El final feliz nunca es puro, siempre implica una especie de renuncia, una aceptación del hecho de que la mujer con la que vivimos nunca es La Mujer, de que hay una permanente amenaza de desarmonía, de que en cualquier momento puede aparecer otra mujer que encarne lo que parece faltar en la relación marital. Lo que permite el final feliz (es decir, un retorno a la primera mujer) es precisamente la experiencia de que la Otra Mujer "no existe", de que en última instancia es sólo una figura fantasmática que llena el vacío de nuestra relación con una mujer. En otras palabras, el final feliz sólo es posible con la primera mujer. Si el personaje hubiera elegido a la Otra Mujer (cuyo paradigma es por supuesto la mujer fatal del *film noir*), el precio habría sido una catástrofe, incluso la muerte. Encontramos aquí la misma paradoja que en la prohibición del incesto, es decir, la prohibición de algo que es en sí mismo imposible. La Otra Mujer está prohibida puesto que no existe; es mortalmente peligrosa debido a la discordia fundamental entre su figura fantasmática y la mujer "empírica" que, totalmente por azar, se encuentra ocupando ese lugar fantasmático. El tema de otra película de Hitchcock, *Vértigo* [*Vertigo*], es precisamente esta relación imposible entre la figura fantasmática de la Otra Mujer y la mujer empírica que se encuentra elevada a ese lugar sublime.

La sublimación y la caída del objeto

Vértigo, otro relato de Hitchcock sobre una mujer que desaparece, una película cuyo protagonista es cautivo de una imagen sublime, parece hecha para ilustrar la tesis lacaniana de que la sublimación no tiene nada en común con la desexualización, y está estrechamente relacionada con la muerte: el poder de fascinación ejercido por una imagen sublime siempre anuncia una dimensión letal.

La sublimación se suele equiparar a la desexualización, es decir, al desplazamiento de la investidura libidinal desde el objeto "bruto" que supuestamente satisface alguna pulsión básica, hacia una forma de satisfacción "elevada", "cultivada": en lugar de asaltar directamente a una mujer, tratamos de seducirla y conquistarla enviándole cartas de amor y poemas; en lugar de golpear salvajemente a la persona que odiamos, escribimos un ensayo que la hace objeto de críticas aniquiladoras. Y entonces –continúa la historia– la interpretación nos dice que nuestra actividad poética era sólo un modo sublime, mediado, de satisfacer nuestras necesidades corporales, que nuestra crítica elaborada era sólo un modo sublime de golpear a nuestro enemigo... Lacan rompe totalmente con toda esta problemática de un grado cero de la satisfacción que después sufriría un proceso de sublimación; su punto de partida es exactamente opuesto: no el objeto de la satisfacción supuestamente "bruta", directa, sino lo inverso, el vacío primordial en torno al cual circula la pulsión, la falta que asume una existencia positiva en la forma informe de la Cosa (*das Ding* freudiana), la sustancia imposible-inalcanzable del goce. Y el objeto sublime es precisamente "un objeto elevado a la dignidad de la Cosa",[8] es decir un objeto común, cotidiano, que sufre una especie de transustanciación y comienza a funcionar, en la economía simbólica del sujeto, como corporización de la Cosa imposible, como la Nada materializada. Por esto el objeto sublime presenta la paradoja de un objeto capaz de subsistir sólo en la sombra, en un estado intermedio, a medio nacer, como algo latente, implícito, evocado: en cuanto tratamos de apartar la sombra en busca de la sustancia, el objeto mismo se disuelve, y lo que nos queda es su desecho.

En una de sus series televisivas sobre las maravillas de la vida marina, Jacques Cousteau mostró una especie de pulpo que, visto en su elemento, es decir en la profundidad del mar, se mueve con gracia delicada y posee un poder de fascinación al mismo tiempo aterrador y bello, pero cuando lo sacamos del agua no se ve más que una masa de mucosidad desagradable, desvalida. El héroe de *Vértigo* tiene la misma experiencia en su relación con Judy-Madeleine: cuando ella cae de su "elemento", en cuanto deja de ocupar el lugar de la Cosa, su belleza fascinante se convierte en un excremento repulsivo. La lección que hay que extraer es que el carácter sublime de un objeto no es propio de su naturaleza intrínseca, sino sólo un efecto del lugar que ocupa (o no ocupa) en el espacio fantasmático.

La doble escansión de la película –es decir la ruptura, el cambio de modalidad, entre la primera y la segunda parte, atestigua el genio de Hitchcock. Toda la primera parte, hasta el "suicidio" de la falsa Madeleine, constituye un magnífico engaño, la historia de la progresiva obsesión del héroe con la imagen fascinante de Madeleine, que necesariamente termina en la muerte. Hagamos una especie de experimento mental. Si la película hubiera concluido en ese punto, con el héroe profundamente quebrantado, incapaz de consolarse, negándose a aceptar la pérdida de la amada Madeleine, no sólo tendríamos una historia totalmente coherente: este recorte produciría incluso un significado adicional. Tendríamos un caso ejemplar del apasionado drama romántico del hombre que lucha con desesperación por salvar a una mujer amada de los demonios del pasado que la poseen, y de tal modo, sin quererlo ni saberlo, la empuja a la muerte por la naturaleza excesiva de su amor. Y podríamos darle a esta historia (¿por qué no?) un giro lacaniano, interpretándola como una variación sobre el tema de la imposibilidad de la relación sexual: la elevación de una mujer terrenal común a la condición de objeto sublime siempre entraña un peligro mortal para la desdichada que debe encarnar la Cosa, puesto que "La Mujer no existe".

La continuación de la película anula este "significado poético profundo", al desplegar su trasfondo trivial: detrás de la historia fascinante de una mujer poseída por los demonios del pasado, detrás del drama existencial de un hombre que empuja a la muerte a una mujer por el carácter excesivo de su amor, encontramos una trama policial, común aunque ingeniosa, sobre un esposo que quiere desembarazarse de su mujer para conseguir una herencia. Pero el protagonista no está en realidad preparado para renunciar a su fantasma: comienza por buscar a la mujer perdida, y cuando encuentra a una joven parecida se lanza desesperadamente a recrear en ella la imagen de la muerta. Desde luego, el truco está en que ésa *es* la mujer que él conoció antes como "Madeleine". (Recuérdese la célebre broma de los hermanos Marx: "Usted me recuerda a Emanuel Ravelli". "¡Pero yo soy Emanuel Ravelli!" "¡Ah, entonces no me sorprende que se le parezca tanto!") Esta identidad cómica del "parecerse" y el "ser" anuncia sin embargo una proximidad letal: si la falsa Madeleine se parece a sí misma, es porque en cierto sentido *ya está muerta*. El héroe la ama como Madeleine, es decir, *en la medida en que está muerta*: la sublimación de la figura de la mujer equivale a su mortificación en lo real. Ésta sería entonces la lección de la película: el fantasma gobierna la realidad, nunca se puede llevar una máscara sin pagar por ello en la carne. Aunque rodada casi exclusivamente desde una perspectiva masculina, *Vértigo* nos dice más del atolladero de la mujer como síntoma del hombre que la mayoría de los "filmes de mujeres".

La fineza de Hitchcock reside en el modo en que logra evitar la alternativa simple de la historia romántica de un amor imposible o el desenmascaramiento que revela la intriga trivial detrás de la fachada sublime. Esa revelación del secreto que está *debajo* de una máscara deja intacto el poder de fascinación ejercido por la *máscara en sí*; el sujeto puede volver a embarcarse en la búsqueda de otra mujer que llene el lugar vacío de La Mujer, una mujer que esa vez no lo engañe. Hitchcock es en este punto incomparablemente más radical: socava el poder de fascinación del objeto sublime *desde dentro*.

Es decir que debemos prestar mucha atención al modo en que es presentada Judy, la joven que se parece a "Madeleine", cuando el héroe corre hacia ella por primera vez en la calle. Es una pelirroja común, con maquillaje espeso y grasoso, que se mueve de un modo torpe, sin gracia –un contraste real con la frágil y refinada Madeleine–. El héroe pone todo su esfuerzo en convertir a Judy en una nueva "Madeleine", en hacerla semejante al objeto sublime, cuando, de pronto, se percata de que la propia "Madeleine" era Judy, esa joven común. Lo interesante de esa inversión no es que una mujer terrenal nunca pueda adecuarse plenamente al ideal sublime, sino todo lo contrario: es el objeto sublime en sí ("Madeleine") el que pierde su poder de fascinación.

Para ubicar adecuadamente esta inversión, es esencial prestar atención a la diferencia entre las dos pérdidas que sufre Scottie, el héroe de *Vértigo*: la primera pérdida de "Madeleine" y la segunda y final pérdida de Judy. La primera es la pérdida simple de un objeto amado. Como tal, constituye una variación sobre el tema de la muerte de una mujer frágil y sublime, el objeto amoroso ideal que domina la poesía romántica y encuentra su expresión más popular en la serie completa de relatos y poemas de Edgar Allan Poe ("El cuervo", etcétera). Aunque esta muerte sorprende y conmociona, podríamos decir que en realidad en ella no hay nada de inesperado: es más bien como si la situación misma de algún modo la llamara. El objeto de amor ideal vive al borde de la muerte; su vida misma lleva sobre sí la sombra de la muerte inminente: ella está marcada por alguna maldición oculta o locura suicida, o bien tiene alguna enfermedad (por ejemplo, tuberculosis) propia de la mujer ideal frágil. Este rasgo constituye una parte esencial de su belleza fatal: desde el principio está claro que "es demasiado hermosa como para durar mucho". Por esa razón, su muerte no entraña una pérdida de su poder de fascinación; todo lo contrario, es su muerte, por así decirlo, la que autentica su dominio absoluto sobre el sujeto. Perderla lo arroja a él a una prolongada depresión melancólica y, coherentemente con la ideología romántica, el sujeto sólo puede sustraerse a esa depresión dedicando el resto de su vida a la celebración poética de la belleza y la gracia incomparables del objeto perdido. El poeta sólo consigue final y verdaderamente a su Dama cuando la pierde; precisamente a través de esa pérdida ella se gana su lugar en el espacio fantasmático que regula el deseo del sujeto.

Pero la segunda pérdida es de una naturaleza totalmente distinta. Cuando Scottie se entera de que Madeleine –el sublime ideal inaccesible que luchaba por recrear en Judy– *era* la propia Judy, es decir, cuando después de todo, recobra a la "Madeleine" real, *la figura de "Madeleine" se desintegra*, toda la estructura fantasmática que le daba coherencia a su ser se desmorona. De modo que esta segunda pérdida es, en cierto sentido, una inversión de la primera: perdemos el objeto como sostén del fantasma en el mismo momento en que lo aferramos en la realidad:

> Pues si Madeleine es realmente Judy, si ella todavía existe, entonces nunca existió, nunca fue realmente nadie... Con la segunda muerte de ella él se pierde de modo más definitivo y desesperado, porque no sólo pierde a Madeleine, sino también el recuerdo que tenía de ella, y probablemente la creencia en que ella era posible.[9]

Para emplear un giro hegeliano, la "segunda muerte" de Madeleine funciona como "pérdida de una pérdida": al conseguir el objeto perdemos la dimensión fascinante de la pérdida como lo que cautiva nuestro deseo. Es cierto que Judy finalmente se entrega a Scottie, pero (para parafrasear a Lacan) este don de su persona "se convierte inexplicablemente en un regalo de mierda": ella se convierte en una mujer común, incluso repulsiva. Esto genera la ambigüedad radical de la escena final de la película en la que Scottie mira hacia abajo desde el borde del campanario, al abismo en el que acaba de engolfarse Judy: este final es al mismo tiempo "feliz" (Scottie está curado, puede mirar al precipicio) e "infeliz" (está finalmente quebrado, ha perdido el sostén que le daba coherencia a su ser). La misma ambigüedad caracteriza el momento final del proceso psicoanalítico, cuando se atraviesa el fantasma; explica por qué al final del psicoanálisis siempre acecha la amenaza de la denominada "reacción terapéutica negativa".[10]

El abismo al que Scottie finalmente puede mirar es el abismo del agujero en el Otro (el orden simbólico), ocultado por la presencia fascinante del objeto fantasmático. Tenemos esta misma experiencia cada vez que miramos a los ojos de otra persona y sentimos la profundidad de su mirada. Éste es el abismo representado por las famosas tomas que acompañan a los títulos de *Vértigo*, los primeros planos del ojo de una mujer, del que brota, como del centro de un remolino, un objeto parcial de pesadilla. Podríamos decir que al final del film Scottie puede finalmente "mirar a una mujer a los ojos", es decir, soportar la vista mostrada durante los títulos de la película. Este abismo de la falta en el Otro es el "vértigo" profundo que lo trastorna. Un célebre pasaje de los manuscritos de Hegel para la *Realphilosophie* de 1805-1806 podría interpretarse retroactivamente como un comentario teórico de los títulos de *Vértigo*: tematiza la mirada del otro como el silencio que precede a la palabra hablada, como el vacío de la "noche del mundo" en la que, "saliendo de la nada", aparecen objetos parciales de pesadilla, como las extrañas formas que moviéndose en espiral emergen del ojo de Kim Novak en *Vértigo*:

> El ser humano es esa noche, esa noche vacía, que lo contiene todo en su simplicidad –una riqueza interminable de múltiples presentaciones, imágenes, de las cuales ninguna se le ocurre a él o está presente–. Esta noche, la interior de la naturaleza que existe aquí –este puro sí-mismo– en presentaciones fantasmagóricas [...] aquí surge una cabeza sangrienta, allá una forma blanca [...]. Se tiene una vislumbre de esta noche al mirar a los seres humanos a los ojos –esta noche que deviene terrible suspende la noche del mundo en una oposición.[11]

NOTAS

1. Sigmund Freud, *The Future of an Illusion*, en *SE*, vol. 21, pág. 34. [Ed. cast.: *El porvenir de una ilusión*, en *OC*.]

2. Tanto en *39 escalones* como en *Intriga internacional* encontramos escenas homólogas a las de *Saboteador*: en *39 escalones* se trata de la reunión política en la que Hannay, a quien confunden con el orador que debía hablar, improvisa un discurso político disparatado; en *Intriga internacional* tenemos la escena de la subasta en la que Thornhill actúa de manera brutal y descabellada para provocar la llegada de la policía.

3. Cf. Eric Rohmer y Claude Chabrol, *Hitchcock: The First Forty-four Films*, Nueva York, Ungar, 1979.

4. Gilles Deleuze, *L'image-mouvement*, París, Éditions de Minuit, 1983, pág. 273, traducido al inglés como *The Movement-Image, Minneapolis*, University of Minnesota Press, 1986. [Ed. cast.: *La imagen-movimiento: estudios sobre cine I*, Barcelona, Paidós, 1994.]

5. Cf. Jon Elster, *Sour Grapes*, Cambridge, Cambridge University Press, 1982. [Ed. cast.: *Uvas amargas: sobre la subversión de la racionalidad*, Barcelona, Península, 1988.]

6. Sobre la noción de "lo *acousmatique*", véase el capítulo 7.

7. Sería interesante elaborar un paralelo detallado entre *Carta a tres esposas* y *Los cuentos de Hoffmann*, de Offenbach, donde las tres historias narradas por Hoffman a sus compañeros de tragos representan tres modos de falta de armonía en la relación sexual: el primer amor del poeta resulta ser una muñeca mecánica; el segundo es una mujer fácil y engañadora, y para la tercera lo más importante es su vocación de cantante (sigue cantando hasta el final, aunque sabe que, debido a su enfermedad, ello le provocará la muerte). No obstante, el elemento constitutivo crucial de la ópera es el marco que une esas tres historias: Hoffman las relata a sus amigos mientras aguarda a su gran amor, una caprichosa *prima donna*. Mediante esta narración, en cierto modo él organiza el fracaso de su empresa amorosa, de modo que su derrota final expresa su verdadero deseo: cuando la *prima donna* llega a buscarlo después de haber actuado, lo encuentra totalmente ebrio, y se va con un rival del poeta.

8. Lacan, *Le séminaire, livre VII: L'éthique de la psychanalyse*, pág. 133.

9. Lesley Brill, *The Hitchcock Romance*, Princeton, Princeton University Press, 1988, pág. 220.

10. Inmediatamente antes del final de la película, por un mo-

mento parece que Scottie (James Stewart) está dispuesto a aceptar a Judy "tal como ella es", no como Madeleine reencarnada, y a reconocer la profundidad del amor contrariado que ella le profesa. Pero esta perspectiva de final feliz se frustra inmediatamente por la aparición de una madre superiora espectral, que lleva a Judy a retroceder aterrorizada y a caer de la torre de la iglesia. Innecesario es añadir que la expresión "madre superiora" evoca en sí misma el superyó materno.

11. G. W. F. Hegel, *Gesammelte Werke*, vol. 8, Hamburgo, Meiner, 1976, pág. 187; cita tomada de la traducción al inglés de D. Ph. Verene, *Hegel's Recollection*, Albany, SUNY Press, 1985, págs. 7-8.

5. *La mancha hitchcockiana*

La anamorfosis fálica

Oral, anal, fálico

En *Corresponsal extranjero* [*Foreing Correspondent*] hay una escena breve que ejemplifica lo que podríamos llamar la célula elemental, la matriz básica del procedimiento de Hitchcock. Mientras persigue a los secuestradores de un diplomático, el héroe se encuentra en una idílica campiña holandesa, con campos de tulipanes y molinos de viento. De pronto advierte que las aspas de uno de los molinos rotan en dirección contraria a la que les imprimiría el viento. Tenemos aquí el efecto de lo que Lacan llama el "punto de almohadillado" en su forma más pura: una situación perfectamente natural y familiar se desnaturaliza, se vuelve ominosa, se carga de horror y posibilidades amenazantes, en cuanto le añadimos un pequeño rasgo suplementario, un detalle impropio, que sobresale, que está fuera de lugar, que no tiene sentido en el marco de la escena. Este significante puro, sin significado, hace que germine un sentido metafórico suplementario para todos los otros elementos: la misma situación, los mismos acontecimientos que hasta entonces han sido percibidos como perfectamente comunes, adquieren un aspecto de extrañeza. Súbitamente ingresamos en el reino del doble sentido, todo parece contener algún significado oculto que debe ser interpretado por el héroe hitchcockiano, "el hombre que sabe demasiado". De este modo se internaliza el horror, basándose en *la mirada* de quien sabe demasiado.[1]

A menudo se le ha reprochado a Hitchcock su "falocentrismo"; a pesar de la intención crítica, esta designación es perfectamente adecuada, siempre y cuando situemos la dimensión fálica en ese rasgo suplementario que sobresale. Permítasenos articular, como explicación, los tres modos sucesivos de presentar un hecho en la pantalla, que se corresponden con la sucesión de las etapas oral, anal y fálica en la economía libidinal del sujeto.

La etapa oral es, por así decirlo, el grado cero del rodaje: simplemente filmamos un acontecimiento y como espectadores "lo devoramos con los ojos"; no interviene el montaje para organizar la intención narrativa. Este modo de filmar era el típico de las películas cómicas del cine mudo. Desde luego, el efecto de naturalidad, de traducción directa de la realidad, es falso: incluso en esa etapa hay una elección, una parte de la realidad es enmarcada y extraída del *continuum* del espacio-tiempo. Lo que vemos es el resultado de una cierta manipulación, las tomas sucesivas forman parte de un movimiento *metonímico*. Sólo vemos partes, fragmentos de un todo nunca presentado, de modo que ya estamos apresados en una dialéctica de lo visto y lo no visto, del campo (enmarcado por la cámara) y de lo externo a él, y esa dialéctica suscita el deseo de ver lo que no nos muestran. En consecuencia, quedamos cautivos de la ilusión de que presenciamos una continuidad homogénea de la acción registrada por una cámara neutra.

En la etapa anal interviene el montaje. El montaje corta, fragmenta, multiplica la acción; la ilusión de continuidad homogénea se pierde para siempre. El montaje puede combinar elementos de naturaleza totalmente heterogénea y crear de tal modo un nuevo significado *metafórico* que no tiene nada que ver con el valor literal de sus partes componentes (piénsese en el concepto de Eisenstein del "montaje intelectual"). Desde luego, el mejor ejemplo de lo que puede lograr el montaje en el nivel de la narración tradicional es el denominado "montaje paralelo": se nos muestran alternativamente dos cursos de acción interconectados; el despliegue lineal de los hechos es reemplazado por la coexistencia horizontal de dos líneas de acción, y esto crea una tensión adicional entre ambas. Supongamos una escena en la cual una pandilla de ladrones rodea el hogar aislado de una familia rica, con el propósito de asaltarlo; el relato gana enormemente en eficacia si contrastamos la vida cotidiana idílica que transcurre dentro de la casa con los preparativos amenazantes de los criminales: si mostramos alternativamente la familia feliz en la cena, la algarabía de los niños, las reprimendas bondadosas de padre, etcétera, y la sonrisa sádica de un ladrón, otro que controla su cuchillo o su pistola, un tercero ya aferrado a la verja...

¿En qué consistiría el pasaje a la etapa fálica? En otras palabras, ¿cómo filmaría Hitchcock la misma escena? En primer lugar, hay que señalar que el contenido de esta escena no se presta al suspenso hitchcockiano, en cuanto se basa en el contrapunto simple de un interior idílico y un exterior amenazante. Por lo tanto, debemos trasponer la duplicación horizontal, plana, de la acción, a un nivel *vertical*: el horror amenazante no debe ubicarse *afuera, a un lado* del interior idílico, sino *dentro de él*: más precisamente, *debajo de él*, como su trasfondo reprimido. Imaginemos, por ejemplo, la misma cena familiar desde el punto de vista de un tío rico que ha sido invitado. En medio de la comida, ese hombre (y junto con él nosotros, los espectadores) de pronto "ve demasiado", registra lo que no se suponía que iba a advertir, algún detalle incongruente que suscita en él la sospecha de que lo han invitado para envenenarlo y heredar su fortuna. Este "excedente de saber" provoca un efecto de abismo en la perspectiva del pesonaje (y en la nuestra): de algún modo la acción se *redobla en sí misma*, interminablemente reflejada en sí misma como cuando se enfrentan dos espejos. Los acontecimientos cotidianos más comunes quedan de pronto cargados con matices terroríficos, todo se vuelve sospechoso: la amable ama de casa que después de la cena nos pregunta si nos sentimos bien quizá quiera averiguar si el veneno ya está haciendo efecto; los niños que corren en un juego inocente tal vez estén excitados porque los padres les han sugerido que pronto podrán hacer un viaje lujoso... Las cosas aparecen bajo una luz totalmente distinta, aunque sean las mismas.

Esa duplicación vertical entraña un cambio radical en la economía libidinal. La acción verdadera es reprimida, internalizada, subjetivizada, es decir presentada en la forma de los deseos, alucinaciones, sospechas, obsesiones, sentimientos de culpa del sujeto. Lo que vemos realmente se convierte en una superficie engañosa, debajo de la cual bulle un fondo de posibilidades perversas y obscenas, en el dominio de lo "prohibido". Cuanto más nos encontramos en una ambigüedad total, sin saber dónde termina la realidad y empieza la alucinación (es decir, el deseo), más amenazante parece este dominio. Incomparablemente más amenazante que los gritos salvajes del enemigo es su mirada tranquila y fría, o (para trasponer la misma inversión al campo de la sexualidad), incomparablemente más excitante que la morena abiertamente provocativa es la rubia fría que, como nos lo recuerda Hitchcock, sabe hacer muchas cosas cuando estamos a solas con ella en el asiento trasero de un taxi. Lo crucial es esta inversión por medio de la cual el silencio comienza a funcionar como la amenaza más aterradora, la apariencia de una fría indiferencia promete los placeres más apasionados: en síntesis, la prohibición de pasar a la acción abre el espacio de un deseo alucinatorio que, una vez desencadenado, no puede ser satisfecho por ninguna realidad.

Pero, ¿qué tiene que ver esta inversión con la etapa fálica? Lo fálico es precisamente el detalle que "no concuerda", que sobresale de la escena superficial idílica y la desnaturaliza, haciéndola ominosa. Es el punto de *anamorfosis* de un cuadro: el elemento que, visto de frente, es una mancha sin sentido, pero que, si miramos la pintura desde un determinado punto de vista lateral, adquiere de pronto contornos definidos. Acerca de este tema, la referencia constante de Lacan es el cuadro *Los embajadores*, de Holbein:[2] en la parte inferior, debajo de los dos embajadores, vemos una mancha amorfa, extendida, "erecta". Sólo cuando el visitante abandona el salón en el que está expuesta la obra, y desde la puerta le dirige una última mirada lateral, ve los contornos de una calavera y se le revela el verdadero significado de la pintura: la vanidad de los bienes terrestres, de los objetos de arte y los instrumentos del conocimiento reproducidos en el resto de la tela. Por esto Lacan define el significante fálico como un "significante sin significado" que, como tal, hace posible los efectos del significado: el elemento fálico de un cuadro es una mancha sin sentido que lo desnaturaliza, haciendo "sospechosos" a todos los otros, y abriendo de tal modo el abismo de la búsqueda de significados: nada es lo que parece ser, todo debe ser interpretado, se supone que todo posee algún sentido suplementario. Se abre la tierra bajo la significación familiar, establecida; nos encontramos en un reino de total ambigüedad, pero esa misma falta nos impulsa a producir "significados ocultos" siempre nuevos: es la fuerza impulsora de una compulsión interminable. La oscilación entre la falta y el significado excedente constituye la dimensión propia de la subjetividad. En otras palabras, por medio de la mancha fálica el cuadro observado se subjetiviza: ese punto paradójico socava nuestra posición de observadores neutrales, objetivos, y nos ata al objeto observado. Éste es el punto en el cual el observador queda incluido, inscrito en la escena observada: en cierto sentido, es el punto desde el cual el cuadro nos mira, nos devuelve la mirada.[3]

La mancha como la mirada del otro

La escena final de *La ventana indiscreta* [*Rear Window*] demuestra perfectamente que el objeto fascinante que impulsa el movimiento interpretativo es en última instancia la mirada misma: este movimiento interpretativo queda suspendido cuando la mirada de Jeff (James Stewart), que investiga lo que sucede en el misterioso departamento que está del otro lado del patio, se encuentra con la mirada del otro (el asesino). En ese punto, Jeff pierde su posición de observador neutral, distante, y se ve atrapado en los hechos, es decir, se convierte en parte de lo que ha observado. Más precisamente, se ve obligado a enfrentar la cuestión de su propio deseo: ¿qué es lo que realmente él quiere obtener del asunto? Este *Che vuoi?* es literalmente pronunciado en la confrontación final entre él y el asesino perplejo, que le pregunta una y otra vez: "¿Quién eres tú? ¿Qué quieres de mí?" Toda la escena final, en la cual el asesino se acerca mientras Jeff trata desesperadamente de encandilarlo con *flashes* fotográficos, está filmada de un modo notable, totalmente "irrealista". Donde cabría esperar un movimiento rápido, un choque intenso y súbito, hay un desplazamiento obstaculizado, retardado, prolongado, como si el ritmo normal de los hechos hubiera padecido una especie de deformación anamorfótica. Esto reproduce a la perfección el efecto inmovilizador, debilitante, que tiene el objeto fantasmático sobre el sujeto: desde el movimiento interpretativo inducido por el registro ambiguo de los síntomas, hemos pasado al registro del fantasma, cuya presencia inerte suspende el movimiento de la interpretación.

¿De dónde proviene este poder de fascinación? ¿Por qué el vecino que mata a su mujer funciona para el héroe como el objeto de su deseo? Hay sólo una respuesta posible: *el vecino realiza el deseo de Jeff*. El deseo del héroe es eludir la relación sexual a cualquier precio, es decir, sacarse de encima a la infortunada Grace Kelly. Lo que sucede *de este lado* de la ventana, en el departamento del protagonista (las desventuras amorosas de Stewart y Kelly) no es en modo alguno una simple trama lateral, una diversión que no gravita en el tema central de la película, sino que, por el contrario, constituye el centro de gravedad. La fascinación de Jeff (y la nuestra) por lo que sucede en el otro departamento hace que él (y nosotros) pasemos por alto la importancia crucial de lo que ocurre de este lado de la ventana, en el lugar desde el cual Jeff mira. *La ventana indiscreta* es en última instancia la historia de un sujeto que elude una relación sexual, transformando su impotencia real en poder, por medio de la mirada, de la observación secreta: regresa a una curiosidad infantil a fin de no asumir su responsabilidad respecto de la hermosa mujer que se le ofrece (en este sentido, el film es inequívoco: recuérdese la escena en la que Grace Kelly se pone una bata transparente). Volvemos a encontrar aquí uno de los complejos fundamentales de Hitchcock: la interconexión de la mirada y el par poder/impotencia. En este sentido, *La ventana indiscreta* puede interpretarse como una inversión irónica del Panóptico de Bentham, tal como lo ha descrito Foucault. Para Bentham, la horrorosa eficacia del Panóptico se debe al hecho de que los sujetos (presos, pacientes, escolares, obreros) nunca saben con certidumbre si los están realmente observando desde la torre central de control, que puede verlo todo. Esa incertidumbre intensifica la sensación de amenaza, de imposibilidad de escapar de la mirada del Otro. En *La ventana indiscreta*, los habitantes de los departamentos que están del otro lado del patio son continuamente observados por los ojos atentos de Stewart, pero, lejos de sentirse asustados, simplemente lo ignoran y continúan con sus actividades cotidianas. Por el contrario, quien está aterrorizado, quien mira constantemente por la ventana, quien tiene miedo de pasar por alto algún detalle crucial, es el propio Stewart, el centro del Panóptico, su ojo que todo lo penetra. ¿Por qué?

La ventana es esencialmente una ventana fantasmática (el valor fantasmático de la ventana en pintura ya ha sido señalado por Lacan): incapaz de motivarse para la acción, Jeff pospone indefinidamente el acto (sexual), y lo que ve a través de la ventana son precisamente *figuraciones fantasmáticas de lo que podría sucederles a él y a Grace Kelly*. Podrían convertirse en recién casados felices. Él podría abandonarla, y ella se transformaría en una artística excéntrica o llevaría una vida desesperada, recluida, como la señorita Corazones Solitarios; tal vez convivieran como la pareja común con un perrito, sucumbiendo a una rutina cotidiana que ocultaría muy mal su desesperación subyacente; finalmente, él podría *matarla*. En síntesis, el significado de lo que el héroe percibe más allá de la ventana depende de su situación real en el lado de adentro: le basta "mirar por la ventana" para ver desplegadas una multitud de soluciones imaginarias a su atolladero real. La consideración cuidadosa de la banda sonora, sobre todo si encaramos *La ventana indiscreta* retrospectivamente, sobre la base de las películas ulteriores de Hitchcock, también revela de modo inequívoco la agencia que obstaculiza la relación sexual normal del héroe: *el superyó materno*, encarnado en una *voix acousmatique*, una voz flotante no atribuida a ningún portador. Michel Chion ya ha llamado la atención acerca de una peculiaridad de la banda sonora de esta película: más exactamente, los sonidos de fondo. Oímos una diversidad de voces que siempre podemos atribuir a portadores, es decir, a emisores, *con la excepción de una*: la voz de una soprano no identificada que practica escalas y por lo general surge en el momento justo para impedir la unión sexual entre Stewart y Kelly. Esta voz misteriosa no proviene de una persona viva que esté del otro lado del patio, visible por la ventana, de modo que la cámara nunca nos muestra a quien canta: la voz sigue siendo *acousmatique* y está ominosamente cerca de nosotros, como si se originara dentro de nosotros.[4] Este rasgo permite decir que *La ventana indiscreta* anuncia *El hombre que sabía demasiado* [*The Man Who Knew to Much*], *Psicosis* y *Los pájaros*. Primero, esta voz se trasmuta en la canción torpemente patética por medio de la cual Doris Day llega hasta su hijo secuestrado (la famosa *Qué será, será*); después es la voz de la madre muerta que toma posesión de Norman Bates, y finalmente se disuelve en el graznido caótico de los pájaros.

El travelling

El procedimiento *formal* que Hitchcock utiliza habitualmente para aislar la mancha, ese resto de lo real que se destaca, es su célebre *travelling*. Sólo podemos captar la lógica de ese recurso si tomamos en cuenta la gama total de las variaciones a las cuales es sometido. Comencemos con una escena de *Los pájaros* en la que la madre del héroe, al escudriñar en una habitación devastada por los pájaros, ve un cuerpo en pijama con los ojos picoteados. La cámara nos muestra primero la totalidad del cuerpo; esperamos entonces que avance lentamente hacia el detalle fascinante, las cuencas sangrantes de los ojos que faltan. Pero, en lugar de ello, Hitchcock *invierte* ese proceso: en lugar de retardar el movimiento, lo *acelera* drásticamente; con dos cortes abruptos, cada uno de los cuales nos acerca más al sujeto, muestra rápidamente la cabeza del cadáver. El efecto subversivo de estas tomas en avance rápido resulta del modo en que nos frustran, incluso al satisfacer nuestro deseo de ver desde más cerca el objeto aterrador: nos acercamos a él demasiado rápidamente, salteando el "tiempo para comprender", la pausa necesaria para digerir, para integrar la percepción bruta del objeto.

A diferencia del *travelling* habitual, que dota al objeto-mancha de un peso particular al retardar la aproximación "normal" y *diferirla*, en este caso el objeto es "pasado por alto", ya que precisamente nos acercamos a él de modo precipitado, con demasiada rapidez. El *travelling* habitual es obsesivo, nos obliga a fijarnos en un detalle destinado a funcionar como mancha en virtud del movimiento lento; en cambio, el acercamiento precipitado al objeto revela su base histérica: pasamos por alto al objeto a causa de la velocidad, porque este objeto ya está vacío en sí mismo, es hueco: sólo puede ser evocado demasiado lentamente o demasiado rápidamente, porque en su "tiempo propio" no es nada. De modo que la posposición y la prisa son dos modos de capturar al objeto causa de deseo, el objeto *a*, la nada de la pura apariencia. En este punto llegamos a la dimensión *objetal* de la mancha hitchcockiana: la dimensión significante de la mancha, su efecto de duplicar el significado, de conferir a todos los elementos de la imagen un significado suplementario que pone en marcha el movimiento interpretativo. Nada de esto debe cegarnos a su otro aspecto, el de objeto inerte y opaco que debe caer o hundirse para que emerja alguna realidad simbólica. En otras palabras, el *travelling* de Hitchcock que produce la mancha en un cuadro idílico parece destinado a ilustrar una tesis lacaniana: "El campo de la realidad reposa sobre la extracción del objeto *a*, que sin embargo lo enmarca".[5] O, para citar el preciso comentario de Jacques-Alain Miller,

> Entendemos que la cubierta retirada del objeto como real condiciona la estabilización de la realidad, como "un trozo de realidad". Pero si el objeto *a* está ausente, ¿cómo puede enmarcar la realidad?
>
> 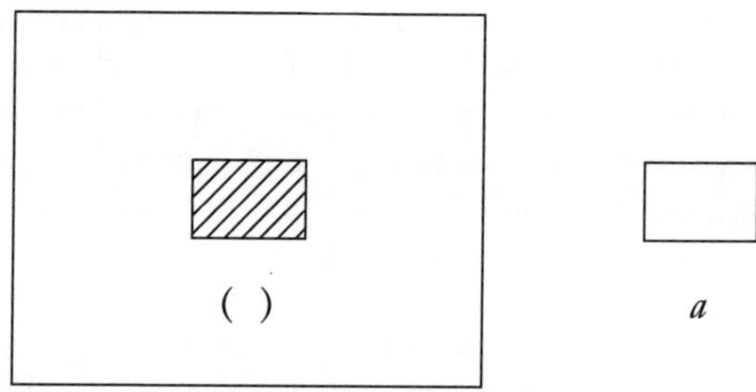
>
>
> El objeto *a* enmarca la realidad precisamente *porque* ha sido retirado de ella. Si yo retiro de la superficie de esta figura el trozo que representa el rectángulo rayado, obtengo lo que podría llamarse un marco: el marco de un agujero, pero también un marco del resto de la superficie. Este marco podría ser creado por cualquier ventana. De modo que el objeto *a* es ese fragmento de superficie, y su sustracción de la realidad la enmarca. El sujeto, como sujeto barrado (como falta de ser) es este agujero. Como ser, es sólo el trozo sustraído. De allí la equivalencia del sujeto con el objeto *a*.[6]

Podemos interpretar este esquema de Miller como el esquema del *travelling* hitchcockiano: desde una visión general de la realidad, avanzamos hacia la mancha que le proporciona su marco (el rectángulo rayado). El avance del *travelling* hitchcockiano recuerda la estructura de la banda de Moebius: al alejarnos del lado de la realidad, nos encontramos de pronto en el real cuya extracción constituye la realidad. En este caso el proceso invierte la dialéctica del montaje: el montaje, mediante la discontinuidad de los cortes, apunta a producir la continuidad de una significación nueva, de una nueva realidad narrativa que vincula los fragmentos desconectados; por otro lado, el avance continuo produce en sí mismo un efecto de borde, de discontinuidad radical, al mostrarnos el elemento heterogéneo que debe permanecer como mancha inerte, carente de sentido, para que el resto del cuadro adquiera la consistencia de una realidad simbólica.

Podemos entonces volver a la sucesión de las etapas anal y fálica en la organización del material fílmico. Si el montaje es el proceso anal por excelencia, el *travelling* hitchcockiano representa el punto en el cual la economía anal se vuelve fálica. El montaje entraña la producción de una significación suplementaria, metafórica, que surge de la yuxtaposición de fragmentos conectados y, según lo subraya Lacan en *Los cuatro conceptos fundamentales del psicoanálisis*, la metáfora, en su economía libidinal, es un proceso eminentemente anal: entregamos algo (los excrementos) para llenar la nada, es decir, para sustituir lo que no tenemos.[7] Además del montaje dentro del marco del relato tradicional (tipificado por el montaje paralelo) tenemos toda una serie de estrategias "de exceso" destinadas a subvertir el movimiento lineal de ese relato (el "montaje intelectual" de Eisenstein, el "montaje interior" de Welles, y el "antimontaje" de Rosellini, quien trata de prescindir de cualquier manipulación del material y permitir la emergencia de la significación desde "el milagro" de los encuentros fortuitos). Todos estos procesos son sólo variaciones e inversiones dentro del campo del montaje, mientras que Hitchcock, con sus *travellings*, cambia el campo en sí: en lugar del montaje (la creación de una nueva continuidad metafórica mediante la combinación de fragmentos discontinuos), él introduce una discontinuidad radical, el pasaje desde la realidad a lo real, producido por el movimiento continuo del *travelling* en sí. Es decir que este movimiento puede describirse como un desplazamiento desde la visión general de la realidad hasta su punto de anamorfosis. Para volver a *Los embajadores*, de Holbein, el *travelling* de Hitchcock avanzaría desde el área total del cuadro hacia el elemento fálico erecto que debe desaparecer, subsistir simplemente como una mancha de desvarío (la calavera, el objeto fantasmático inerte como equivalente imposible del sujeto en sí, $\$ \lozenge a$), y no es casual que encontremos este mismo objeto en varias películas del propio Hitchcock (*Bajo el signo de Capricornio* [*Under Capricorn*], *Psicosis*). En Hitchcock, este objeto real, la mancha, el punto terminal del *travelling*, puede asumir dos formas principales: es la mirada del otro, en cuanto nuestra posición como espectadores ya está inscrita en el film –es decir, el punto desde el cual el cuadro nos mira (las cuencas de la calavera, y desde luego el más célebre de los *travelling* de Hitchcock, la toma de los ojos entornados del hombre del tambor en *Inocencia y juventud* [*Young and Innocent*]–, o bien el objeto hitchcockiano por excelencia, el objeto de intercambio no especularizable, el "fragmento de lo real" que circula de un sujeto a otro, encarnando y garantizando la red estructural del intercambio simbólico entre ellos (el ejemplo más célebre es el prolongado *travelling* de *Tuyo es mi corazón*, desde el plano general del salón de entrada hasta la llave en la mano de Ingrid Bergman).

No obstante, podemos clasificar los *travelling* de Hitchcock sin referencia a la naturaleza de su objeto terminal; podemos basarnos en las variaciones del proceso formal. Además del grado cero del *travelling* (que va desde una visión general de la realidad hasta su punto real de anamorfosis), tenemos por lo menos otras tres variantes:

- El *travelling* precipitado, histerizado: recuérdese el ejemplo ya analizado de *Los pájaros*, en el cual la cámara pasa a la mancha demasiado rápidamente, saltando de corte a corte.
- El *travelling* inverso, que se inicia en el detalle ominoso y retrocede hasta la visión general de la realidad: es un ejemplo la toma prolongada de *La sombra de una duda* [*Shadow of a Doubt*] que comienza en la mano de Teresa Wright con el anillo que le ha dado su tío agonizante, y retrocede hacia atrás y hacia arriba, hasta la visión general de la sala de la biblioteca, en la cual ella aparece sólo como un pequeño punto en el centro del marco; está también el célebre *travelling* inverso de *Frenesí*.[8]

- Por último, el paradójico "*travelling* estático", en el cual la cámara no se mueve: el pasaje desde la realidad a lo real se realiza mediante la introducción en el marco de un objeto heterogéneo. Por ejemplo, en *Los pájaros* ese pasaje se realiza en una toma prolongada, con la cámara fija. En el pueblo amenazado por los pájaros, una colilla de cigarrillo que cayó sobre gasolina ha provocado un incendio. Después de una serie de primeros planos breves y dinámicos, y de planos medios que nos arrastran inmediatamente al ámbito de la acción, la cámara retrocede, hacia atrás y hacia arriba, proporcionándonos una visión general de todo el pueblo desde muy alto. En un primer momento interpretamos esta toma general como una panorámica objetiva, épica, que nos separa del drama inmediato y nos permite tomar distancia respecto de la acción. Al principio este distanciamiento tiene un cierto efecto tranquilizador; nos permite ver lo que sucede desde lo que podríamos denominar una distancia metalingüística. A continuación, de pronto, en la pantalla entra un pájaro desde la derecha, como si viniera desde atrás de la cámara, y por lo tanto desde nuestras espaldas; después hacen lo mismo otros tres pájaros, y finalmente toda una bandada. La misma toma adquiere un aspecto totalmente distinto, sufre una *subjetivización* radical: el objetivo elevado de la cámara deja de representar el ojo objetivo, neutral, de un observador que mira desde arriba un paisaje panorámico, y se convierte súbitamente en la mirada subjetiva y amenazante de los pájaros que centran la puntería sobre sus presas.[9]

El superyó materno

¿Por qué atacan los pájaros?

Lo que debemos tener presente es el contenido libidinal de esta mancha de Hitchcock: aunque su lógica es fálica, anuncia una agencia que perturba y oculta la regla del Nombre-del-Padre: en otras palabras, la mancha materializa *el superyó materno*. Para demostrarlo volvamos al último de los casos a los que nos hemos referido: el de *Los pájaros*. Robin Wood sugiere tres interpretaciones posibles de este acto inexplicable, "irracional", que saca de sus carriles la vida cotidiana de un pequeño pueblo del norte de California: la interpretación "cosmológica", la "ecológica", y la "familiar".[10]

Según la primera lectura, la "cosmológica", el ataque de los pájaros, encarna la visión que tiene Hitchcock del universo, del cosmos (humano): un sistema –pacífico en la superficie, común en su curso– que puede ser trastornado en cualquier momento, que puede ser arrojado al caos por la intervención del puro azar; su orden es siempre engañoso; en cualquier momento puede surgir un terror inefable, irrumpir algún real traumático que trastorne el circuito simbólico. Esa lectura puede respaldarse con referencias a muchas otras películas de Hitchcock, incluso la más sombría de ellas, *El hombre equivocado*, en la cual la identificación errónea del protagonista como ladrón, que se produce puramente por azar, convierte su vida cotidiana en un infierno de humillación, y a su esposa le cuesta la cordura: se trata de la entrada en juego de la dimensión teológica de la obra de Hitchcock, la visión de un Dios cruel, arbitrario e impenetrable que puede arrojar la catástrofe en cualquier momento.

En cuanto a la segunda lectura, la "ecológica", el título del film podría haber sido "¡Pájaros del mundo, uníos!": en esta interpretación, los pájaros funcionan como una condensación de la naturaleza oprimida que finalmente se rebela contra la explotación atolondrada del hombre; en respaldo de esta interpretación podemos aducir que Hitchcock seleccionó los pájaros atacantes casi exclusivamente entre especies conocidas por su carácter suave, no agresivo: gorriones, gaviotas, unos pocos cuervos.

Para la tercera lectura, la clave de la película está en las relaciones intersubjetivas de los principales personajes (Melanie, Mitch y su madre), que son mucho más que un desarrollo lateral insignificante de la "verdadera" trama, el ataque de los pájaros: los pájaros que atacan sólo "corporizan" una discordia, una perturbación fundamental en esas relaciones. La pertinencia de esta interpretación se advierte al considerar *Los pájaros* en el contexto de las películas anteriores (y posteriores) de Hitchcock; en otras palabras, para jugar con uno de los retruécanos lacanianos, si vamos a tomar las películas en serio, sólo podemos hacerlo tomándolas en serie.[11]

Al escribir sobre "La carta robada" de Poe, Lacan se refiere a un juego lógico: tomamos una serie azarosa de los números 0 y 1 (por ejemplo, 100101100) y en cuanto la serie se articula en tríadas ligadas (100, 001, 010, etc.) surgen reglas de sucesión.[12] Lo mismo vale respecto de las películas de Hitchcock: si las consideramos como un todo, tenemos una serie accidental, azarosa, pero en cuanto las separamos en tríadas ligadas (y excluimos las que no forman parte del "universo hitchcockiano", las "excepciones", las que resultaron de alguna concesión), se puede ver que cada tríada comparte algún tema, algún principio estructurante común. Por ejemplo, tomemos las cinco películas siguientes: *El hombre equivocado*, *Vértigo*, *Intriga internacional*, *Psicosis* y *Los pájaros*. En esta serie no puede encontrarse ningún tema único que vincule a todas las películas, pero es posible hallar tales temas si las consideramos en grupos de tres. La primera tríada tiene que ver con la "falsa identidad": en *El hombre equivocado*, el héroe es erróneamente identificado como el ladrón; en *Vértigo*, el protagonista es llevado a error acerca de la identidad de la falsa Madeleine; en *Intriga internacional*, los espías soviéticos identifican erróneamente al héroe como "George Kaplan", el misterioso agente de la CIA. En cuanto a la gran trilogía de *Vértigo*, *Intriga internacional* y *Psicosis*, resulta muy tentador considerar estos tres filmes clave de Hitchcock como la articulación de tres maneras diferentes de llenar la brecha en el Otro: su problema formal es el mismo, la relación entre una falta y un factor (una persona) que trata de compensarla. En *Vértigo*, el héroe intenta compensar la ausencia de la mujer que ama, una aparente suicida, en un nivel que es literalmente *imaginario:* por medio de la ropa, el peinado, etcétera, trata de recrear la imagen de la mujer perdida. En *Intriga internacional* estamos en el nivel *simbólico*: tenemos un nombre vacío, el nombre de una persona que no existe ("Kaplan"), un significante sin portador, que queda ligado al héroe por obra del puro azar. Finalmente, en *Psicosis* llegamos al nivel de lo *real*: Norman Bates, que se pone la ropa de su madre, habla con la voz de ella, etcétera, no quiere resucitar su imagen ni actuar en su nombre: quiere ocupar su lugar en lo real, lo que da prueba de su estado psicótico.

Si la tríada intermedia es la del "lugar vacío", la final se unifica en torno al tema del *superyó materno*: los héroes de estas tres películas no tiene padres, sino una madre fuerte, posesiva, que trastorna la relación sexual normal. Al principio de *Intriga internacional*, el héroe del film, Roger Thornhill (Cary Grant), aparece con su madre desdeñosa, despreciativa, y no resulta difícil imaginar por qué él se ha divorciado cuatro veces; en *Psicosis*, Norman Bates (Anthony Perkins) es controlado directamente por la voz de su madre muerta, que le ordena matar a todas las mujeres que lo atraen sexualmente. En el caso de la madre de Mitch Brenner (Rod Taylor), el héroe de *Los pájaros*, en lugar del desdén hay una preocupación celosa por el destino del hijo, una preocupación que es quizás incluso más eficaz para bloquear cualquier relación duradera que él pudiera tener con una mujer.

En estos tres filmes hay otro rasgo común: de película en película, la figura de una amenaza en la forma de pájaros va asumiendo una prominencia mayor. En *Intriga internacional* tenemos la que quizá sea la más famosa escena hitchcockiana: el ataque por el avión (un pájaro de acero) que persigue al héroe en una llanura calcinada por el sol; en *Psicosis*, la habitación de Norman está llena de pájaros disecados, e incluso el cuerpo de su madre momificada nos recuerda a un pájaro disecado; en *Los pájaros*, después del pájaro de acero (metafórico) y los pájaros disecados (metonímicos), finalmente tenemos pájaros vivos reales que atacan el pueblo.

Lo decisivo es percibir el vínculo entre los dos rasgos: la figura terrorífica de las aves corporiza una discordia en lo real, una tensión irresuelta en las relaciones intersubjetivas. En la película, los pájaros son como la plaga en la Tebas de Edipo: encarnan un desorden fundamental en las relaciones familiares. El padre está ausente, la función paterna (la función de la ley pacificadora, el Nombre-del-Padre) está suspendida, y llena ese vacío el superyó materno "irracional", arbitrario, feroz, que bloquea la relación sexual "normal" (sólo posible bajo el signo de la metáfora paterna). El atolladero del que realmente trata *Los pájaros* es, desde luego, el de la familia norteamericana moderna: el ideal del yo paterno deficiente determina que la ley haga una regresión a un superyó materno feroz, que afecta el goce sexual (éste es el rasgo decisivo de la estructura libidinal del narcisismo patológico): "Sus impresiones inconscientes de la madre tienen un desarrollo tan excesivo y son tan influidas por los impulsos agresivos, y la calidad del cuidado que ella brinda está tan poco sintonizada con las necesidades del niño, que en las fantasías de éste la madre aparece como un pájaro devorador".[13]

Desde el viaje edípico hasta el narcisista patológico

¿Cómo podríamos situar esta figuración del superyó materno en la totalidad de la obra de Hitchcock? Las tres etapas principales de la carrera de este director pueden concebirse, precisamente, como variaciones sobre el tema de la imposibilidad de la relación sexual. Comencemos con el primer clásico hitchcockiano, *39 escalones* [*The Thirty-Nine Steps*]. La animada acción de la película no debe engañarnos ni por un minuto. Su función, en última instancia, es poner a prueba a la pareja enamorada, y de tal modo hacer posible su unión final. En virtud de este rasgo, *39 escalones* inicia la serie de las películas inglesas de Hitchcock, rodadas en la segunda mitad de la década de 1930, las cuales, con la excepción de la última (*La posada maldita* [*Jamaica Inn*]), narran la misma historia de la *iniciación de una pareja amorosa*. Siempre se trata de un hombre y una mujer ligados (a veces literalmente: recuérdese el papel de las esposas en *39 escalones*) por accidente, que van madurando como pareja a través de una serie de pruebas. En realidad, todos estos filmes son variaciones sobre el tema fundamental de la ideología burguesa del matrimonio, cuya primera y tal vez más noble expresión encontramos en *La flauta mágica* de Mozart. El paralelo podría llevarse a los detalles: la mujer misteriosa que le encarga al héroe su misión (la asesinada en el departamento de Hannay en *39 escalones*; la encantadora anciana de *La dama desaparece*), ¿no es acaso una especie de encarnación de la "Reina de la Noche"? ¿No reencarna el negro Monostatos en el hombre del tambor, con la cara pintada de negro de *Inocencia y juventud*? En *La dama desaparece*, ¿cómo atrae el héroe la atención de su futuro amor? ¡Por supuesto, tocando la flauta!

La inocencia perdida en este viaje de iniciación es presentada del mejor modo en la notable figura de Mr. Memory, cuyo número de variedades abre y cierra la película. Se trata de un hombre que "lo recuerda todo", una personificación del puro automatismo y, al mismo tiempo, de la ética absoluta del significante (en la escena final, responde a la pregunta de Hannay, "¿Qué son los treinta y nueve escalones?", aunque sabe que hacerlo puede costarle la vida: está sencillamente obligado a honrar su compromiso público, a responder a todas las preguntas, fueran cuales fueren). Hay algo de cuento de hadas en esta figura de un Enano Bueno que debe morir para que pueda finalmente establecerse el vínculo de la pareja enamorada. Mr. Memory encarna un conocimiento puro, asexual, sin brechas: una cadena significante que opera de un modo absolutamente automático, sin ningún obstáculo traumático en su curso. Debemos prestar atención al momento preciso de su muerte: él expira después de responder la mencionada pregunta, es decir, después de revelar el McGuffin, el secreto impulsor del relato. Al revelarlo al público en el teatro (que representa al Otro de la opinión común), libera a Hannay de la desagrable situación de "perseguidor perseguido". Los dos círculos (el de la policía que persigue a Hannay, y el de Hannay que persigue al verdadero culpable) se unen; Hannay es exculpado a los ojos del Otro, y son desenmascarados los verdaderos culpables. En este punto podría terminar el relato, puesto que su único sostén era ese estado intermedio, la posición ambigua de Hannay ante el Otro: culpable a los ojos del Otro, está al mismo tiempo sobre la pista de los culpables reales.

Esta posición de "perseguidor perseguido" despliega ya el tema de "la transferencia de la culpa": Hannay es falsamente acusado, le han transferido la culpa, pero ¿la culpa de quién? La culpa del *padre anal, obsceno*, personificado por el misterioso líder de la red de espías. Al final de la película presenciamos *dos* muertes consecutivas: primero, el líder de los espías mata a Mr. Memory, y después la policía, ese instrumento del Otro, abate al líder, que cae sobre el podio desde su palco en el teatro (lugar paradigmático del desenlace en las películas de Hitchcock: *Asesinato* [*Murder*], *Desesperación* [*Stage Fright*], *Mi secreto me condena*). Mr. Memory y el líder de los espías representan los dos lados de la misma conjunción preedípica: el Enano Bueno, con su conocimiento indiviso, sin fisura, y el mezquino padre anal, el amo que maneja los hilos de ese autómata del saber, un padre que exhibe de modo obsceno su dedito cortado (una alusión irónica a su castración). (*El jugador* [*The Hustler*], de Robert Rossen, presenta una escisión homóloga en la relación entre el billarista profesional, una encarnación de la pura ética del juego –Jackie Gleason–, y su patrón corrupto –George C. Scott–.) El relato comienza con un acto de interpelación que subjetiviza al héroe, es decir, lo constituye como sujeto deseante al evocar el McGuffin, el objeto causa de su deseo (el mensaje de la Reina de la Noche, la misteriosa desconocida asesinada en el departamento de Hannay). El viaje edípico en busca del padre, que ocupa la mayor parte de la película, termina con la muerte del padre anal. Por medio de esta muerte él puede asumir su lugar como metáfora, como el Nombre-del-Padre, haciendo posible de este modo la unión final de la pareja de enamorados, su relación sexual normal que, según Lacan, sólo puede producirse bajo el signo de la metáfora paterna.

Además de Hannay y Pamela en *39 escalones*, las parejas ligadas por azar y reunidas por una serie de pruebas son Ashenden y Elsa en *El agente secreto* [*The Secret Agent*], Robert y Erica en *Inocencia y juventud*, Gilbert e Iris en *La dama desaparece*. Una excepción notable es *Sabotaje* (*Sabotage*), donde el triángulo de Sylvia, su esposo criminal Verloc y el detective Ted prefiguran la coyuntura característica de la siguiente etapa de Hitchcock, el período Selznic. Como regla, la historia es narrada desde el punto de vista de una mujer dividida entre dos hombres, un viejo maligno (el padre o el esposo que encarnan a una de las figuras típicas de Hitchcock, la del villano consciente del mal que hay en él y que lucha por su propia destrucción), y el "buen chico" más joven, un tanto insípido, a quien ella escoge al final.[14] Además de Sylvia, Verloc y Ted en *Sabotaje*, los ejemplos principales de este triángulo son Carol Fisher, dividida entre la lealtad a su padre nazi y el amor al joven periodista norteamericano en *Corresponsal extranjero;* Charlie dividida entre su tío asesino y el detective Jack en *La sombra de una duda*, y, por supuesto, Alicia, dividida entre su esposo Sebastian y Devlin en *Tuyo es mi corazón*. (Una excepción notable es *Bajo el signo de Capricornio*, donde la heroína resiste al encanto de un joven seductor y vuelve a los brazos de su marido criminal de más edad, después de confesar que ella había cometido el crimen por el que se condenó al esposo.) En la tercera etapa, el énfasis pasa al protagonista masculino, cuyo superyó materno le bloquea el acceso a una relación sexual normal (desde Bruno en *Pacto siniestro* hasta el asesino de la corbata en *Frenesí*).

¿Dónde debemos buscar el marco de referencia más amplio que nos permita conferir una especie de consistencia teórica a esta sucesión de las tres formas de (la imposibilidad de la) relación sexual? Nos sentimos tentados a aventurar una respuesta sociológica rápida, invocando las tres formas sucesivas de la estructura libidinal del sujeto que ha presentado la sociedad capitalista en el siglo pasado: el individuo autónomo de la ética protestante, el "hombre de organización" heterónomo, y el tipo que tiende a predominar hoy en día, el narcisista patológico. Lo esencial que debemos subrayar es que la denominada "declinación de la ética protestante" y la aparición del "hombre de organización" (es decir, el reemplazo de la ética de la responsabilidad individual por la ética del individuo heterónomo, orientado hacia los otros) deja intacto el marco subyacente del ideal del yo. Sólo cambia su contenido: el ideal del yo se externaliza, se constituyeron las expectativas del grupo social al que pertenece el individuo. La fuente de la satisfacción moral no es ya la sensación de que resistimos a la presión del medio y seguimos leales a nosotros mismos (es decir, a nuestro ideal del yo paterno), sino la lealtad al grupo. El sujeto se mira a sí mismo a través de los ojos del grupo, se esfuerza en merecer su amor y estima.

En la tercera etapa, con la llegada del narcisista patológico, se quiebra este marco subyacente del ideal del yo compartido por las dos formas anteriores. En lugar de una *ley* simbólica, integrada, tenemos una multitud de *reglas*: reglas de adaptación que nos dicen "cómo se tiene éxito". El sujeto narcisista sólo conoce las "reglas del juego (social)" que le permiten manipular a los otros; para él, las relaciones sociales son un campo de juego en el cual asume "roles", no mandatos simbólicos propiamente dichos; se mantiene al margen de cualquier tipo de compromiso que pudiera implicar una identificación simbólica en sentido propio. Es un *conformista* radical, que paradójicamente se experimenta a sí mismo como un *fuera de la ley*. Desde luego, todo esto es un lugar común de la psicología social; sin embargo, lo que habitualmente no se advierte es que esta desintegración del ideal del yo entraña la instalación de un superyó materno que no prohíbe el goce sino que, por el contrario lo impone y castiga el fracaso social de un modo mucho más cruel y severo, a través de una angustia insoportable y autodestructiva. Todo el palabrerío sobre "la declinación de la autoridad paterna" no hace más que ocultar la resurgencia de esta agencia incomparablemente más opresora. La sociedad "permisiva" de la actualidad no es por cierto menos represiva que la de la época del "hombre de organización", ese servidor obsesivo de la institución burocrática; la única diferencia reside en que, en "una sociedad que exige la sumisión a las reglas del intercambio social pero se niega a basarlas en un código de conducta moral",[15] es decir, en el ideal del yo, la demanda social asume la forma de un superyó duro y castigador.

También podríamos encarar el narcisismo patológico basándonos en la crítica de Saul Kripke a la teoría de las descripciones, es decir, en su premisa de que el significado de un nombre (propio o de tipo natural) nunca puede reducirse a un conjunto de rasgos descriptivos que caractericen el objeto denotado. El nombre siempre funciona como un "designador rígido" que se refiere al mismo objeto aunque se demuestre que no posee en realidad ninguna de las propiedades que se le han atribuido.[16] Innecesario es decir que la noción kripkeana de "designador rígido" coincide perfectamente con el concepto lacaniano de "significante amo", es decir, un significante que no denota alguna propiedad positiva del objeto, sino que, por medio del propio acto de enunciación, establece una nueva relación intersubjetiva entre el locutor y el oyente. Por ejemplo, si le digo a alguien "Tú eres mi maestro", le impongo cierto "mandato" simbólico no contenido en el conjunto de sus propiedades positivas, una propiedad nueva que resulta de la fuerza performativa de mi enunciado, con el cual creo una nueva realidad simbólica, la de una relación entre maestro y discípulo, en la que cada uno de nosotros asume un cierto compromiso. La paradoja del narcisista patológico es que, *para él, el lenguaje funciona realmente según la teoría de las descripciones*: el significado de las palabras queda reducido a los rasgos positivos del objeto denotado, sobre todo los relacionados con sus intereses narcisistas. Permítasenos ejemplificar este tema con la eterna y tediosa pregunta femenina: "¿Por qué me amas?". Desde luego, en el amor verdadero esta pregunta no puede contestarse (por empezar, por esta razón la hacen las mujeres), es decir, la única respuesta apropiada es "por que hay algo en ti que es más que tú misma, una X indefinida que me atrae, pero que no puedo identificar con ninguna cualidad positiva". En otras palabras, si respondemos con un inventario de propiedades positivas ("Te amo por la forma de tus senos, por el modo en que sonríes"), ésta es en el mejor de los casos una imitación paródica del verdadero amor. Pero, por otro lado, el narcisista patológico es alguien que *sí* puede contestar esta pregunta enumerando una lista definida de propiedades: para él, la idea de que el amor es un compromiso que trasciende el apego a una serie de cualidades capaces de satisfacer sus deseos, está simplemente más allá de su comprensión.[17] Y el modo de histerizar al narcisista patológico consiste precisamente en imponerle algún mandato simbólico que no pueda basarse en sus propiedades. Esa confrontación genera la cuestión histérica: "¿Por qué soy lo que tú dices que soy?" Pensemos en Roger O. Thornhill en *Intriga internacional*, un narcisista patológico puro si los hay, el que de pronto, sin ninguna razón aparente, se encuentra prendido al significante "Kaplan"; el choque de este encuentro saca de cauce a su economía narcisista y abre para él la ruta del acceso gradual a la relación sexual normal bajo el signo del Nombre-del-Padre (razón por la cual *Intriga internacional* es una variante de la fórmula de *39 escalones*).[18] Ahora podemos ver de qué modo las tres versiones de la imposibilidad de la relación sexual en las películas de Hitchcock se relacionan con estos tres tipos de economía libidinal. El viaje de iniciación de la pareja, con los obstáculos que estimulan el deseo de unificación, se basa firmemente en la ideología clásica del sujeto autónomo fortalecido por las pruebas; la figura paterna resignada de la etapa siguiente de Hitchcock evoca la declinación de este sujeto autónomo, al que se opone el héroe heterónomo, victorioso pero insípido, y, finalmente, en el héroe típico de Hitchcock en las décadas de 1950 y 1960 no es difícil reconocer los rasgos del narcisista patológico dominado por la figura obscena del superyó materno. De modo que una y otra vez Hitchcock escenifica las visicitudes de la familia en la sociedad capitalista tardía; el secreto real de sus películas es siempre, en última instancia, el secreto de la familia, su reverso tenebroso.

Un experimento mental: Los pájaros *sin pájaros*

Aunque los pájaros de Hitchcock encarnan la instancia del superyó materno, lo esencial es, sin embargo, *no apresurarse* a admitir el vínculo entre los dos rasgos que hemos observado –la aparición de las feroces aves asaltantes, el bloqueo de las relaciones sexuales "normales" por la intervención del superyó materno– como una relación-signo, como un correlato entre un "símbolo" y su "significado": los pájaros no "significan" el superyó materno, no "simbolizan" las relaciones sexuales bloqueadas, ni a la madre "posesiva", y así sucesivamente: son más bien la presentificación en lo real, la objetivación, la encarnación del hecho de que, en el nivel de la simbolización, algo "no ha funcionado". En síntesis, son la objetivación-positivación de una simbolización *fracasada*. En la terrorífica presencia de los pájaros que atacan, una cierta falta, un cierto fracaso, asume una existencia positiva. A primera vista, esta distinción puede parcer artificial, vaga; por ello trataremos de explicarla por medio de un interrogante elemental: ¿cómo podría haber sido el film para que las aves funcionaran *realmente* como el "símbolo" de las relaciones sexuales bloqueadas?

La respuesta es simple. Primero, debemos imaginar *Los pájaros* como un relato *sin pájaros*. Tendríamos entonces un drama típicamente norteamericano sobre una familia en la cual el hijo va de una mujer a otra porque es incapaz de liberarse de la presión de una madre posesiva; un drama similar a decenas de otros que han aparecido en los escenarios y las pantallas de los Estados Unidos, particularmente en la década de 1950: la tragedia de un hijo que paga con el caos de su vida sexual lo que en aquellos días se describía como la incapacidad de la madre para "vivir su propia vida", para "gastar su energía vital", y el colapso emocional de esa madre cuando alguna mujer finalmente logra sacarle el hijo, etcétera, todo sazonado con una pizca de pimienta "psicoanalítica", *à la* Eugene O'Neill o Tennessee Williams, e interpretado, de ser posible, en un estilo psicologista, del Actor's Studio: ésta era la base común del teatro norteamericano a mediados del siglo.

A continuación, en ese drama debemos imaginar la aparición de los pájaros, de tiempo en tiempo, particularmente en los momentos cruciales de la intriga emocional (el primer encuentro del hijo con su futura esposa, el colapso de la madre, etcétera). Los pájaros aparecerían en el fondo, como parte del ambiente: la escena inicial (el encuentro de Mitch y Melanie en la veterinaria, la compra de la cotorra) podría tal vez quedar como está, y, después de la escena cargada de emoción del conflicto entre madre e hijo, cuando la madre apenada se retira a la orilla del mar, podríamos oír el graznido de las aves, etcétera. En esa película, los pájaros, aunque o, más bien, *porque* no desempeñan un papel directo en el desarrollo de la historia, serían "símbolos", "simbolizarían" la necesidad trágica de la renuncia de la madre, su desamparo, o lo que fuere, y todos sabríamos qué significan las aves, todos reconoceríamos claramente que la película describe el drama emocional de un hijo que enfrenta a una madre posesiva que trata de pasarle a él el costo de su propio fracaso, y el papel "simbólico" de las aves quedaría indicado por el título, que seguiría siendo *Los pájaros*.

Ahora bien, ¿qué hizo Hitchcock? En su película, los pájaros no son "simbólicos" en absoluto; desempeñan una parte directa en la historia, como algo inexplicable, como algo que está al margen de la cadena racional de los acontecimientos, como un real imposible *sin ley*. De este modo la acción es tan influida por las aves que su presencia masiva eclipsa completamente el drama doméstico: ese drama *pierde su significación* (en términos literales); el espectador ingenuo no percibe *Los pájaros* como un drama familiar doméstico en el cual el papel de las aves sea el de "símbolo" de la relaciones y tensiones intersubjetivas; el acento cae por completo sobre los ataques traumáticos de los pájaros y, en ese marco, la intriga emocional es un mero pretexto, una parte de la trama indiferenciada de los incidentes cotidianos que componen la primera parte del film, hasta que, contra ese trasfondo, la furia misteriosa, inexplicable, de los pájaros puede resaltar incluso con más fuerza. Entonces las aves, lejos de funcionar como un "símbolo" cuya significación podría detectarse, por el contrario *bloquean, enmascaran*, en virtud de su presencia masiva, la "significación" de la película; su función es hacer que *olvidemos*, durante sus ataques vertiginosos y fulminantes, cuál es en última instancia nuestro tema: el triángulo de una madre, su hijo y la mujer que él ama. Para que el espectador ingenuo percibiera con facilidad la "significación" de la película, los pájaros sencillamente tendrían que haber sido *excluidos*.

Hay un detalle clave que respalda nuestra interpretación. Al final del film, la madre de Mitch "acepta" a Melanie como esposa del hijo, da su consentimiento y abandona su rol de superyó (según lo indica la fugaz sonrisa que ella y Melanie intercambian en el auto). Por ello, en ese momento, todos pueden abandonar la casa amenazada por los pájaros: éstos ya no son necesarios, su papel ha terminado. El final de la película (la última toma del auto que parte en medio de una multitud de pájaros en calma) es por esa razón totalmente coherente, y no el resultado de algún tipo de "concesión"; el hecho de que el propio Hitchcock haya difundido el rumor de que él habría preferido otro final (el auto llegando al puente Golden Gate totalmente ennegrecido por las aves posadas sobre él), y que tuvo que ceder a la presión del estudio, no es más que otro de los muchos mitos fomentados por el director, que se esforzaba en disimular lo que realmente estaba en juego en su obra.

Por lo tanto, está clara la razón de que *Los pájaros* –según François Regnault–[19] sea la película que cierra el sistema hitchcockiano: los pájaros, la última encarnación en Hitchcock del Objeto Malo, son la contracara del reino de la Ley materna, y esa conjunción del Objeto Malo de la fascinación y la Ley materna es lo que define el meollo del fantasma hitchcockiano.

NOTAS

1. Desde esta perspectiva, el desenlace de *La llamada fatal* [*Dial M for Murder*], es muy interesante, ya que *invierte* la situación usual en las películas de Hitchcock: "el hombre que sabía demasiado" no es el héroe que presiente algún secreto terrorífico detrás de la superficie idílica, sino *el propio asesino*. Es decir que el inspector atrapa al esposo criminal de Grace Kelly gracias a un cierto saber excedente: el asesino es sorprendido sabiendo algo que no le sería posible saber si fuera inocente (el lugar oculto de la otra llave de su departamento). La ironía del desenlace reside en que lo que provoca la caída del culpable es precisamente su razonamiento rápido y perspicaz. Si hubiera sido sólo un poco más lento –es decir si, después de no poder abrir la puerta con la llave que tenía en el saco, no hubiera deducido de inmediato lo que había ocurrido, la mano de la justicia no lo habría alcanzado nunca. Por su modo de tenderle la trampa al asesino, el inspector actuó como un verdadero analista lacaniano: el ingrediente esencial de su éxito no fue la capacidad para "penetrar en el otro", para comprenderlo, adaptarse a su razonamiento, sino para tomar en cuenta el papel estructurante de un cierto objeto que circula entre los sujetos y los ata a una red que ellos no pueden dominar: la llave en *La llamada fatal* (y en *Tuyo es mi corazón*), la carta en "La carta robada", de Edgar Allan Poe, etcétera.

2. Cf. por ejemplo, Lacan, *The Four Fundamental Concepts of Psycho-Analysis*, pág. 92.

3. Debemos prestar atención a los diversos modos en que este tema del detalle ominoso opera en las películas de Hitchcock. Señalaremos sólo cinco de sus variantes:

- *Festín diabólico*: en este caso tenemos *primero* la mancha (el acto traumático del asesinato) y *después* la situación cotidiana idílica (la fiesta) construida para ocultarlo.
- *El hombre que sabía demasiado* (o *En manos del destino*): en una escena breve en la cual el protagonista (James Stewart) se dirige a la casa del taxidermista Ambrose Chappell, la calle que atraviesa tiene una atmósfera siniestra, pero en realidad las cosas son exactamente lo que parecen ser (sólo una calle suburbana común de Londres, etcétera), de modo que la única "mancha" del cuadro es *el propio héroe*, su mirada desconfiada que ve amenazas en todas partes.
- *El tercer tiro*: hay "una mancha" (un cuerpo) en la idílica campiña de Vermont, pero en lugar de provocar reacciones traumáticas,

las personas que tropiezan con ella la tratan como un inconveniente menor y continúan con sus asuntos cotidianos.

- *La sombra de una duda:* en este caso "la mancha" es el tío Charlie, el protagonista de la película, un asesino patológico que va a vivir con la hermana en un pequeño pueblo norteamericano. A los ojos de los vecinos, él es un benefactor amistoso y rico; sólo lo ve tal como es su sobrina Charlie, que "sabe demasiado". ¿Por qué? La respuesta se encuentra en la identidad de sus nombres: una y otro constituyen dos partes de la misma personalidad (igual que Marion y Norman en *Psicosis*, donde la identidad queda indicada por el hecho de que cada nombre se refleja aproximadamente en el otro en forma invertida).
- Finalmente, *Los pájaros*, donde (en lo que seguramente constituye la ironía final de Hitchcock) el elemento "no-natural" que perturba la vida cotidiana está representado por los pájaros, es decir, es *la naturaleza misma.*

4. Cf. Michel Chion, "Le quatrième côté", en *Cahiers du cinéma 356* (1984), págs. 6-7.

5. Jacques Lacan, *Écrits*, París, Seuil, 1966, pág. 554.

6. Jacques-Alain Miller, "Montré à Premontré", en *Analytica 37* (1984), págs. 28-29.

7. El nivel anal es el lugar de la metáfora: un objeto por otro, dar las heces en lugar del falo (Lacan, *The Four Fundamental Concepts of Psycho-Analysis*, pág. 104).

8. Véase la nota 23 al capítulo 2.

9. Esta escena, que crea un efecto fantasmático, ilustra también la tesis de que el sujeto no está necesariamente inscrito en la escena fantasmática como observador, sino que puede ser también uno de los objetos observados. La visión subjetiva de los pájaros suscita temor aunque la cámara no asuma el punto de vista de las víctimas: el hecho es que estamos inscritos en la escena como habitantes del pueblo, ya que nos identificamos con esos habitantes amenazados.

10. Robin Wood, *Hitchcock's Films*, Nueva York, A.S. Barnes and Co., 1977, pág. 116.

11. Lacan, *Le séminaire, livre XX: Encore*, pág. 23.

12. Lacan, *Écrits*, págs. 54-59.

13. Christopher Lasch, *The Culture of Narcissism*, Londres, Abacus, 1980, pág. 176.

14. En este punto es esencial captar la lógica de la conexión entre la perspectiva de la mujer y la figura del Amo impotente y resignado. Freud formuló una célebre pregunta: "*Was will das Weib*?

¿Qué quiere la mujer (histérica)? La respuesta de Lacan es: *un Amo, pero un Amo al que pueda dominar*. La figuración perfecta de este fantasma histérico es *Jane Eyre*, de Charlotte Brontë, novela en la cual, al final, la heroína se casa felizmente con la figura paterna ciega y desvalida (por supuesto, *Rebecca* pertenece a la misma tradición).

15. Lasch, *The Culture of Narcissism*, pág. 12.

16. Cf. Saul Kripke, *Naming and Necessity*, Cambridge, Mass., Harvard University Press, 1972.

17. Contra el trasfondo de este problema podemos tal vez situar la lección que hay que extraer del libro de Stanley Cavell titulado *Pursuits of Happiness: the Hollywood Comedies of Remarriage* (Cambridge, Mass., Harvard University Press, 1981): una versión de la teoría hegeliana de la repetición en la historia. El verdadero matrimonio es el segundo. Primero nos casamos con el otro *qua* nuestro complemento narcisista; sólo cuando se desvanece el encanto ilusorio de él o ella podemos emprender el matrimonio como un apego al otro que vaya más allá de sus propiedades imaginarias.

18. *Intriga internacional* repite la lógica del viaje edípico, y por ello nos ofrece una especie de análisis de la función del padre, dividiéndola en un espectro de tres figuras: el padre *imaginario* de Roger Thornhill (el diplomático de las Naciones Unidas acuchillado en el salón de la Asamblea General), su padre *simbólico* (el "Profesor" de la CIA que inventó *el nombre* "Kaplan" al que queda ligado Thornhill), y su padre *real* (es decir, el villano perverso y resignado, Van Damm).

19. Cf. François Regnault, "Système formel d'Hitchcock", en *Cahiers du cinéma*, hors-série 8.

6. *Pornografía, nostalgia, montaje: una tríada de la mirada*

El cortocircuito perverso

El sádico como objeto

Cazador de hombres [*Manhunter*], de Michael Mann, es una película sobre un investigador policial célebre por su habilidad para introducirse intuitivamente, por medio de un "sexto sentido", en la mente de los asesinos, los perversos, los sádicos; su tarea consiste en descubrir a un criminal particularmente cruel que mató a una serie de tranquilas familias de provincia. El investigador proyecta una y otra vez películas caseras filmadas en Súper 8 por las familias asesinadas; quiere llegar al *trait unaire*, el rasgo común de todas ellas que atrajo al criminal y determinó su elección. Pero sus esfuerzos son vanos mientras busca ese rasgo común en el nivel del contenido, es decir, en las familias mismas. Encuentra una clave cuando le salta a la vista una cierta incongruencia: la investigación en la escena del último crimen demuestra que para entrar en la casa, es decir, para abrir por la fuerza la puerta del patio trasero, el asesino utilizó una cierta clase de herramienta que era inapropiada, incluso innecesaria. La antigua puerta del patio había sido reemplazada unas semanas antes del crimen por otra puerta de un nuevo tipo: para forzar la puerta nueva, habría sido mucho más adecuada otra clase de herramienta. Entonces, ¿cómo obtuvo el asesino esa información errónea o, más precisamente, desactualizada? La antigua puerta se veía claramente en escenas de la película casera en Súper 8; el único rasgo común de todas las familias masacradas eran *las películas caseras en sí*, es decir que el asesino debía haber tenido acceso a sus películas; entre ellas no había ningún otro vínculo que las conectara. Esas películas eran privadas, y lo único que compartían era el laboratorio que las reveló; un control rápido confirma que todas fueron reveladas por el mismo laboratorio, y el asesino es pronto identificado como una de las personas que trabajaban allí.

¿Dónde reside el interés teórico de esta resolución? Para llegar al asesino, el investigador busca un rasgo común en el contenido de las películas, pasando por alto la forma en sí, es decir, el hecho crucial de que todo el tiempo está viendo una serie de películas caseras. El giro decisivo se produce cuando advierte que, al escrudiñar esas películas, *él ya está identificado con el asesino*. Su mirada obsesiva que examina cada detalle coincide con la mirada del asesino: la identificación está en el nivel de la mirada, no en el nivel del contenido. Hay algo extremadamente desagradable y obsceno en esta experiencia de sentir que nuestra mirada es ya la mirada del otro. ¿Por qué? La respuesta lacaniana es que, precisamente, esa coincidencia de las miradas define la posición del perverso. Allí reside, según Lacan, la diferencia entre la mística "femenina" y la "masculina", entre (digamos) Santa Teresa y Jacob Boehme: la mística masculina consiste precisamente en esa superposición de las miradas en virtud de la cual el místico experimenta que su intuición de Dios es al mismo tiempo la visión por medio de la cual Dios se mira a Sí Mismo: "Confundir este ojo contemplativo con el ojo con el que Dios se mira a sí mismo debe seguramente formar parte del goce perverso".[1]

Esta coincidencia, que define la perversión, de la visión del sujeto con la mirada del Otro, nos permite también conceptualizar uno de los rasgos fundamentales del funcionamiento ideológico del denominado totalitarismo: si la perversión del misticismo masculino consiste en que la visión por medio de la cual el sujeto contempla a Dios es al mismo tiempo la mirada por medio de la cual Dios se contempla a Sí Mismo, entonces la perversión del comunismo estalinista consiste en que la visión por medio de la cual el Partido mira a la Historia coincide inmediatamente con la mirada que la Historia se dirige a sí misma. Para emplear la "vieja y buena" jerga estalinista, hoy en día ya a medias olvidada, los comunistas actúan inmediatamente en nombre de "las leyes objetivas del progreso histórico"; es la Historia misma, su Necesidad, la que habla por boca de ellos.

Por esta razón la fórmula elemental de la perversión sadeana, tal como la formuló Lacan en su "Kant avec Sade", es tan conveniente para describir la posición subjetiva del comunista estalinista. Según Lacan, el sujeto sadeano trata de eludir su escisión, su división constitutiva, transfiriéndola a su otro (la víctima) e identificándose él mismo con el objeto, es decir, ocupando la posición del objeto-instrumento de la Voluntad de Gozar (*volonté de jouir*), que no es su voluntad sino la voluntad del Otro, que asume la forma del "Ser Supremo del Mal". En ello consiste la ruptura de Lacan con la noción usual del sadismo: según esta noción, el perverso sádico asume la posición de un sujeto absoluto que usurpa el derecho a disponer sin restricciones del cuerpo del otro, reduciéndolo a la condición de un objeto-instrumento para la satisfacción de su voluntad de gozar; en Lacan, en cambio, es el sádico mismo quien se encuentra en la posición de objeto-instrumento, ejecutor de alguna voluntad radicalmente heterogénea, mientras el sujeto escindido es precisamente su otro (la víctima). La posición del perverso está determinada en el núcleo más íntimo por esa instrumentalización radical de su propia actividad: él no realiza su actividad para su propio placer, sino para el goce del Otro: él encuentra goce precisamente en esta instrumentalización, en trabajar para el goce del Otro.[2] De esto se desprende claramente la razón de que, en Lacan, el matema de la perversión se escriba como la inversión del matema del fantasma: $a \lozenge \$$.[3] Y también debe estar claro por qué este matema designa al mismo tiempo la posición subjetiva del comunista estalinista: él atormenta infinitamente a su víctima (las masas, las personas comunes, que no son funcionarios del Partido), pero lo hace como instrumento del Otro ("las leyes objetivas de la historia", "la necesidad del progreso histórico"), detrás del cual no es difícil reconocer la figura sadeana del Ser Supremo del Mal. El caso del estalinismo ejemplifica perfectamente por qué, en la perversión, el otro (la víctima) está escindido: el comunista estalinista atormenta a la gente, pero lo hace como servidor fiel de esa misma gente, en su propio nombre, como ejecutor de su propia voluntad (de sus propios "intereses objetivos", "verdaderos").[4]

La pornografía

Entonces, la ironía final de *Cazador de hombres* sería la siguiente: frente a un contenido sádico perverso, el investigador sólo puede llegar a una solución tomando en cuenta el hecho de que el propio procedimiento que emplea ya es "perverso" en un nivel formal, es decir que implica una coincidencia de su mirada con la mirada del otro (el asesino). Y es esta superposición, esta coincidencia de nuestra visión con la mirada del otro, lo que nos da una clave de la pornografía.

Tal como se la entiende habitulamente, la *pornografía* es el género que se supone "revela todo lo que hay allí para revelar", que no oculta nada, que lo registra "todo" con una cámara directa y lo ofrece a nuestra vista. Sin embargo, es precisamente en el cine pornográfico donde la "sustancia del goce" percibida por la visión desde afuera está *radicalmente perdida*. ¿Por qué? Recordemos la relación antinómica de la mirada y la visión tal como la articula Lacan en su *Seminario XI:* la visión –es decir, el ojo que ve el objeto– está del lado del sujeto, mientras que la mirada está del lado del objeto. Cuando miro un objeto, el objeto está siempre mirándome de antemano, y desde un punto en el cual yo no puedo verlo:

> En el campo escópico, todo está articulado entre dos términos que actúan de modo antinómico; del lado de las cosas está la

> mirada, es decir, las cosas me miran, y sin embargo yo las veo. Así es como se deben entender las palabras subrayadas con tanta fuerza en el Evangelio: *Ellos tienen ojos que no podrían ver*. No podrían ver, ¿qué? Precisamente, que las cosas los miran a ellos."[5]

Esta antinomia de la mirada y la visión se pierde en la pornografía. ¿Por qué?, porque la pornografía es intrínsecamente *perversa*. Su carácter perverso no reside en el hecho obvio de que llega hasta el final y nos muestra todos los detalles sucios, sino en que es concebida de un modo estrictamente formal: en la pornografía, el espectador es forzado *a priori* a ocupar una posición perversa. En lugar de estar del lado del objeto visto, la mirada cae en nosotros mismos, los espectadores, razón por la cual la imagen que vemos en la pantalla no contiene ningún lugar, ningún punto sublime-misterioso desde el cual nos mire. Sólo nosotros miramos estúpidamente la imagen que "lo revela todo". Contrariamente al lugar común de que en la pornografía el otro (la persona mostrada en la pantalla) es degradado a la condición de objeto de nuestro placer voyeurista, debemos subrayar que es el espectador quien ocupa la posición del objeto: los sujetos reales son los actores de la pantalla que tratan de excitarnos sexualmente, mientras que nosotros, los espectadores, somos reducidos a la condición de objeto-mirada paralizada.[6]

De modo que la pornografía pasa por alto, reduce el punto del objeto-mirada en el otro; esta omisión tiene precisamente la forma de un encuentro que falta, frustrado. En la película "normal", no pornográfica, las escenas de amor se construyen siempre en torno a cierto límite que no se puede superar, porque "no se puede mostrar todo". En cierto punto, la imagen se desdibuja, la cámara se aparta, la escena se interrumpe, nunca vemos directamente "eso" (la penetración sexual, etcétera). En contraste con este límite de la representabilidad que define la película de amor o el melodrama "normales", la pornografía va más lejos, "lo revela todo". La paradoja consiste en que al atravesar el límite, siempre va *demasiado lejos*, *omite* lo que permanece oculto en una escena de amor "normal", no pornográfica. Para citar de nuevo la bien conocida frase de *La ópera de dos centavos*, de Brecht, si uno corre demasiado rápido detrás de la felicidad, tal vez le dé alcance y la deje atrás... Si vamos al grano con precipitación, si queremos mostrar "la cosa en sí", necesariamente perdemos lo que buscábamos, el efecto es extremadamente vulgar y depresivo (como puede confirmarlo cualquier persona que haya visto películas de "pornografía dura"). La pornografía no es entonces más que una variante de la paradoja de Aquiles y la tortuga que, según Lacan, define la relación del sujeto con el objeto de su deseo: naturalmente, Aquiles puede dejar fácilmente atrás a la tortuga, pero no puede darle alcance, unirse a ella: el sujeto es siempre demasiado lento o demasiado rápido, nunca puede llevar el paso del objeto de su deseo. El objeto inalcanzable/prohibido al que la película de amor "normal" se acerca pero nunca toca (el acto sexual) sólo existe ocultado, indicado, simulado. En cuando lo mostramos, su encanto se desvanece, hemos ido demasiado lejos, y en lugar de la Cosa sublime no podemos deshacernos de una vulgar y abrumadora fornicación.

La consecuencia es que la armonía, la congruencia entre el relato fílmico (el despliegue de la historia) y la exhibición inmediata del acto sexual es estructuralmente imposible. Si escogemos una, necesariamente perdemos el otro. En otras palabras, si queremos una historia de amor que nos absorba, que nos conmueva, no tenemos que ir hasta el final y mostrarlo todo (los detalles del acto sexual), porque en cuanto "mostramos todo", la historia deja de ser tomada en serio y empieza a funcionar sólo como un pretexto para introducir actos de copulación. Podemos detectar esta brecha a través del tipo de "saber en lo real" que determina la manera en que los actores se comportan en los distintos géneros fílmicos: las personas incluidas en la realidad del film siempre reaccionan como si supieran en qué género de película participan. Por ejemplo, si chirría una puerta en una película de misterio, el actor vuelve angustiosamente su cabeza hacia ella; si chirría una puerta en una comedia familiar, el mismo actor le gritará al hijito que no ande a hurtadillas por el departamento. Esto es incluso más cierto respecto del cine porno: antes de que se pase a la actividad sexual necesitamos una breve introducción, por lo general una trama estúpida que sirve de pretexto para que los actores empiecen a copular (el ama de casa llama a un plomero, una nueva secretaria se presenta ante el gerente). El caso es que ya en la manera en que los actores interpretan esta trama introductoria, es visible que para ellos se trata sólo de una formalidad tonta, aunque necesaria para llegar lo antes posible a abordar la "cosa real".[7]

Y el ideal fantasmático de una obra pornográfica perfecta sería, precisamente, preservar esa armonía imposible, ese equilibrio entre la narración y la descripción explícita del acto sexual, es decir, evitar el *vel* inevitable que nos condena a perder uno de los dos polos. Tomemos un melodrama anticuado y nostálgico como *África mía* [*Out of Africa*], y supongamos que la película es exactamente como se la exhibe, sólo que con diez minutos adicionales: cuando Robert Redford y Meryl Streep tienen su primer encuentro amoroso, la escena no se interrumpe, la cámara "lo muestra todo", con detalles de sus órganos sexuales excitados, la penetración, el orgasmo, etcétera. A continuación, la historia continúa normalmente y nos encontramos de nuevo en la película que conocemos todos. El problema es que una película así es estructuralmente imposible: incluso aunque se la filmara, sencillamente no funcionaría; los diez minutos adicionales nos sacarían del carril; durante el resto del film seríamos incapaces de recuperar el equilibrio y de seguir el relato con la habitual creencia (ahora repudiada) en la realidad cinematográfica; el acto sexual obraría como una intrusión de lo real, socavando la consistencia de esa realidad.

La nostalgia

En la pornografía, la mirada *qua* objeto cae entonces en el sujeto-espectador, provocando un efecto de desublimación depresiva. Por esto, para extraer el objeto-mirada en su estatuto puro, formal, tenemos que volvernos hacia el polo opuesto de la pornografía: la nostalgia. Consideremos el que es probablemente hoy en día el caso más notorio de fascinación nostálgica en el cine: el *film noire* norteamericano de la década de 1940. ¿Qué es exactamente lo que tiene de tan fascinante? Está claro que ya no podemos identificarnos con él; las escenas más dramáticas de *Casablanca*, *Asesinato*, *Traidora y mortal* [*Out of the Past*], hoy provocan risa entre los espectadores. Pero, sin embargo, lejos de representar una amenaza para su poder de fascinación, este tipo de distancia es la condición misma de ese efecto. Es decir que lo que nos fascina es precisamente una cierta mirada, la mirada del "otro", del espectador hipotético, mítico, de la década de 1940, que se supone era todavía capaz de identificarse inmediatamente con el universo del *film noire*. En estas películas lo que nosotros vemos realmente es esa mirada del otro; nos fascina la mirada del espectador ingenuo; mítico, el que era "todavía capaz de tomarlas en serio": en otras palabras, el espectador que "cree en eso" por nosotros, en lugar de nosotros. Por esa razón, nuestra relación con el *film noire* está siempre dividida, escindida entre la fascinación y la distancia irónica: distancia irónica respecto de su realidad fílmica, fascinación por la mirada.

Este objeto-mirada aparece con su mayor pureza en una serie de películas en la que la lógica de la nostalgia es llevada hasta la autorreferencia: *Cuerpos ardientes* [*Body Heat*], *Desafío* [*Driver*], *El desconocido* [*Shane*]. Como lo ha señalado Fredric Jameson en su célebre artículo sobre el posmodernismo,[8] *Cuerpos ardientes* invierte en cierto sentido el procedimiento nostálgico habitual, que consiste en sacar de su contexto histórico, de su continuidad, los fragmentos del pasado que son objeto de nostalgia, para insertarlos en una especie de presente mítico, eterno, intemporal: en esta película "negra", una vaga *remake* de *Pacto de sangre* [*Double Indemnity*], que se desarrolla en la Florida contemporánea, el tiempo presente es visto a través de los ojos del *film noire* de los cuarenta: en lugar de trasponer a un presente mítico e intemporal un fragmento del pasado, vemos el presente como si formara parte del pasado mítico. Si no tomamos en cuenta esta "mirada de los cuarenta", *Cuerpos ardientes* es sólo una película contemporánea sobre la época contemporánea y, como tal, totalmente incomprensible: todo su poder de fascinación proviene del hecho de que mira el presente con los ojos del pasado mítico. La misma dialéctica de la mirada opera en *Desafío*, de Walter Hill; su punto de partida es también el *film noire* de los 40 que, como tal, *no existe*: sólo comenzó a existir cuando fue descubierto por los críticos franceses en la década de 1950 (no es casual que en inglés la expresión usada para designarlo sea *film noir*, en francés). Gracias a la intervención de la mirada francesa, lo que era una serie de producciones de clase B, de bajo presupuesto y poco prestigio crítico en los Estados Unidos, se transformó milagrosamente en un sublime objeto de arte, en una especie de compañero fílmico del existencialismo filosófico; directores que en Norteamérica tenían a lo sumo el estatuto de artesanos hábiles, se convirtieron en *auteurs*; se postuló que cada uno de ellos escenificaba en sus películas una singular visión trágica del mundo. Pero el hecho esencial es que esta visión francesa del *film noire* ejerció una considerable influencia sobre la producción en Francia, de modo que en la propia Francia se estableció un género homólogo al "cine negro" norteamericano. Su representante más distinguido es probablemente Jean Pierre Melville con su *Samurai*. Y *Desafío* de Hill es precisamente una especie de *remake* de *Samurai*: un intento de llevar de nuevo a la propia América la mirada francesa, la paradoja de que los Estados Unidos se miren a sí mismos a través de los ojos franceses. Una vez más, si consideramos *Desafío* sólo como una película norteamericana sobre Norteamérica, resulta incomprensible: tenemos que incluir la "mirada francesa".

Nuestro último ejemplo es *El desconocido*, el *western* clásico de George Stevens. Como es bien sabido, al final de la década de 1940 estalló la primera gran crisis del *western* como género: los *westerns* puros y simples empezaron a generar una impresión de artificialidad y rutina mecánica; parecía que su fórmula estaba agotada. Los autores reaccionaron a esa crisis realzando los *westerns* con elementos de otros géneros: tenemos el *western-film noire* (*Su única salida* [*Pursued*] de Raoul Welsh, que realiza la tarea casi imposible de trasponer a un *western* el universo oscuro del *film noire*), el *western*-comedia musical (*Siete novias para siete hermanos* [*Seven Brides for Seven Brothers*]), el *western*-drama psicológico (*Fiebre de sangre* [*The Gunfighter*], con Gregory Peck), el *western*-espectáculo épico histórico (la *remake* de *Cimarrón*), y así sucesivamente. En la década de 1950, André Bazin llamó *metawestern* a este nuevo género "reflejado". Y el modo en que opera *El desconocido* sólo puede captarse contra el fondo del *metawestern: El desconocido* es la paradoja del *western*, la "metadimensión" de lo que es *el western en sí*. En otras palabras, se trata de un *western* que implica una especie de distancia nostálgica respecto del universo de los *westerns:* un *western* que, por así decirlo, funciona como su propio mito. Para explicar ese efecto de *El desconocido*, una vez más debemos referirnos a la función de la mirada. Si permanecemos en el nivel del sentido común, si no incluimos la dimensión de la mirada, surge un interrogante simple y comprensible: ya que la metadimensión de este *western* es el *western* en sí, ¿de dónde proviene la distancia entre los dos niveles? ¿Por qué el *metawestern* no coincide simplemente con el *western* en sí? ¿Por qué no tenemos un *western* simple y puro? La respuesta es que, en virtud de una necesidad estructural, *El desconocido* pertenece al contexto del *metawestern*: en el nivel de su contenido fílmico inmediato es desde luego un *western* simple y puro, uno de los más puros que se haya filmado, pero la forma misma de su contexto histórico determina que lo percibamos como *metawestern*, es decir, precisamente porque es un *western* puro por su contenido fílmico, la dimensión del "más allá del *western*" abierta por el contexto histórico sólo puede ser llenada por el *western* en sí. En otras palabras, *El desconocido* es un *western* puro *en una época en que los westerns puros ya no son posibles*, en la que el *western* es percibido desde una cierta distancia nostálgica, como un objeto perdido. Por ello resulta altamente indicativo que la historia se narre desde la perspectiva de un niño (la perspectiva de un muchachito, un miembro de la familia campesina defendida por *Shane, el desconocido* –héroe mítico que de pronto aparece no se sabe de dónde–, contra los violentos criadores de ganado). La mirada inocente, ingenua, del otro que nos fascina en la nostalgia es en última instancia la mirada de un niño.

En las nostálgicas películas "retro", entonces, la lógica de la mirada *qua* objeto aparece como tal: el objeto real de la fascinación no es la escena exhibida sino la mirada del "otro" ingenuo, absorbido, encantado por ella. En *El desconocido*, por ejemplo, la aparición misteriosa de Shane sólo nos fascina a través de la mirada "ingenua" del niño, y nunca de modo inmediato. Esa lógica de la fascinación, en virtud de la cual el sujeto ve en el objeto (en la imagen que ve) su propia mirada –es decir que en la imagen vista él "se ve viendo"–, es definida por Lacan[9] como la ilusión del autorreflejo perfecto que caracteriza la tradición filosófica cartesiana de la reflexión del sujeto sobre sí mismo. Pero ¿qué sucede en este caso con la *antinomia* entre visión y mirada? La sustancia del argumento de Lacan consiste en oponer al autorreflejo de la subjetividad filosófica la discordia irreductible entre la mirada *qua* objeto y el ojo del sujeto: lejos de ser el punto del autorreflejo autosuficiente, la mirada *qua* objeto funciona como una mancha que desdibuja la transparencia de la imagen vista. Yo nunca puedo ver adecuadamente –es decir incluir en la totalidad de mi campo visual– el punto del otro desde el cual él me mira. Como la mancha extendida de *Los embajadores*, de Holbein, este punto desequilibra la armonía de mi visión.

La respuesta a nuestro problema es clara: la función del objeto nostálgico es precisamente *ocultar* la antinomia entre el ojo y la mirada (es decir, ocultar el efecto traumático de la mirada *qua* objeto) por medio de su poder de fascinación. En la nostalgia, la mirada del otro está en cierto sentido domesticada, se la vuelve "amable", y en lugar de que irrumpa como una mancha traumática inarmónica, tenemos la ilusión de "vernos viendo", de ver la mirada en sí. En cierto sentido, podríamos decir que la función de la fascinación es precisamente cegarnos al hecho de que el otro ya está mirándonos desde antes. En la parábola de Kafka titulada "Las puertas de la ley", el hombre que aguarda a la entrada del tribunal es fascinado por el secreto que está más allá de las puertas que él tiene prohibido atravesar; finalmente, el poder de fascinación ejercido por el tribunal se desvanece. Pero ¿cómo, exactamente? Su poder se pierde cuando el guardián de la puerta le dice al hombre que, desde el principio mismo, esa entrada le estaba destinada solamente a él. En otras palabras, le dice que la cosa que lo fascinaba estaba, en cierto sentido, todo el tiempo, devolviéndole la mirada, dirigiéndose a él: desde el principio su deseo formaba parte del juego, todo el espectáculo de las Puertas de la Ley y el secreto más allá de ellas habían sido montados exclusivamente para capturar su deseo. Para que el poder de fascinación produzca su efecto, este hecho debe permanecer oculto: en cuanto el sujeto toma conciencia de que el otro lo mira (de que la puerta le está destinada exclusivamente a él), la fascinación se desvanece.

En su puesta en escena de *Tristán e Isolda*, en Bayreuth, Jean-Pierre Ponelle introdujo un cambio sumamente interesante en el argumento original wagneriano, un cambio que tiene precisamente que ver con el funcionamiento de la mirada como objeto de fascinación. En el libreto de Wagner, la resolución resume simplemente la tradición mítica: el herido Tristán se refugia en su castillo de Cornwall y espera que Isolda lo siga; cuando, a causa de un equívoco con el color de las velas del navío de Isolda, él llega a la conclusión de que ella no llegará, muere angustiado; entones se produce el arribo de Isolda con su esposo legítimo, el Rey Marke, dispuesto a perdonar a la pareja pecadora. Pero es demasiado tarde; Tristán ya ha muerto y, en una agonía extática, también muere Isolda, abrazada al cadáver del joven. Lo que hizo Ponelle fue simplemente montar el último acto como si el final de la acción real fuera la muerte de Tristán; todo lo que sigue –la llegada de Isolda y Marke, la muerte de Isolda– es sólo el delirio agónico del héroe; en realidad, Isolda simplemente había roto la promesa hecha a su amante, volviendo arrepentida a los brazos del esposo. El muy celebrado final de *Tristán e Isol-*

da, la muerte por amor de Isolda, aparece entonces como lo que es en realidad: la fantasía *masculina* de una finalmente lograda relación sexual en virtud de la cual la pareja queda unida para siempre en un éxtasis mortal, o más precisamente, en virtud de la cual *la mujer* sigue a su hombre en la muerte, en un acto de abandono extático.

Pero para nosotros lo esencial es el modo en que Ponelle montó esta aparición delirante de Isolda. Como se le aparece a *Tristán*, podríamos esperar que lo hiciera *frente* a él, fascinando así su mirada. En la puesta en escena de Ponelle, sin embargo, Tristán nos mira directamente a nosotros, los espectadores de la sala, mientras Isolda, con una iluminación deslumbrante, se desplaza *detrás* del hombre, como aquello que es "en él más que él mismo". El objeto al que Tristán mira fascinado y absorto es literalmente *la mirada del otro* (corporizada en nosotros, los espectadores), la mirada que ve a Isolda, es decir, la mirada que no sólo ve a Tristán sino también a su otro sublime, eso que es en él más que él mismo, el "tesoro", *ágalma*, que hay en él. En ese punto, Ponelle hace un uso hábil de las palabras que canta Isolda: lejos de sumergirse en una especie de trance autista, ella continuamente se dirige a la mirada del otro. "¡Amigos! ¿No veis, no podéis ver, de qué modo él [Tristán] relumbra cada vez más?" Lo que "relumbra cada vez más" en él es, desde luego, *ella misma* como la aparición iluminada que está detrás de Tristán.

Si la función de la fascinación nostálgica es entonces ocultar, apaciguar la irrupción inarmónica de la mirada *qua* objeto, ¿cómo *se produce* esta mirada? ¿Qué procedimiento cinematográfico abre, perfora el vacío de la mirada *qua* objeto en el flujo continuo de las imágenes? Nuestra tesis es que este vacío constituye el resto necesario del *montaje*, de modo que la pornografía, la nostalgia y el montaje forman una especie de "tríada" cuasi-hegeliana, en relación con el estatuto de la mirada *qua* objeto.

Slavoj Žižek

El corte hitchcockiano

El montaje

Por lo común el montaje es concebido como un modo de producir, a partir de fragmentos de lo real –trozos de registro fílmico, tomas individuales discontinuas– un efecto de "espacio cinematográfico", es decir, una realidad cinematográfica específica. Se reconoce universalmente que el "espacio cinematográfico" nunca es una simple repetición o imitación de la realidad externa, "efectiva", sino un efecto de la manipulación del montaje. Pero por lo general se pasa por alto el modo en que esta transformación de fragmentos de lo real en una realidad cinematográfica produce, por una especie de necesidad estructural, un cierto resto, un excedente que es radicalmente heterogéneo respecto de la realidad cinematográfica, pero no obstante está implícito en ella, forma parte de ella.[10] Este excedente de lo real es, en última instancia, precisamente la mirada como objeto, según lo ejemplifica del mejor modo la obra de Hitchcock.

Ya hemos señalado que el elemento fundamental del universo hitchcockiano es la denominada "mancha": la mancha en torno a la cual gira la realidad, que se introduce en lo real, el detalle misterioso que "sobresale", que no "calza" en la red simbólica de la realidad y que, como tal, indica que "algo está fuera de lugar". Y el hecho de que en última instancia esta mancha coincida con la mirada amenazante del otro es confirmado de un modo casi obvio por la famosa escena de *Pacto siniestro* en la que Guy observa desde la cancha de tenis a la multitud que presencia el juego: primero tenemos una visión general del público, con las cabezas girando a izquierda y derecha, siguiendo la pelota, pero hay una cabeza quieta, una cabeza que mira fijamente a la cámara, es decir a Guy. Entonces, la cámara se acerca rápidamente a esa cabeza inmóvil: es Bruno, vinculado a Guy por un pacto criminal. Tenemos en este caso una forma pura, por así decir, destilada, de la mirada rígida, inmóvil, que se destaca como un cuerpo extraño y perturba la armonía de la imagen, introduciendo una dimensión amenazante.

La función del famoso *travelling* hitchcockiano consiste precisamente en producir una mancha. En el *travelling* la cámara se mueve desde el plano general de la realidad al detalle que debe seguir siendo una mancha borrosa, cuya verdadera forma sólo es accesible para una "visión desde el costado", anamorfótica. La toma aísla lentamente, respecto de lo que lo rodea, el elemento que no puede integrarse en la realidad simbólica, que debe seguir siendo un cuerpo extraño para que la realidad descrita conserve su coherencia. Pero lo que nos interesa aquí es el hecho de que, en ciertas condiciones, el montaje *interviene* en el *travelling*, es decir, que el acercamiento continuo de la cámara es interrumpido por cortes. Con más exactitud, ¿cuáles son esas condiciones? En síntesis: el *travelling* debe interrumpirse cuando es subjetivo, cuando la cámara nos muestra la visión subjetiva de una persona que se acerca al objeto-mancha. Es decir que, en una película de Hitchcock, siempre que el héroe, una persona en torno a la cual está estructurada la escena, se acerca a un objeto, a una cosa, a otra persona, a algo que pueda convertirse en siniestro (*unheimlich*) en el sentido freudiano, como regla Hitchcock alterna la toma objetiva de esa persona en movimiento, en su avance hacia la Cosa siniestra, con una toma subjetiva de lo que esa persona ve, es decir, con la visión subjetiva de la Cosa. Éste es, por así decirlo, el procedimiento elemental, el grado cero del montaje hitchcockiano.

Consideremos algunos ejemplos. Cuando, hacia el final de *Psicosis*, Lilah sube la cuesta hacia la misteriosa casona, el hogar presunto de la "madre de Norman", Hitchcock alterna la toma objetiva de Lilah ascendiendo con su visión subjetiva de la vieja casa; lo mismo hace en *Los pájaros*, en la famosa escena analizada detalladamente por Raymond Bellour,[11] en la que Melanie, después de cruzar la bahía en un pequeño bote alquilado, se acerca a la casa donde viven la madre y la hermana de Mitch. Una vez más, alterna una toma objetiva de la inquieta Melanie, consciente de que se entromete en la privacidad de un hogar, con su visión subjetiva de la casa misteriosamente silenciosa.[12] Entre otros innumerables ejemplos posibles, mencionaremos sólo una escena breve, trivial, de *Psicosis*, con Marion y un vendedor de automóviles. En este caso Hitchcock emplea su procedimiento de montaje varias veces: cuando Marion se acerca al vendedor de autos; cuando, hacia el final de la escena, se aproxima un policía que ya la había hecho detener en la autopista esa misma mañana, etcétera. Mediante este procedimiento puramente formal, un incidente por completo trivial y cotidiano queda cargado con una dimensión de inquietud y amenaza, una dimensión que no puede ser suficientemente explicada por su contenido narrativo literal (es decir, por el hecho de que Marion esté comprando un auto nuevo con dinero robado y tema exponerse). El montaje hitchcockiano eleva un objeto cotidiano y trivial a la categoría de Cosa sublime: mediante una manipulación puramente formal, logra rodearlo con el aura de la angustia y el desasosiego.[13]

De modo que en el montaje hitchcockiano hay dos visiones permitidas y dos prohibidas: están permitidas la toma objetiva de la persona que se acerca a una Cosa y la toma subjetiva que presenta la Cosa tal como la persona la ve; están prohibidas la toma objetiva de la Cosa, del objeto siniestro y, sobre todo, la toma subjetiva de la persona que se acerca desde la perspectiva del objeto. Consideremos de nuevo la mencionada escena de *Psicosis* que presenta a Lilah acercándose a la casa que está en la cima de la colina: es esencial que Hitchcock muestre la Cosa amenazante (la casona) sólo desde el punto de vista de Lilah. Si hubiera agregado una toma objetiva neutra de la casa, todo el efecto misterioso se habría perdido, y nosotros (los espectadores) habríamos tenido que soportar una desublimación radical. De pronto habríamos tomado conciencia de que en la casa como tal no había nada siniestro; de que esa casa (como la "casa negra" del relato breve de Patricia Highsmith) era sólo una vieja casucha ordinaria. El efecto de desasosiego se habría "psicologizado" radicalmente; nos habríamos dicho espontáneamente a nosotros mismos:

"Ésta es sólo una casa común, todo el misterio y la angustia ligados a ella son sólo un efecto de la agitación psíquica de la heroína".

También se habría perdido el efecto siniestro si Hitchcock hubiera agregado inmediatamente una toma "subjetivizadora" de la Cosa, es decir, una toma subjetiva desde dentro de la casa. Supongamos que, mientras Lilah se acerca a la casa, en una toma trémula se la ve a través de las cortinas de una ventana mientras se escucha una respiración apagada, lo que indica que alguien de la casa la observa. Desde luego, este procedimiento, utilizado habitualmente en los *thrillers* comunes, habría intensificado la tensión; nos habríamos dicho: "¡Es terrible! Hay alguien en la casa (¿la madre de Norman?) que observa a Lilah; ¡Lilah está en un peligro mortal y no lo sabe!" Pero esa subjetivización de nuevo habría suspendido el estatuto de la mirada *qua* objeto, reduciéndola al punto de vista subjetivo de otra personalidad fílmica. El propio Sergei Einsenstein se arriesgó una vez a esa subjetivación directa, en una escena de *Lo viejo y lo nuevo* [*The Old and the New*] que celebraba el éxito de la colectivización de la agricultura soviética a fines de la década del veinte. Se trata de una escena un tanto lyssenkista que demuestra que hasta la naturaleza encuentra placer en subordinarse a las nuevas reglas de las granjas colectivas, y cómo, ejemplarmente, incluso las vacas y los toros se aparean con más ardor cuando pertenecen a *koljoses*. En un rápido *travelling*, la cámara se acerca a una vaca desde atrás, y en el segmento siguiente resulta claro que se estaba viendo lo mismo que el toro que iba a servirla... Innecesario es decir que el efecto de esta escena es tan obscenamente vulgar que llega al borde de la náusea. Lo que tenemos en este caso es realmente una especie de pornografía estalinista.

De modo que sería más sensato dejar a un lado esta obscenidad estalinista para volver a la decencia hollywoodense de Hitchcock; consideremos de nuevo la escena de *Psicosis*, con Lilah acercándose a la casa en la que presumiblemente vivía "la madre de Norman". ¿En qué consiste su dimensión siniestra? El efecto generado por esta escena, ¿no podría ser descrito del mejor modo parafraseando de nuevo las palabras de Lacan?: en un sentido, *es la casa la que ya desde antes mira a Lilah*. Lilah ve la casa, pero no puede verla en el punto desde el cual la casa la mira a ella. La situación es igual a la de un recuerdo juvenil de Lacan, al que se refiere en el *Seminario XI*. Cuando era estudiante, durante unas vacaciones, se unió a una expedición de pesca; entre los pescadores del bote había un cierto Petit-Jean que señaló una lata de sardinas vacía relumbrando al sol, arrastrada por las olas, y le dijo: "*¿Ves esa lata? ¿La ves? ¡Bien, ella no te ve a ti!*" Lacan comenta: "Si lo que Petit-Jean me dijo, a saber, que la lata no me veía, tenía algún significado, era porque, en cierto sentido, la lata me miraba de todos modos". Lo miraba porque, como explica Lacan, utilizando una noción clave del universo hitchcockiano, "yo funcionaba de algún modo como una mancha en el cuadro".[14] Entre esos pescadores sin educación, que se ganaban la vida con gran dificultad, él estaba realmente fuera de lugar, era "el hombre que sabía demasiado".

La pulsión de muerte

Los ejemplos que hemos analizado hasta aquí han sido deliberadamente elementales, de modo que concluiremos con el análisis de una escena en la que el montaje hitchcockiano forma parte de una totalidad compleja: una escena de *Sabotaje*, en la que Sylvia Sidney mata a Oscar Homolka con un cuchillo. Sylvia y Oscar están cenando juntos; Sylvia se encuentra aún en un estado de *shock*, por haberse enterado poco tiempo antes de que Oscar, su esposo, es un saboteador, culpable de la muerte de su hermano menor, destrozado por una bomba colocada en un ómnibus. Cuando Sylvia lleva a la mesa una fuente, el cuchillo que está sobre ella actúa como un imán. Es casi como si la mano de Sylvia, contra su voluntad, tuviera que aferrarlo, pero la mujer no se decide. Oscar, que hasta entonces había conversado sobre temas triviales y cotidianos, percibe el hechizo que el cuchillo ejerce sobre Sylvia, y toma conciencia de la posible significación del objeto para él. Se pone de pie y rodea la mesa, acercándose a la mujer. Cuando ambos están cara a cara, extiende la mano hacia el cuchillo, pero no puede realizar el acto, permitiendo que *ella* lo tome rápidamente. A continuación la cámara muestra sólo los rostros y los hombros de los dos personajes, de modo que no está claro lo que sucede con sus manos; de pronto, él emite un grito breve. Está herido y cae, sin que sepamos si Sylvia lo acuchilló o fue el propio Oscar quien, en un gesto suicida, se arrojó sobre la hoja.

Lo primero que merece advertirse es que el acto del asesinato resulta del encuentro de dos gestos amenazantes obstaculizados y frustrados.[15] Tanto la reacción de Sylvia al cuchillo como el movimiento de Oscar hacia el mismo objeto satisfacen la definición lacaniana del gesto amenazante: no es un gesto interrumpido (es decir, un gesto que se intenta realizar, completar, pero que es frustrado por un obstáculo interno), sino todo lo contrario: algo ya hecho, iniciado, para *no* completarse, no ser llevado a su conclusión, para decirlo también con las palabras de Lacan.[16] La estructura misma del gesto amenazante es, entonces, la de un acto histérico, teatral, un gesto escindido, a medias impedido, un gesto que no puede realizarse, no a causa de un obstáculo interno sino debido a que es en sí mismo la expresión de un deseo contradictorio y en conflicto consigo mismo: en este caso el deseo de Sylvia de apuñalar a Oscar, y al mismo tiempo, la prohibición que bloquea la realización de ese deseo. El movimiento de Oscar (cuando, después de tomar conciencia de la intención de la mujer, se pone de pie y va hacia ella) es también contradictorio, está escindido en un deseo de autopreservación que lo lleva a arrebatar el cuchillo y dominar a la mujer, y el deseo masoquista de ofrecerse como víctima, un deseo condicionado por su morboso sentimiento de culpa. El acto exitoso (el acuchillamiento de Oscar) resulta entonces del encuentro de dos actos escindidos, fallidos, obstaculizados: el deseo de Sylvia de apuñalarlo se encuentra con el propio deseo de Oscar de ser muerto y castigado. Aparentemente, Oscar se acerca para defenderse, pero ese movimiento es al mismo tiempo sostenido por el deseo de ser acuchillado, de modo que, en última instancia, no tiene ninguna importancia quién de los dos realizó "realmente" el gesto crucial (¿impulsó Sylvia el cuchillo o se arrojó Oscar sobre la hoja?). El "asesinato" resulta de la superposición, del acuerdo entre el deseo de él y el deseo de ella.

En relación con el lugar estructural de este deseo masoquista de Oscar, debemos referirnos a la lógica del fantasma elaborada por Freud en su artículo "Pegan a un niño".[17] Allí Freud articula el modo en que la forma final de la escena fantaseada ("un niño es pegado") presupone dos fases previas. La primera es "mi padre pega al niño (mi hermano, alguien que es mi doble y rival)". La segunda es la inversión masoquista de la fase sádica ("yo soy pegado por mi padre"), mientras que la tercera fase, la forma final de la fantasía, hace indistinto, neutraliza al sujeto (¿quién es el que pega?), tanto como al objeto (¿a qué niño se pega?), en la expresión impersonal "un niño es pegado". Según Freud, el papel crucial es el de la *segunda* fase, la fase masoquista: allí reside el trauma real, ésa es la fase radicalmente reprimida, es decir, la fase a la que la conciencia tiene absolutamente prohibido el acceso. En el fantaseo del niño han desaparecido las huellas de dicha etapa, y sólo podemos *construirlas* retroactivamente sobre la base de indicios que apuntan al hecho de que *algo falta* entre "mi padre pega al niño" y "un niño es pegado". Puesto que no podemos transformar inmediatamente la primera forma en la tercera forma, bien definida, Freud infiere que debe intervenir una forma intermedia:

> Esta segunda fase es la más importante y trascendental. Pero podemos decir de ella que en cierto sentido nunca ha tenido existencia real. Nunca es recordada, nunca ha logrado hacerse consciente. Es una construcción del análisis, aunque no por ello menos necesaria.[18]

La segunda forma del fantasma es, entonces, lo Real lacaniano: un punto que nunca aparece "en la realidad (simbólica)", que nunca ha sido inscrito en la trama simbólica, pero que, no obstante, debe presuponerse como una especie de "eslabón perdido" que garantiza la coherencia de la realidad simbólica en sí. Y nuestra tesis es que los asesinatos hitchcockianos (además de la muerte de Oscar en *Sabotaje*, mencionaremos la caída final del saboteador de la Estatua de la Libertad en *Saboteador*, y el asesinato de Gromek en *La cortina rasgada* [*Thorn Curtain*]) son gobernados por una lógica homóloga. La primera fase es siempre sádica; consiste en nuestra identificación con el héroe que finalmente tiene la oportunidad de darle su merecido al villano: estamos impacientes por ver a Sylvia terminar con el perverso Oscar, por ver al norteamericano decente empujar al saboteador nazi por sobre la valla, por ver a Paul Newman sacarse de encima a Gromek, etcétera. Desde luego, la fase final es la inversión compasiva: cuando vemos que el "villano" es en realidad un ser desvalido, quebrado, nos abruma la compasión y la culpa. Somos castigados por nuestros anteriores deseos sádicos: en *Saboteador*, el héroe trata desesperadamente de *salvar* al villano aferrado a su manga, cuyas costuras se van desgarrando una a una; en *Sabotaje*, Sylvia abraza compasivamente al agonizante Oscar, para que no se golpee en el piso; en *La cortina rasgada*, la estructuración misma del acto del asesinato, la torpeza de Paul Newman y la resistencia desesperada de la víctima, hace que toda la situación resulte repugnante y penosa, apenas soportable.

En un primer enfoque, parecería posible pasar directamente de la primera fase a la tercera, es decir, del placer sádico ante la destrucción inminente del villano a una sensación de culpa y compasión. Pero, si esto fuera todo, Hitchcock sería simplemente una especie de moralista que nos muestra el precio de nuestro deseo sádico: "tu querías que mataran al villano; ahora lo has conseguido y debes sufrir las consecuencias". No obstante, siempre hay en Hitchcock una fase intermedia. El deseo sádico de que el villano sea muerto es seguido por la súbita percatación de que en realidad ya es el propio "villano" quien, de un modo sofocado, pero sin embargo inequívoco, siente disgusto por su propia corrupción y quiere ser liberado de esa presión insoportable por medio del castigo, es decir, muriendo. Se trata del delicado momento en que tomamos conciencia de que el deseo del héroe (y por lo tanto nuestro deseo como espectadores) de aniquilar al "villano" *ya es el deseo del propio "villano"*. Por ejemplo, en *Sabotaje*, es el momento en que está claro que el deseo de Sylvia de apuñalar a Oscar coincide con el deseo de Oscar de exculparse con su muerte. Esta constante presencia implícita de una tendencia a la autoaniquilación, del goce que se encuentra en provocar la propia ruina –en síntesis, de la "pulsión de muerte"–, es lo que le presta al "villano" de Hitchcock su encanto ambiguo, y es al mismo tiempo lo que nos impide pasar inmediatamente del sadismo inicial a la compasión final: la compasión se basa en que sabemos que el propio villano conoce su culpa y quiere morir. En otras palabras, la compasión sólo surge cuando tomamos conciencia de la actitud *ética* contenida en la posición subjetiva del villano.

Ahora bien, ¿qué tiene que ver todo esto con el montaje hitchcockiano? Volvamos a la escena ya analizada de *Sabotaje*: el rasgo decisivo de esa escena consiste en que, aunque su centro emocional es Sylvia y su terrible tensión, la mujer es el objeto y Oscar es el sujeto. De modo que es la perspectiva subjetiva *de él*, la ruptura de esta perspectiva, lo que articula el ritmo de la escena, lo que, por así decir, deletrea su despliegue. Al principio, Oscar continúa con la habitual conversación de la cena, sin advertir en absoluto la extrema tensión de Sylvia. Cuando el cuchillo la paraliza en una rigidez histérica, el sorprendido Oscar le dirige una mirada y toma conciencia del deseo de la mujer. Esto introduce la primera escansión; se interrumpe la charla hueca y Oscar advierte con claridad la intención de Sylvia. De inmediato él se pone de pie y avanza. Esta parte de la acción está filmada con el montaje hitchcockiano: primero la cámara nos muestra a Oscar rodeando la mesa para acercarse a Sylvia, y después a la propia Sylvia paralizada, inflexible, tal como la ve Oscar, mirándolo fijamente con desesperación, como si le pidiera ayuda para decidirse. Cuando se encuentran cara a cara, él mismo se paraliza y le permite a *ella* aferrar el cuchillo; después pasamos a una toma de sus cabezas intercambiándose miradas intensas, de modo que no vemos lo que ocurre más abajo. De pronto él emite un grito incomprensible. Toma siguiente: un primer plano de la mano de Sylvia sosteniendo el cuchillo clavado profundamente en el cuerpo de Oscar. A continuación lo abraza, como en un acto de compasión, antes de que él caiga al suelo. De modo que el hombre por cierto la ayudó: al acercarse, le hizo saber que había aceptado el deseo de ella como su propio deseo, es decir, que él también quería morir. No sorprende entonces que después Sylvia lo abrace con compasión: por así decirlo, él había hecho la mitad del camino, la había liberado a ella de una tensión insoportable.[19]

El momento del montaje hitchcockiano –cuando Oscar avanza hacia Sylvia– es entonces el momento en que Oscar acepta como propio el deseo de ella o, para remitirnos a la definición lacaniana del deseo del histérico como el deseo del otro, el momento en que Oscar es histerizado. Cuando vemos a Sylvia a través de los ojos de Oscar, en la toma subjetiva de la cámara que se acerca a ella, somos testigos del momento en que Oscar toma conciencia de que el deseo de Sylvia coincide con el suyo, es decir, de que él mismo anhela morir. Es el momento en que asume la mirada letal del otro.

NOTAS

1. Jacques Lacan, "God and the *Jouissance* of The Woman", en J. Mitchel y J. Rose (comps.), *Feminine Sexuality: Jacques Lacan and the École Freudienne*, Nueva York, Norton, 1982, pág. 147.

2. En este sentido, la posición subjetiva perversa se diferencia claramente de las posiciones del neurótico obsesivo y el psicótico. Tanto el perverso como el neurótico obsesivo se obligan a una actividad frenética al servicio del Otro; no obstante, la diferencia consiste en que la meta de la actividad obsesiva es *prevenir* el goce del Otro (es decir que la "catástrofe" que teme que se producirá si su actividad cesa es en última instancia la irrupción del goce en el Otro), mientras que el perverso trabaja, precisamente, *para asegurar* que se

satisfaga la "Voluntad de Gozar" del Otro. Por ello el perverso está también libre de la duda y oscilación eternas que caracterizan al obsesivo: él simplemente da por sentado que su actividad sirve para el goce del Otro. Por otra parte, el psicótico es él mismo *el objeto* del goce del Otro, su "complemento" (como en el caso de Schreber, el célebre paranoico cuyas memorias analizó Freud, y que se concebía como compañera sexual de Dios): es el Otro quien trabaja sobre él, mientras que el perverso, es sólo un instrumento, una herramienta neutra que trabaja para el Otro.

3. Cf. Jacques Lacan, *Écrits*, págs. 774-75.

4. La otra determinación, de algún modo complementaria, de la economía simbólica totalitaria (una determinación que en contraste con la primera, es más característica del totalitarismo de extrema derecha) también consiste en una especie de cortocircuito, sólo que en este caso no ocurre entre sujeto y objeto (el sujeto es reducido a la condición de objeto instrumento del Otro), sino entre la significación ideológica generada por el código simbólico (el Otro), y los fantasmas por medio de los cuales oculta su inconsistencia, su falta, el Otro de la ideología. En los matemas del "grafo del deseo" lacaniano, el cortocircuito se produce entre $s(A)$ y $\$ \lozenge a$ (cf. Jacques Lacan, *Écrits: A selection*, pág. 313). Consideremos el caso del neoconservadurismo: en el nivel del significado, $s(A)$, esta ideología nos ofrece un campo de sentido estructurado en torno a la oposición entre el humanismo secular, igualitario, y los valores de la familia, la ley y el orden, la responsabilidad y el esfuerzo personal; dentro de este campo, la libertad no sólo es amenazada por el comunismo, sino también por la burocracia del Estado benefactor, etcétera. Pero, al mismo tiempo, entre líneas, en un nivel tácito –es decir, sin mención directa, de modo implícito, como un supuesto mudo del discurso– esta ideología reactiva toda una serie de fantasmas, sin los cuales no podemos explicar su eficiencia, el hecho de que cautive a los sujetos de un modo tan apasionado: fantasmas sexistas sobre la amenaza que representa para los hombres la ingobernable sexualidad femenina "liberada"; la imagen fantasmática racista del "blanco-anglosajón-protestante" como encarnación del Hombre *qua* Hombre, y de que debajo de la piel de cada negro, amarillo, etcétera, hay un norteamericano blanco que anhela emerger; la fantasía de que el "otro" (el enemigo) se empeña en robarnos nuestro goce, tiene acceso a algún goce oculto, inaccesible para nosotros, etcétera. Todo el neoconservadurismo se basa en esa diferencia, reposa en fantasmas que no pueden poner en palabras, integrar al campo de su significación

ideológica. Y atravesamos la frontera que separa al neoconservadurismo del totalitarismo derechista precisamente cuando se produce el cortocircuito entre el campo de la significación y esos fantasmas, es decir, cuando los fantasmas invaden directamente el campo de la significación, cuando son mencionados de modo directo, como por ejemplo en el nazismo, que articula abiertamente (incluye en el campo de su significado ideológico) la trama total de los fantamas sexuales, etcétera, que sirven de soporte al antisemitismo. La ideología nazi afirma abiertamente que los judíos seducen a nuestras hijas inocentes, que son capaces de placeres perversos, etcétera; a aquellos a quienes se dirige no les queda nada por conjeturar. Allí reside el grano de verdad de la sabiduría común, según la cual la diferencia entre la derecha "moderada" y la "radical" consiste sólo en que la última dice abiertamente lo que la primera piensa sin atreverse a decir.

5. Jacques Lacan, *The Four Fundamental Concepts of the Psycho-Analysis*, pág. 109.

6. Precisamente porque en la pornografía la imagen *no* nos devuelve la mirada –es decir, porque es uniforme, sin ninguna mancha misteriosa que haya que "mirar al sesgo" para que asuma una forma distinta–, la prohibición fundamental que determina la dirección de la mirada de los actores en la pantalla queda suspendida: en una película pornográfica, lo habitual es que la mujer, en el momento del placer sexual intenso, mire directamente a la cámara, encarándonos a nosotros, los espectadores.

7. Esta paradoja del "saber imposible" inscrito en el modo en que las personas reaccionan en la pantalla es mucho más interesante que lo que parece a primera vista; por ejemplo, nos ofrece una clave para explicar la lógica de los cameos de Hitchcock en sus propios filmes. ¿Cuál es, sin duda alguna, su peor película? *Topaz*. En ella Hitchcock aparece en una silla de ruedas en el salón de un aeropuerto, tal vez como metáfora de una creatividad definitivamente baldada. En su última película, *Trama macabra*, su figura es una sombra en la ventana de la oficina del registro civil: se diría que nos informa que ya está cerca de la muerte... Todos sus cameos revelan un "saber imposible" de ese tipo: parece capaz de asumir por un instante una posición de puro metalenguaje, verse objetivamente a sí mismo y ubicarse en el cuadro.

8. Cf. Fredric Jameson, "Postsmodernism, or the Cultural Logic of Late Capitalism", en *New Left Review* 146, 1984.

9. Jacques Lacan, *The Four Fundamental Concepts of the Psycho-Analysis*, pág. 74.

10. Este problema fue planteado por primera vez por Noel Burch en su teoría del *hors-champ*, es decir un campo que está fuera de la pantalla, un exterior específico implícito, constituido por el interjuego del campo y el contracampo filmados. Cf. Noël Burch, *The Theory of Film Practice*, Nueva York, Praeger, 1973. [Ed. cast.: *Praxis del cine*, Madrid, Fundamentos, 1986.]

11. Cf. Raymond Bellour, *L'analyse du film*, París, Édition Albatros, 1979.

12. No es de ningún modo una coincidencia que en ambos casos el objeto al que se aproxima el héroe sea una *casa*. A propósito de *Tuyo es mi corazón*, Pascal Bonitzer ha desarrollado un teoría detallada de la casa en la obra de Hitchcock como lugar de un secreto incestuoso; cf. Pascal Bonitzer, "Notorious", en *Cahiers du cinéma* 358, 1980.

13. Hitchcock le toma el pelo al espectador de un modo irónico, amigablemente sádico, teniendo precisamente en cuenta esta brecha entre el procedimiento formal y el contenido al que se aplica, es decir, el hecho de que la angustia resulta de un procedimiento puramente formal. Primero, por medio de una manipulación formal, le presta a un objeto trivial cotidiano, un aura de misterio y angustia; a continuación resulta manifiesto que este objeto *es*, en efecto, un objeto cotidiano. El caso más conocido se encuentra en la segunda versión de *El hombre que sabía demasiado.* En una calle suburbana de Londres, James Stewart se aproxima a un desconocido solitario, con el cual, en silencio, intercambia miradas; se crea una atmósfera de tensión y angustia, parece que el extraño amenaza a Stewart, pero pronto descubrimos que la desconfianza de este último era totalmente infundada; el hombre era sólo un transeúnte accidental.

14. Jacques Lacan, *The Four Fundamental Concepts of the Psycho-Analysis*, págs. 95-96.

15. Cf. Mladen Dolar, "L'agent secret: le spectateur qui en savait trop", en Slavoj Žižek, ed., *Tout ce que Vous avez toujours voulu savoir sur Lacan sans jamais oser le demander à Hitchcock*, París, Navarin, 1988. [Ed. cast.: *Todo lo que usted quería saber sobre Lacan y nunca se atrevió a preguntarle a Hitchcock*, Buenos Aires, Manantial, 1994.]

16. "¿Qué es un gesto? ¿Un gesto amenazante, por ejemplo? No es un golpe interrumpido. Es sin duda algo que se hace para ser detenido y suspendido." Jacques Lacan, *The Four Fundamental Concepts of the Psycho-Analysis*, pág. 116.

17. Cf. Sigmund Freud, "A Child is Being Beaten", en *The Standard Edition*, vol. 17, 1955. [Ed. cast.: "Pegan a un niño", en *OC*.]

18. Ibíd., pág. 185.

19. François Truffaut no sólo ha señalado que esta escena "casi sugiere suicidio más bien que asesinato", sino que también trazó un paralelo entre la muerte de Oscar y la muerte de Carmen: "Es como si Oscar Homolka se permitiera ser asesinado por Sylvia Sidney. Próspero Mérimée imaginó la muerte de Carmen basándose en el mismo principio dramático: la víctima impulsa su cuerpo hacia adelante para encontrar la puñalada fatal del asesino". (F. Truffaut, *Hitchcock*, Londres, Panther Books, 1969, pág. 120.)

III

Fantasía, burocracia, democracia

7. *El* sinthome *ideológico*

La mirada y la voz como objetos

La dimensión de lo acousmatique

Es probable que el lector familiarizado con la teoría contemporánea considere "la mirada" y "la voz" como objetivos primarios del esfuerzo derrideano de desconstrucción: ¿qué es la mirada sino *theōría* que capta "la cosa en sí" en la presencia de su forma o en la forma de su presencia?; ¿qué es la voz, sino el medio de la pura autoafección que permite la presencia para sí del sujeto hablante? La meta de la desconstrucción consiste precisamente en demostrar que la mirada está desde siempre determinada por la red infraestructural, la cual delimita lo que puede verse respecto de lo que permanece no visto, y por lo tanto se sustrae a la captura por la mirada: la mirada está desde siempre determinada por el margen o marco que no se puede explicar con ninguna reapropiación autorreflexiva. En concordancia con esto, la desconstrucción demuestra que la presencia para sí de la voz está desde siempre escindida/diferida por el trazo de la escritura. No obstante, debemos observar la disparidad radical que existe entre la desconstrucción posestructuralista y Lacan, quien describe la función de la mirada y la voz de una manera casi exactamente opuesta. Para Lacan, estos objetos no están del lado del *sujeto* sino del lado del *objeto*. La mirada marca el punto del objeto (el punto de la imagen) desde el cual el sujeto que ve ya es *mirado*, es decir que el objeto me está mirando. Lejos de asegurar la presencia para sí del sujeto y su visión, la mirada funciona entonces como una mancha, una zona confusa que perturba la visibilidad transparente del cuadro e introduce una división irreductible en mi relación con la imagen: yo nunca puedo verla en el punto desde el cual me mira; la visión y la mirada son constitutivamente asimétricos. La mirada como objeto es una mancha que me impide mirar la imagen desde una distancia segura, "objetiva"; me impide enmarcarla como algo que está a disposición de mi visión que aprehende. La mirada, por así decirlo, es un punto en el cual el marco mismo (de mi visión) está ya inscrito en el contenido de la imagen que veo. Desde luego, lo mismo ocurre con la voz como objeto: esta voz (por ejemplo, la voz del superyó, que se dirige a mí sin pertenecer a ningún portador en particular) funciona también como una mancha cuya presencia inerte se entromete como un cuerpo extraño y me impide lograr la identidad conmigo mismo.

Para aclarar este punto, recordemos de nuevo el procedimiento clásico de Hitchcock que hemos examinado en el capítulo anterior: ¿cómo filma este director una escena en la cual el sujeto se acerca a algún objeto misterioso, siniestro, por lo general una casa? Lo hace alternando la visión subjetiva del objeto (la casa) y una toma objetiva del sujeto en movimiento. ¿Por qué este procedimiento formal provoca por sí mismo angustia? ¿Por qué se vuelve siniestro el objeto al que el personaje se acerca? Precisamente encontramos aquí la mencionada dialéctica de la visión y la mirada: el sujeto ve la casa, pero lo que provoca angustia es la sensación indefinible de que la casa está de algún modo mirándolo, y que lo hace desde un punto que se sustrae totalmente a su visión y por lo tanto lo deja totalmente desamparado. Esta situación es traducida perfectamente por una frase de Lacan: "Nunca me miras [al lugar] desde donde yo te veo".[1]

El estatuto paralelo de la voz como objeto ha sido elaborado por Michel Chion a propósito de la noción de *la voix acousmatique*, la voz sin portador, que no puede atribuirse a ningún sujeto y sobrevuela en algún espacio intermedio indefinido. Esta voz es implacable precisamente porque es imposible ubicarla, porque no forma parte de la "realidad" narrativa ni del acompañamiento sonoro (el comentario, la música de fondo); pertenece más bien a ese dominio misterioso designado por Lacan como el "entre dos muertes". La primera asociación que se nos ocurre es otra película de Hitchcock, *Psicosis*. Según lo ha demostrado Chion en su brillante análisis, el problema central de *Psicosis* debe ubicarse en un nivel formal, y tiene que ver con la relación de cierta voz (la "voz de la madre") con el cuerpo que esa voz busca.[2] Finalmente, la voz encuentra un cuerpo, pero no el de la madre, sino que se adhiere artificialmente al cuerpo de Norman. La tensión creada por la voz errante puede también explicar el efecto de alivio, incluso la belleza poética de la *désacousmatisation*, en el momento en que la voz finalmente encuentra su portador, como en *Mad Max II* [*The Road Warrior*], de George Miller. Al principio de la película, la voz de un anciano presenta la historia mientras vemos a Mad Max solo en el camino. Recién al final resulta claro a quién pertenece esa voz y esa mirada: al niño salvaje armado con un *boomerang* que más tarde se convierte en jefe de su tribu y les cuenta los hechos a sus descendientes. La belleza de la inversión final reside en su carácter inesperado: ambos elementos (la mirada-voz y la persona que es su portadora) están desde el principio, pero sólo al final se establece la conexión y la mirada-voz queda ligada a una de las personas de la realidad fílmica.[3]

La *voix acousmatique*, en cuanto no está anclada en una fuente específica, localizada en un lugar preciso, funciona como una amenaza que acecha en todas partes. Michel Chion señala con perspicacia que el efecto de la voz de la madre en *Psicosis* se habría desvirtuado si la banda sonora hubiera sido grabada en *Dolby Stereo*:[4] su presencia flotante y omnímoda es la de un *objeto no-subjetivizado*, es decir, de una voz-objeto sin soporte en un sujeto que sea su fuente. En este sentido, la *dé-*

sacousmatisation equivale a la *subjetivización*, como lo ejemplifica la injustamente mal apreciada *Cuando llama un extraño* [*When a stranger calls*], quizá la mejor variación sobre el tema de un extraño que molesta y aterroriza por teléfono a alguien. La primera parte de la película es narrada desde el punto de vista de una joven *baby-sitter* que está trabajando en una mansión suburbana. Los dos niños duermen en el segundo piso, mientras ella mira televisión en la sala de estar, en la planta baja. Un extraño comienza a llamar por teléfono una y otra vez, repitiendo siempre la misma pregunta: "¿Sabes cómo están los niños?" La joven pide ayuda a la policía, la cual le aconseja que cierre todas las puertas y ventanas, y trate de conversar y retener en el teléfono al acosador para que ellos puedan rastrear las llamadas. Después de que el extraño insista varias veces más, quien se comunica con la *baby-sitter* es la policía: han logrado identificar el aparato desde el que habla el criminal, *y está en la misma casa*. El extraño ha estado adentro todo el tiempo, cerca de la joven; ya ha asesinado brutalmente a los niños y llama desde la habitación de ellos. El asesino desconocido aparece hasta este punto como una amenaza informe, una *voix acousmatique* sin cuerpo, un objeto con el cual no es posible ninguna identificación. Pero la película da entonces un giro astuto, ofreciéndonos la perspectiva narrativa del propio asesino patológico. La parte central del film describe la vida cotidiana miserable de este individuo solitario, desamparado, que pasa la noche en los refugios del Ejército de Salvación, que vaga por bares desolados y trata desesperadamente de establecer contacto con algún prójimo, de modo que cuando el detective contratado por los padres de los niños asesinados lo acorrala y está a punto de acuchillarlo, toda nuestra simpatía está ya del lado del criminal. En sí misma, cada una de estas dos perspectivas narrativas es totalmente común. Si la totalidad de la película hubiera sido narrada desde el punto de vista de la *baby-sitter*, sólo habríamos tenido una historia más de "terror telefónico", sobre un desconocido que aterroriza a una víctima inocente. Por otra parte, el punto de vista del delincuente habría dado por resultado un *thriller* psicológico corriente, sobre el universo patológico del asesino. Todo el efecto subversivo proviene del cambio de perspectiva, del hecho de que se nos traslada al punto de vista del asesino *después* de que nos haya sido presentado como un lugar aterrador de lo real, un lugar con el cual es imposible identificarse. Este cambio de perspectiva da origen a una experiencia inquietante: de pronto, el objeto que hasta entonces nos parecía inalcanzable-imposible, comienza a hablar, se subjetiviza.[5]

El go-sentido en la ideología

El ejemplo de *voix acousmatique* con las consecuencias de mayor alcance para una crítica de la ideología es *Brazil*, de Terry Gillian. "Brazil" es la canción estúpida de la década de 1950 que resuena compulsivamente a lo largo de la película. Esta música, cuyo estatuto no está nunca totalmente claro (no se sabe cuándo forma parte de la realidad narrada, y cuándo es un comentario añadido como música de fondo), encarna, por medio de su desagradable repetición estrepitosa, el superyó imperativo del goce idiota. En pocas palabras, "Brazil" es el contenido del fantasma del protagonista, el sostén, el punto de referencia que estructura su goce, y precisamente por esta razón nos permite demostrar la ambigüedad fantasmática fundamental. A lo largo del film, parece que el ritmo intrusivo e idiota de esa música sirve como sostén del goce totalitario, es decir, condensa el marco fantasmático del orden social totalitario "loco" que la película describe. Pero al final, cuando la tortura salvaje parece haber quebrado la resistencia del héroe, él se sustrae comenzando a silbar "Brazil". Aunque funciona como sostén del orden totalitario, el fantasma es al mismo tiempo el resto de lo real que nos permite "sustraernos", preservar una especie de distancia respecto de la red sociosimbólica. Cuando nuestra obsesión con el goce idiota nos enloquece, ni siquiera la manipulación totalitaria puede alcanzarnos.

Encontramos el mismo fenómeno de la *voix acousmatique* en *Lili Marleen*, de Fassbinder: en la película, esa popular canción de amor de los soldados alemanes se reitera hasta el cansancio, y la repetición interminable transforma una melodía grata en un parásito insoportable que no nos abandona ni por un momento. También en este caso el estatuto de la melodía es confuso: el poder totalitario (personificado por Goebbels), trata de manipularla, usarla para captar la imaginación de los soldados agotados, pero esa música se le va de las manos como un genio liberado de la lámpara. Comienza a llevar una vida propia, nadie puede controlar sus efectos. El rasgo crucial de la película de Fassbinder es esta insistencia en la total ambigüedad de "Lili Marleen": una canción de amor nazi promocionada con recursos propagandísticos de todo tipo, por cierto, pero que al mismo tiempo está, al borde de convertirse en un elemento subversivo capaz de abrirse paso desde la misma máquina ideológica que le da sustento, por lo cual corre siempre el riesgo de ser prohibido. Este fragmento del significante impregnado de goce idiota es lo que Lacan, en la última etapa de su enseñanza, denominó *le sinthome. Le sinthome* no es el síntoma, el mensaje codificado que hay que descifrar por medio de la interpretación, sino la letra carente de sentido que de modo inmediato produce "goce en el sentido", "*go-sentido*": *jouis-sense* (en francés, *jouissance* es goce, y *sense*, sentido).[6] Si consideramos el papel del *sinthome* en la construcción del edificio ideológico, nos vemos obligados a repensar la crítica de la ideología. Habitualmente se concibe la ideología como un discurso: un encadenamiento de elementos cuyo sentido está sobredeterminado por su articulación específica, es decir, por el modo en que un "punto nodal" (el significante amo de Lacan) los totaliza en un campo homogéneo. Podríamos referirnos aquí al ya clásico análisis de Laclau sobre el modo particular en que los elementos ideológicos funcionan como "significantes flotantes" cuyos significados son fijados retroactivamente por la operación de la hegemonía (por ejemplo, "comunismo" opera como un punto nodal que especifica el significado de todos los otros elementos ideológicos: "libertad" se convierte en "libertad efectiva", opuesta a la "libertad formal burguesa"; "Estado" pasa a ser "el medio para la opresión de clase", etcétera).[7] Pero cuando tomamos en cuenta la dimensión del *sinthome* ya no basta con denunciar el carácter artificial de la experiencia ideológica, ni con demostrar el modo en que el objeto que la ideología experimenta como "natural" y "dado" es una construcción discursiva, resultado de una red de sobredeterminaciones simbólicas; ya no basta con ubicar el texto ideológico en su contexto, en sacar a luz sus márgenes necesariamente pasados por alto. Lo que debemos hacer (lo que hacen Gillian y Fassbinder), por el contrario, es *aislar* el *sinthome* del contexto en virtud del cual ejerce su poder de fascinación, para exponer la estupidez total de ese *sinthome*. En otras palabras, debemos realizar la operación de convertir el regalo precioso en un regalo de mierda (como dice Lacan en su *Seminario XI*),[8] la operación de experimentar la voz fascinante, mesmerizadora, como un fragmento de lo real, repulsivo y carente de sentido. Este tipo de "extrañamiento" es tal vez más radical que el *Verfremdung* brechtiano: no genera distancia situando el fenómeno en su totalidad histórica, sino haciéndonos experimentar la nulidad total de su realidad inmediata, de su estúpida presencia material que se sustrae a la mediación histórica. En este caso no *sumamos* la mediación dialéctica, el contexto que le da sentido al fenómeno, sino que *lo restamos*. El espectáculo de *Brazil* o *Lili Marleen* no escenifica ningún tipo de "verdad reprimida del totalitarismo", no confronta la lógica totalitaria con su "verdad". Al aislar el núcleo horrendo de su goce idiota, sencillamente disuelve el totalitarismo como lazo social efectivo.

Exactamente en este límite está situada una escena sublime y al mismo tiempo penosa de *El imperio del sol*, de Spielberg. El pequeño Jim, detenido en un campo japonés de prisioneros cercano a Shanghai, observa a los *kamikazes* realizar sus rituales antes de la lucha final. Une al canto de ellos su propio himno, en lengua china, tal como lo había aprendido en la iglesia. Ese canto, incomprensible para todos los presentes, tanto para los japoneses como para los ingleses, es una voz fantasmática. Su efecto es obsceno, no porque incluya algo "sucio", sino porque a través de él Jim descubre su intimidad más profunda, la esfera más íntima de su ser. A través del himno revela públicamente el objeto que hay en él, el *ágalma* o tesoro oculto que sostiene su identidad. Todos se sienten de algún modo molestos (como cuando alguien nos descubre *demasiadas* cosas de él mismo), aun cuando escuchan con una especie de respeto indefinido. Lo crucial es el cambio en la calidad de la voz de Jim: en cierto punto, su voz ronca, seca, solitaria, comienza a vibrar armoniosamente, acompañada por órgano y coro. Está claro que hemos cambiado de perspectiva, pasando del modo en que lo oyen los otros, al modo en que se oye el propio Jim: pasamos de la realidad al espacio fantasmático.

No es casual que estas tres películas describan un universo totalitario en el cual el sujeto sólo puede sobrevivir aferrándose a alguna voz superyoica que le permita eludir la completa pérdida de la realidad (las canciones "Brazil" y "Lili Marleen", que dan título a las películas, el himno de Jim). Como lo ha señado Lacan, nuestro sentido de la realidad nunca se basa exclusivamente en una prueba de realidad (*Realitätsprüfung*); para sostenerse, la realidad necesita siempre un cierto mandato superyoico, un cierto "¡Entonces, sea!" El estatuto de la voz que pronuncia este mandato no es imaginario ni simbólico, es *real.*

"AMA A TU *SINTHOME* COMO A TI MISMO"

Una letra más allá del discurso

Hemos llegado ahora a la dimensión más radical de la brecha que separa al último Lacan de la versión convencional de su teoría. El límite en el Lacan "clásico" es el límite *del discurso*; el discurso es el campo del psicoanálisis, y se define el inconsciente como "discurso del Otro". Hacia fines de la década de 1960, Lacan le dio una forma definida a su teoría del discurso, por medio de los cuatro discursos (del amo, de la universidad, de la histérica, del analista), es decir, los cuatro tipos posibles de vínculo social, o cuatro articulaciones posibles de la red que regula las relaciones intersubjetivas.[9] El primero es el *discurso del amo*: un cierto significante (S_1) representa al sujeto ($\$$) para otro significante o, más precisamente, para todos los otros significantes (S_2). Desde luego, el problema está en que esta operación de representación significante siempre produce algún excedente perturbador, algún resto o "excremento" designado por una *a*. Los otros discursos son sencillamente tres intentos distintos de "conciliarse" con ese remanente (el célebre *objet petit a*), de relacionarse exitosamente con él.

- El *discurso de la universidad* toma este resto como su objeto inmediato, su "otro", e intenta transformarlo en un "sujeto", aplicándole la red del "saber" (S_2). Ésta es la lógica elemental de los procedimientos pedagógicos: a partir de un objeto "no domesticado" (el niño no socializado), producimos un sujeto al implantarle saber. La verdad reprimida de este discurso es que, detrás del semblante del saber neutral que intentamos impartirle al otro, siempre podemos ubicar el gesto del amo.
- El *discurso de la histérica* comienza en el lado opuesto. Su elemento constitutivo básico es la pregunta dirigida al amo: "¿Por qué soy lo que tú dices que soy?" Esta pregunta surge como la reacción de la histérica a lo que Lacan, a principios de la década de 1950, denominó "palabra fundante", el mandato simbólico que, al nombrarme, define y establece mi lugar en la red simbólica: "Tú eres mi amo (o mi maestro, mi esposa, mi rey...)". A propósito de esta palabra fundante, siempre se plantea una cuestión: "¿Qué hay en mí que me hace el amo (o la esposa, o el rey)?" En otras palabras, la pregunta histérica articula la experiencia de una fisura, de una brecha irreductible entre el significante que me representa (el mandato simbólico que determina mi lugar en la red social) y el excedente no simbolizado de mi ser-ahí. Los separa un abismo; el mandato simbólico

nunca puede basarse en mis propiedades efectivas, ser explicado por ellas, pues su estatuto, por definición, es performativo. La histérica y el histérico encarnan esta pregunta del ser: su problema básico consiste en *cómo justificar, cómo explicar la propia existencia* (a los ojos del Otro).[10]

- El *discurso del analista* es inverso al discurso del amo. El analista ocupa el lugar de un objeto excedente; se identifica de modo directo con *el resto* de la red discursiva. Por ello el discurso del analista es mucho más paradójico que lo que puede parecer a primera vista: intenta entretejerse partiendo precisamente del elemento que se sustrae a la red discursiva, que cae fuera de ella, que es producido como su excremento.

No debemos olvidar que la matriz de los cuatro discursos está constituida por las cuatro posiciones posibles en la red intersubjetiva de la comunicación. Estamos en este caso situados en el campo de *la comunicación en cuanto sentido*, a pesar (o, más bien, a causa) de las paradojas implícitas en la conceptualización lacaniana de estos términos. Por supuesto, la comunicación está estructurada como un circuito paradójico en el cual el emisor recibe del receptor su propio mensaje en forma invertida y verdadera, es decir que es el Otro descentrado quien decide el verdadero significado de lo que hemos dicho (en este sentido, el verdadero significante amo es el S_2 que retroactivamente le da sentido a S_1). Lo que circula entre los sujetos que se comunican simbólicamente es en última instancia la falta, la ausencia en sí, y es esta ausencia la que abre el espacio para que se constituya el sentido positivo. Pero todas éstas son paradojas inmanentes al campo de la comunicación *qua* sentido: el significante del sin-sentido, el "significante sin significado", es la condición de posibilidad del sentido de todos los otros significantes; no debemos olvidar que el sin-sentido al que nos estamos refiriendo es estrictamente interno del campo del sentido, que lo trunca desde adentro.[11]

Pero todos los esfuerzos del Lacan de los últimos años se dirigieron a irrumpir a través de este campo de la comunicación en tanto sentido. Después de establecer la estructura definitiva, lógicamente purificada de la comunicación, del vínculo social, mediante la matriz de los cuatro discursos, Lacan emprendió la tarea de trazar el bosquejo de un cierto espacio flotante en el que se encuentran los significantes antes de su vinculación discursiva, de su *articulación*. Éste es el espacio de una cierta prehistoria anterior a la historia del vínculo social, es decir el espacio de un cierto núcleo psicótico que se sustrae a la red discursiva. Esto nos ayuda a comprender otro rasgo inesperado del *Seminario XX* (*Aun*) de Lacan: un pasaje del Otro al Uno, análogo al pasaje del significante al signo. Antes de sus últimos años, todos los esfuerzos de Lacan tendían a delinear una cierta alteridad anterior al Uno: primero, en el campo del significante como diferencial, todo Uno queda definido por el haz de sus relaciones diferenciales con su Otro, de modo que todo Uno es concebido de antemano como "uno entre los otros"; después, en el dominio del gran Otro (el orden simbólico), Lacan trató de aislar, de separar su *ex-timé*, su núcleo real imposible (el objeto *a* es en un sentido "el otro que está en medio del Otro", un cuerpo extraño en su corazón). Pero, de pronto, en el *Seminario XX*, tropezamos con un cierto Uno (*il y a de l'Un*, "hay de lo Uno", "hay algo que es Uno") que no es "uno entre los otros", que aún no comparte la articulación propia del registro del Otro. Desde luego, este Uno es precisamente el Uno del *jouis-sense*, el significante en cuanto no está aún encadenado, sino que flota librememente, impregnado de goce: este goce impide su articulación en una cadena. Para indicar la dimensión de este Uno, Lacan acuñó el neologismo *le sinthome*. Este punto funciona como el sostén fundamental de la consistencia del sujeto, el punto del "tú eres esto", el punto que marca la dimensión de "lo que es en el sujeto más que él mismo" y que por lo tanto "él ama más que a sí mismo", el punto que sin embargo no es síntoma (el mensaje codificado en el cual el sujeto recibe del Otro su propio mensaje en forma invertida) ni tampoco fantasma (el guión imaginario que, por medio de su presencia fascinante, oculta la falta en el Otro, en el registro simbólico, en su consistencia, es decir, una cierta imposibilidad fundamental involucrada en el acto mismo de la simbolización: "la imposibilidad de la relación sexual").

Hay objetos y objetos

Para hacer más palpable los perfiles de este concepto, permítasenos remitirnos a la obra de Patricia Higshmith, quien, en sus cuentos, suele ofrecer variaciones sobre el tema del "tic" o deformación patológica de la naturaleza que, como tal, materializa el goce del sujeto: sirve como su contracara objetiva y sostén. En "The Pond", una mujer que tiene un hijo pequeño y acaba de divorciarse se muda a una casa de campo que tiene en el fondo un estanque profundo y oscuro. Ese estanque, del que surgen extrañas raíces, ejerce una curiosa atracción sobre el hijo. Una mañana la mujer encuentra al niño ahogado, enredado en las raíces; desesperada, llama al servicio de jardinería. Los jardineros llegan y esparcen alrededor del estanque un veneno destinado a matar la maleza. Esto no parece dar resultado: las raíces crecen aún con más fuerza, hasta que, finalmente, la propia mujer emprende la tarea de cortarlas con una determinación obsesiva. Entonces le parece que están vivas, que reaccionan a ella. Cuanto más las ataca, más queda atrapada en su red. Finalmente deja de resistir y se entrega a su abrazo, reconociendo en su poder de atracción el llamado del niño muerto. Aquí tenemos un ejemplo del *sinthome*: el estanque es la "herida abierta de la naturaleza", el núcleo de goce que simultáneamente nos atrae y nos repele. "The Mysterious Cemetery" despliega una variación invertida sobre el mismo tema. En un pueblo austríaco, los médicos del hospital local realizan extraños experimentos radiactivos con sus pacientes agonizantes. En el cementerio que está detrás del hospital, donde entierran a los pacientes, comienzan a suceder cosas extrañas: salen de las tumbas protuberancias extraordinarias, rojas esculturas porosas cuyo crecimiento es imposible detener. Después de la inquietud inicial, la gente del pueblo se resigna a esas excrecencias, que se convierten en una atracción turística. Y se escriben poemas sobre esos "brotes de goce".

Pero sería un error teórico equiparar esas extrañas protuberancias con el objeto *a* lacaniano, el objeto causa de deseo. El objeto *a* sería más bien la "casa negra" de otro relato de Patricia Highsmith (véase el capítulo 1): un objeto totalmente común, cotidiano, que en cuanto es "elevado al estatuto de la Cosa" comienza a funcionar como una especie de pantalla, como un lugar vacío sobre el cual el sujeto proyecta los fantasmas que sostienen su deseo, un excedente de lo real que nos impulsa a narrar una y otra vez nuestro primer encuentro traumático con el goce. El ejemplo de la "casa negra" demuestra con claridad la naturaleza puramente *formal* del objeto *a*: es una forma vacía que se llena con los fantasmas de cada uno. En contraste, las protuberancias del cementario austríaco están casi demasiado presentes, son en cierto sentido un contenido sin forma que nos impone la presencia masiva, inerte, su bulto nauseabundo, viscoso. En esa oposición no resulta difícil reconocer la que media entre *deseo* y *pulsión*: el objeto *a* nombra el vacío de ese excedente inalcanzable que pone nuestro deseo en movimiento, mientras que el estanque ejemplifica el objeto inerte, la encarnación del goce en torno al cual circula la pulsión. La oposición entre deseo y pulsión reside precisamente en el hecho de que el deseo está por definición atrapado en una cierta dialéctica, puede siempre convertirse en su opuesto, o deslizarse de un objeto al otro; nunca apunta a lo que parece ser su objeto, sino que siempre "quiere alguna otra cosa". La pulsión, por otra parte, es inerte, se resiste a mezclarse en un movimiento dialéctico; circula en torno a su objeto, fijada en el punto en torno al cual late.

Pero tampoco esta oposición agota la gama de objetos que podemos encontrar en psicoanálisis: hay un tercer tipo, quizás el más interesante, que se sustrae a la oposición entre el objeto del deseo y el objeto de la pulsión, tal como los hemos descrito. Un objeto de esa clase sería, por ejemplo, el botón del relato del mismo nombre ("El botón"), también de Patricia

Highsmith. Se trata de una familia de Manhattan que tiene un niño con síndrome de Down, un monstruo pequeño y gordo incapaz de entender nada: lo único que hace es reírse estúpidamente y escupir la comida. El padre nunca se acostumbró a ese hijo, ni siquiera mucho después de su nacimiento: le parece una intrusión de lo real carente de sentido, un capricho de Dios o el Destino, un castigo totalmente inmerecido. El balbuceo idiota de la criatura le recuerda día tras día la inconsistencia y la contingencia indiferente del universo, es decir, su falta fundamental de sentido. Una noche, hastiado del niño (y de la esposa que, a pesar de su aversión, trata de imaginar que el pequeño monstruo le despierta algún afecto), el padre sale a dar un paseo por las calles solitarias. En una esquina oscura tropieza con un ebrio, pelea con él y lo mata en un estallido de furia frustrada, nutrida por la injusticia del destino. Después advierte que tiene en la mano un botón del sobretodo del hombre; en lugar de desprenderse de él, lo conserva como una especie de recuerdo. Es un pequeño trozo de lo real, un recordatorio del carácter absurdo del destino y del hecho de que, por lo menos una vez, él pudo vengarse mediante un acto no menos absurdo. El botón le otorgará el poder de conservar la calma en el futuro, es una especie de símbolo de su capacidad para enfrentar la desdicha cotidiana de la vida con un monstruo.

¿Cómo funciona este botón? En contraste con el objeto *a*, no hay en él nada metonímico inalcanzable: es sólo un trozo de lo real que podemos tener en la mano y manipular como cualquier otro objeto. Y, en contraste con las protuberancias del cementerio, no es un objeto fascinante aterrador: por el contrario, da seguridad y conforta; su presencia garantiza que podremos sobrellevar la inconsistencia y el absurdo del universo. La paradoja es entonces la siguiente: es un pequeño fragmento de lo real que atestigua el absurdo fundamental del universo, pero, en cuanto nos permite condensar, situar, materializar ese carácter absurdo, en cuanto el objeto sirve para representarlo, nos permite sostenernos en medio de la inconsistencia. La lógica de estos cuatro tipos de objetos (la "casa negra", las protuberancias del cementerio, el botón, el estanque) puede articularse por medio del esquema de principios del capítulo 7 del seminario *Aun*, de Lacan:[12]

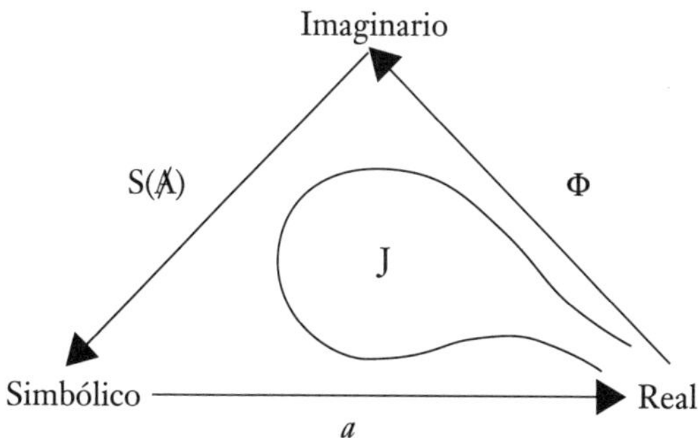

Como lo ha señalado Jacques-Alain Miller, los tres vectores de este esquema no indican una relación de causalidad: I → S no significa que "lo imaginario determina lo simbólico", sino que representa el proceso de simbolización de lo imaginario. El objeto *a* es entonces el "agujero en lo real" que pone en movimiento la simbolización (por ejemplo, la "casa negra": una pantalla para la proyección de los relatos fantasmáticos); la Φ, "imaginarización de lo real", es una cierta imagen que materializa el goce nauseabundo (por ejemplo, las protuberancias del cementerio austríaco) y, finalmente, S(Ⱥ), el significante de la falta en el Otro (el registro simbólico), de su inconsistencia, la marca del hecho de que "el Otro (como totalidad cerrada, consistente) no existe", es el pequeño trozo de lo real que funciona como significante del absurdo fundamental del universo (simbólico): por ejemplo, el botón. El abismo que está en el centro (el bolsón que encierra a la letra J, *Jouissance*) es por supuesto el torbellino de goce que amenaza tragarnos, como el estanque en el relato de Patricia Highsmith: el pozo que ejerce su atracción fatal. Los tres objetos que están junto a los lados del triángulo tal vez no sean más que los tres modos de conservar algún tipo de distancia respecto de ese abismo central traumático; podríamos entonces repetir el esquema de Lacan insertando en él los nombres de los objetos que encontramos en los relatos de Patricia Highsmith:[13]

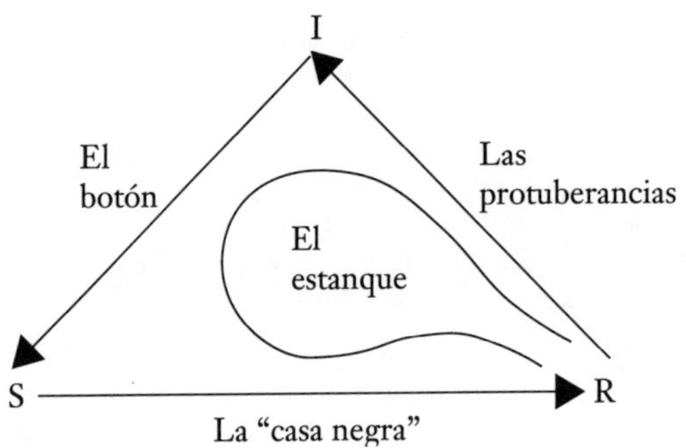

La identificación con el síntoma

El estatuto ontológico de estas excrecencias de lo real que se desprenden de nuestra realidad común –S(A̸), Φ o *a*– es totalmente ambiguo: frente a ellos, sentimos simultáneamente que son "reales" e "irreales". Es como si existieran y no existieran al mismo tiempo. Esta ambigüedad coincide con los dos significados opuestos del término *existencia* en Lacan:

- Primero, la existencia en el sentido de un "juicio de existencia" con el cual afirmamos simbólicamente la existencia de una entidad: en este caso, "existencia" es sinónimo de "simbolización", integración en el orden simbólico; sólo "existe" plenamente lo simbolizado. Lacan emplea la palabra en este sentido cuando dice que "La Mujer no existe", o que "no hay relación sexual". Ni La Mujer ni la relación sexual tienen significantes propios, y no pueden inscribirse en la cadena significante, se resisten a la simbolización. Lo que está en juego en este caso es lo que Lacan, aludiendo al mismo tiempo a Freud y Heidegger, denomina "*Bejahung* primordial", una afirmación anterior a la renegación, un acto que "permite que la cosa sea", que pone en libertad a lo real en el "claro de su ser".[14] Según Lacan, la conocida "sensación de irrealidad" que experimentamos ante ciertos fenómenos debe situarse precisamente en ese nivel: indica que el objeto ha perdido su lugar en el univeso simbólico.

- Segundo, la existencia en el sentido opuesto, es decir, como ex-sistencia: como el núcleo real imposible que se resiste a la simbolización. Las primeras huellas de este concepto son ya visibles en el *Seminario II*, donde Lacan subraya que "en toda existencia hay algo tan improbable que uno está en efecto preguntándose perpetuamente por su realidad".[15] Desde luego, el advenimiento del orden simbólico excluye esta ex-sistencia de lo real, de la Cosa que encarna el goce imposible. Podríamos decir que estamos siempre atrapados en un cierto *vel*, que siempre nos vemos obligados a escoger entre el sentido y la ex-sistencia: el precio del acceso al sentido es la exclusión de la ex-sistencia. (Tal vez en esto resida la economía oculta de la *epojé* fenomenológica: obtener acceso al rcino del sentido suspendiendo la ex-sistencia, poniéndola entre paréntesis.) Y, podríamos decir que la mujer *sí* existe con respecto a esta noción de ex-sistencia, es decir que persiste como un resto de goce más allá del sentido, resistente a la simbolización, por lo cual, como dice Lacan, la mujer es "el *sinthome* del hombre".

La dimensión del *sinthome* ex-sistente es entonces más radical que la del síntoma o el fantasma: el *sinthome* es un núcleo psicótico que no puede ser interpretado (como el síntoma) ni atravesado (como el fantasma). ¿Qué se puede hacer con él? La respuesta de Lacan (y, al mismo tiempo, la última definición lacaniana del momento final de la cura psicoanalítica) es que hay que *identificarse con el sinthome*. El *sinthome*, entonces, representa el límite final de la cura, la roca en la que está asentado el psicoanálisis. Pero, por otro lado, esta experiencia de la imposibilidad radical del *sinthome*, ¿no es la prueba definitiva de que el proceso psicoanalítico ha llegado a su fin? Éste es el énfasis propio de la tesis de Lacan sobre "el síntoma Joyce":

> La referencia a la psicosis de Joyce no indicaba de ningún modo una especie de psicoanálisis aplicado: lo que estaba en juego, por el contrario, era el esfuerzo tendiente a cuestionar el discurso mismo del análisis *por medio* del síntoma Joyce, en cuanto el sujeto, identificado con su síntoma, está cerrado a su artificio. Y quizá no haya ningún mejor final de análisis.[16]

Llegamos al final de la cura psicoanalítica cuando aislamos este núcleo de goce que, por así decirlo, es inmune a la eficacia simbólica, al modo de operar del discurso. Ésta sería también la última lectura lacaniana del lema freudiano *Wo Es war, soll Ich werden*: en lo real de tu síntoma debes reconocer el sostén fundamental de tu ser. Debes identificarte con este lugar en el que tu síntoma ya estaba: en su singularidad "patológica" debes reconocer el elemento que garantiza tu consistencia. Vemos entonces cuán grande es la distancia que recorrió Lacan en la última década de su enseñanza respecto de la versión convencional de la teoría lacaniana. En la década de 1960, Lacan aún concebía el síntoma como "un modo, para el sujeto, de ceder en su deseo", como una formación de transacción indicativa de que el sujeto no persistía en su deseo, razón por la cual el acceso a la verdad del deseo sólo era posible a través de la disolución interpretativa del síntoma. En términos generales, podríamos decir que la fórmula "atravesar el fantasma, identificarse con el síntoma" invierte lo que espontáneamente consideramos "una posición existencial auténtica", es decir, la "disolución de los síntomas-identificación con el fantasma". La "autenticidad" de una posición subjetiva, ¿no se mide precisamente por el grado en que nos hemos liberado de nuestros "tics" patológicos e identificado con el fantasma, con nuestro "proyecto existencial fundamental"? En el último Lacan, en cambio, el análisis ha terminado cuando tomamos una cierta distancia respecto del fantasma y nos identificamos con la singularidad patológica de la que depende la consistencia de nuestro goce.

Sólo en esta etapa final resulta claro cómo debemos concebir la tesis lacaniana de que "el deseo del analista no es un deseo puro" (véase el último párrafo del *Seminario XI*).[17] Todas las anteriores determinaciones lacanianas del momento final del proceso analítico (es decir del *pase* de analizante a analista) implicaban una especie de purificación del deseo, una suerte de acceso irruptivo al "deseo en estado puro". Primero teníamos que liberarnos de los síntomas como formación de transacción, y después debíamos atravesar el fantasma en tanto marco que determina las coordenadas de nuestro goce: el deseo del analista era entonces concebido como un deseo purificado de goce, es decir que nuestro acceso al deseo puro siempre se paga con la pérdida de goce. Pero en la última etapa de Lacan se invierte la totalidad de la perspectiva: precisamente, tenemos que identificarnos con la forma particular de nuestro goce.

Ahora bien, ¿en qué difieren *esta* identificación con el síntoma y lo que habitualmente llamamos de ese modo, es decir, la típica transformación de la histeria en "locura", cuando el único modo de liberarnos del elemento que nos histeriza consiste en identificarnos con él? Algo así como la estrategia de "si no puedes vencerlos, únete a ellos"... Para ejemplificar este otro modo de identificación con el síntoma, el modo histérico, permítasenos remitirnos de nuevo a Ruth Rendell, a su brillante cuento "Reloj enredadera". Durante su visita a una amiga que vive en un pueblo, Trixie, una vieja solterona, roba un reloj fino en la tienda de antigüedades del lugar. A partir de ese momento, empieza a ver alusiones a su pequeño delito en cualquier observación ocasional. Cuando una amiga le dice que un reloj de ese tipo fue robado poco antes de la tienda de antigüedades, Trixie entra en pánico y empuja a la amiga al paso de un tren subterráneo. El tictac del reloj continúa obsesionándola. Incapaz de soportarlo, va al campo y, desde un puente, arroja el objeto a una corriente de agua. Pero esa corriente es poco profunda, y a Trixie le parece que desde arriba del puente se ve claramente el reloj; baja al agua, recobra el reloj, lo aplasta con una piedra y arroja los restos en todas direcciones. Sin embargo, cuanto más esparce las piezas, más le parece que la corriente rebosa del reloj. Algo más tarde un granjero de la vecindad la saca del agua, mojada, temblorosa y magullada. Trixie mueve los brazos como las manecillas de un reloj, y repite: "Tic tac. Tic tac. Reloj enredadera."[18]

Para diferenciar este tipo de identificación de la que marca el momento final de la cura psicoanalítica debemos introducir la distinción entre el *acting out* y lo que Lacan denomina "pasaje al acto". En términos generales, el *acting out* es todavía un acto simbólico, un acto dirigido al Otro, mientras que un pasaje al acto suspende la dimensión del Otro, y el acto pasa a la dimensión de lo real. En otras palabras, el *acting out* es un intento de salir de un atolladero simbólico (una imposibilidad de simbolizar, de poner en palabras) por medio de un acto, de modo que este acto sigue funcionando como portador de algún mensaje cifrado. Mediante él tratamos de honrar cierta deuda (por cierto que de un modo "loco"), de lavar una cierta culpa, de dar cuerpo a un reproche al Otro, etcétera. La infortunada Trixie, a través de su identificación final con el reloj, trata de demostrarle su inocencia al Otro, es decir, liberarse de la carga insoportable de la culpa. En cambio, el pasaje al acto supone abandonar la red simbólica, una disolución del vínculo social. Podríamos decir que con el *acting out* nos identificamos con el síntoma tal como Lacan lo concebía en la década de 1950 (un mensaje cifrado dirigido al Otro), mientras que con el pasaje al acto nos identificamos con el *sinthome* como "tic" patológico que estructura el núcleo real de nuestro goce. Esto último es lo que ocurre con el "hombre de la armónica" (interpretado por Charles Bronson) en *Érase una vez en el Oeste* [*Once Upon a Time in the West*], de Sergio Leone. De joven, ese hombre había sido partícipe contra su voluntad en una escena traumática: unos ladrones lo obligaron a sostener sobre los hombros al hermano mayor, alrededor de cuyo cuello pasaron un lazo corredizo. Y a ese joven le ordenaron que al mismo tiempo tocara una armónica. Cuando el cansancio le impidió seguir sosteniendo al hermano, éste quedó colgado en el aire, ahorcado. El hermano menor se convirtió en una especie de muerto vivo, incapaz de relaciones sexuales normales, excluido del círculo de las pasiones y temores humanos corrientes. Lo único que le permitía conservar alguna consistencia –es decir no volverse loco, caer en una catatonia autística– era precisamente su "chifladura" personal, su forma específica de "locura", la identificación con su síntoma-armónica. "Toca la armónica cuando debe hablar, y habla cuando sería mejor que tocara la armónica", decía de él su amigo Cheyenne. Nadie conocía su nombre, lo llamaban simplemente "Armónica", y cuando Frank (el ladrón responsable de la escena traumática original) le preguntó cómo se llamaba, sólo pudo responder citando los nombres de los muertos que quería vengar. En la terminología lacaniana, el hombre de la armónica había sufrido una "destitución subjetiva", no tenía nombre (quizá no sea casual que el último *werstern* de Leone lleve el título de "Mi nombre es Nadie"), no tiene ningún significante que lo representara, por lo cual sólo conservaba su consistencia gracias a la identificación con su síntoma. En esta destitución subjetiva la relación con *la verdad* sufre un cambio radical: en la histeria (y en la neurosis obsesiva, su "dialecto") siempre participamos en el movimiento dialéctico de la verdad,[19] por lo cual el *acting out* en el clímax de la crisis histérica sigue totalmente determinado por las coordenadas de la verdad, mientras que el pasaje al acto, por así decirlo, suspende la dimensión de la verdad. En cuanto la verdad tiene la estructura de una ficción (simbólica), la verdad y lo real del goce son incompatibles.

Tal vez haya en el campo de la política una experiencia que también entrañe alguna "identificación con el síntoma": la conocida experiencia patética de "¡Todos somos eso!", la identificación cuando estamos ante un fenómeno que funciona como la intrusión de una verdad insoportable, como señal de que el mecanismo social "no marcha". Tomemos, por ejemplo, los tumultos antijudíos. Toda una red de estrategias (la simple ignorancia; considerarlos un horror deplorable que sin embargo no nos concierne, puesto que se trata de un ritual salvaje del cual podemos distanciarnos; una "sincera compasión" por las víctimas) nos permite eludir el hecho de que la persecusión de los judíos expresa una cierta verdad reprimida de nuestra civilización. Sólo llegamos a una actitud auténtica con la experiencia de que "todos somos judíos" en un sentido que está lejos de ser sencillamente metafórico. Lo mismo ocurre con todos los momentos traumáticos de la intrusión en el campo social de algún núcleo imposible, que se resiste a la integración: "Todos vivimos en Chernobyl", "Todos somos refugiados", y así sucesivamente. A propósito de estos casos, debe también quedar en claro que la identificación con el síntoma tiene como correlato el atravesamiento del fantasma: por medio de una identificación de ese tipo con el síntoma (social), atravesamos y subvertimos el marco fantasmático que determina el campo del sentido social, la autocomprensión ideológica de una sociedad dada, es decir, el marco dentro del cual, precisamente, el síntoma aparece como una intrusión ajena, perturbadora, y no como el punto de irrupción de la verdad del orden social existente, de otra manera oculta.

NOTAS

1. Lacan, *The Four Fundamental Concepts of Psycho-Analysis*, pág. 104. Puesto que la mirada está del lado del objeto, no puede ser subjetivizada: en cuanto intentamos hacerlo (por ejemplo, en cuanto tratamos de incluir una toma subjetiva desde la casa, con una cámara temblorosa que enfoque a Lilah acercándose desde más allá de las cortinas), caemos en el nivel del *thriller* ordinario: tendríamos el punto de vista de otro *sujeto*, y no la mirada como *objeto*. A propósito de la mirada y la voz como objetos en el cine, cf. Joan Copjec, *Apparatus and Umbra*, Cambridge, MIT Press (en prensa).

2. Cf. Michel Chion, *La voix au cinéma*, París, Cahiers du cinéma/Éditions de l'Étoile, 1982, págs. 116-123.

3. Un relato de Roald Dahl (*Génesis y catástrofe* [*Genesis and Catastrophe*]) se basa en un efecto similar; se desarrolla en Alemania hacia 1880, y describe un parto extremadamente difícil. Los médicos se preguntan temerosos si la criatura sobrevivirá. Leemos el relato con gran compasión y temor por la vida del niño, pero afortunadamente

todo termina bien; el médico le entrega a la madre el bebé que llora, y le dice: "Todo está bien, señora Hitler, su pequeño Adolf está bien". La historia de ciencia ficción de Frank Russell titulada "The Sole Solution" lleva esta lógica a su extremo: describe los sentimientos de alguien lleno de dudas, alguien que no puede tomar decisiones, que hace todo tipo de planes, pasa de un plan a otro, etcétera, hasta que finalmente se resuelve y dice: "¡Hágase la luz!" Lo que a lo largo de la historia tomamos por los gruñidos de algún idiota confundido resulta ser la vacilación de Dios inmediatamente antes de crear el mundo. Esto, incidentalmente, confirma la teoría de Schelling según la cual la única respuesta coherente a la pregunta de por qué Dios creó el mundo es "Para salvarse de la locura". En la terminología psiquiátrica contemporánea, la Creación habría sido una especie de "terapia por el arte" divina.

4. Cf. Chion, *La voix au cinéma*, pág. 122.

5. En el ámbito de la "*crime novel*", la maestra indiscutida de este tipo de traslado al punto de vista del objeto "imposible" es Patricia Highsmith. Sólo mencionaremos *A Dog's Ransom*, probablemente su novela definitiva, en la cual la vida cotidiana de una pareja neoyorkina de clase media sale de su carril cuando les roban el perro y les piden una recompensa por él. Poco después nos vemos trasladados a la posición del chantajista, otra criatura desvalida, llena de rabia fútil.

6. A propósito de la noción de *jouis-sense*, cf. Slavoj Žižek, *The Sublime Object of Ideology*, Londres, Verso Books, 1989. [Ed. cast.: *El sublime objeto de la ideología*, México, Siglo XXI, 1992.]

7. Cf. Ernesto Laclau y Chantal Mouffe, *Hegemony and Socialist Strategy*, Londres, Verso Books, 1985. [Ed. cast.: *Hegemonía y estrategia socialista*, Madrid, Siglo XXI, 1987.]

8. "Me doy a ti [...] pero este don de mi persona [...] se convierte inexplicablemente en un don de mierda" (Lacan, *The Four Fundamental Concepts of Psycho-Analysis*, pág. 268).

9. Cf., entre los seminarios publicados, Lacan, *Le séminaire, livre XX: Encore*.

10. En contraste con *la perversión*, definida precisamente por la falta de una pregunta. El perverso tiene la certidumbre inmediata de que su actividad sirve al goce del Otro. La histeria, y la neurosis obsesiva (su "dialecto"), difieren en cuanto al modo en que el sujeto intenta justificar su existencia: él histérico se ofrece al Otro como objeto de su amor, mientras que el obsesivo lucha por satisfacer la demanda del Otro mediante una actividad frenética. De modo que la respuesta del histérico es amor, y la del obsesivo, trabajo.

11. "Comunicación *qua* sentido", porque en última instancia ambos términos se superponen: no se trata sólo de que el "objeto" que circula es siempre un significado (y, en la forma negativa del sin-sentido, falta de significado), sino que ese significado es siempre intersubjetivo, se constituye en el circuito de la comunicación (es el otro, el destinatario, quien determina retroactivamente el significado de lo que yo he dicho).

12. Lacan, *Le séminaire, livre XXI, Encore*, pág. 83.

13. El más célebre objeto *a* en la cultura popular es, desde luego, el McGuffin de Hitchcock, el "secreto" que pone en marcha a la acción, pero que en sí mismo es totalmente indiferente, "nada en absoluto", sólo un cierto vacío (una melodía codificada, una fórmula secreta, etcétera). La tríada de objetos que hemos descrito se podría ejemplificar perfectamente con los tres tipos de objetos que encontramos en las películas de Hitchcock: el McGuffin como objeto *a*; la encarnación terrorífica del goce (los pájaros, las estatuas gigantes, etcétera) como Φ; el "fragmento de lo real" que circula (el anillo de bodas, el encendedor, etcétera) como S(A̸). Cf. el capítulo 5 de Žižek, *The Sublime Object of Ideology*.

Por medio de esta tríada de objetos podríamos también formalizar la relación entre tres tipos de "damas que desaparecen". Attie Ross, en *Carta a tres esposas*, la "Otra Mujer" que pone de manifiesto el fracaso y el atolladero de un matrimonio "común", ¿no es una especie de encarnación de S(A̸), significante de la inconsistencia del Otro? La encantadora anciana que desaparce en *La dama desaparece*, ¿no funciona como objeto *a*, el objeto causa que impulsa a nuestro deseo a simbolizar el misterio, a descubrir el secreto? Madeleine, en *Vértigo*, ¿no es Φ, una imagen fascinante del goce letal? Y, finalmente, ¿no representan ellas los tres modos de conservar nuestra distancia respecto del J central, es decir, los tres modos de no ser absorbidos por su abismo?

14. Lacan, *Écrits*, págs. 387-388.

15. Lacan, *The Seminar of Jacques Lacan, Book II: The Ego in Freud's Theory and in the Technique of Psychoanalysis*, pág. 229.

16. Jacques-Alain Miller, "Preface", en *Joyce avec Lacan*, París, Navarin, 1988, pág. 12.

17. Lacan, *The Four Fundamental Concepts of Psycho-Analysis*, pág. 276.

18. Uno de los dibujos animados del Pato Donald tiene una estructura análoga. El Pato Donald llega con un grupo de turistas a un claro del bosque; el guía pone énfasis en la belleza de panorama, pe-

ro al mismo tiempo les advierte que un pájaro maldito se pasea por el lugar dedicándose a malograr las instantáneas de los turistas. Cuando éstos intentan tomar fotos, el pájaro entra en el cuadro, graznando una y otra vez el mismo estribillo idiota. Por supuesto, este pájaro que se entromete arruina todas las tomas del Pato Donald. El pato se enfurece, trata de echar al pájaro, después quiere exterminarlo, pero para ello no le sirve ninguna de sus trampas. Donald se desespera cada vez más, hasta que, finalmente, se quiebra y comienza a llorar desconsolado. Escena final: un nuevo grupo de turistas llega al claro del bosque, el guía les advierte que hay un pájaro que se entromete, y cuando uno de los nuevos turistas enfoca su cámara y está por tomar una foto del panorama, el propio Pato Donald entra en el cuadro, agitando los brazos y graznando el estribillo idiota que había aprendido del pájaro maldito.

19. La posición histérica original se caracteriza por la paradoja de "decir la verdad en forma de mentira": en los términos de la "verdad" literal (de una correspondencia entre las palabras y las cosas), el histérico indudablemente "miente", pero precisamente a través de esta mentira de hecho se articula la verdad de su deseo. La neurosis obsesiva, en la medida en que es "un dialecto de la histeria" (Freud), implica una especie de inversión de esta relación: el obsesivo "miente en la forma de una verdad". Siempre se atiene a los hechos; de este modo intenta borrar las huellas de su posición subjetiva. Es "histerizado" (es decir, irrumpe su deseo) cuando, finalmente, "logra mentir": cuando, por ejemplo, en la forma de lapsus, "refuta los hechos".

8. El obsceno objeto de la posmodernidad

La ruptura posmoderna

Modernismo y posmodernismo

Cuando se discute el tema del posmodernismo en los círculos desconstructivistas, es obligatorio (un signo de buenas maneras, por así decirlo) comenzar por una referencia afirmativa a Habermas, pero con una suerte de distanciamiento respecto de él. Al obedecer a esta costumbre nos gustaría añadir un nuevo giro: proponer que Habermas es en sí mismo un posmoderno, aunque un posmoderno peculiar, que no sabe que lo es. Para sostener esta tesis cuestionaremos la oposición que traza Habermas entre el modernismo (definido por su afirmación del carácter universal de la razón, su rechazo a la autoridad de la tradición, su aceptación de la argumentación racional como la únia manera de defender las convicciones, su ideal de una vida comunal guiada por la comprensión, el reconocimiento mutuo y la ausencia de coacciones) y el posmodernismo (definido como la desconstrucción de esa pretensión de universalidad, desde Nietzsche hasta el posestructuralismo; el esfuerzo tendiente a demostrar que esa pretensión de universalidad es necesaria y constructivamente falsa, que enmascara una red particular de relaciones de poder, que la razón universal como tal es represiva y totalitaria en su misma forma; que su pretensión de verdad no es más que un efecto de una serie de figuras retóricas).[1] Esta oposición es sencillamente falsa, porque lo que Habermas describe como posmodernismo es el reverso inmanente del proyecto modernista; lo que él describe como la tensión entre el modernismo y el posmodernismo es la tensión inmanente que ha definido al modernismo desde sus orígenes. La ética esteticista, antiuniversalista, de la elaboración de la propia vida individual como una obra de arte, ¿no ha formado siempre parte del proyecto modernista? El desenmascaramiento genealógico de las categorías y valores universales, el cuestionamiento de la universalidad de la razón, ¿no son procedimientos modernistas por excelencia? La esencia misma del modernismo teórico, la revelación de los contenidos efectivos que están detrás de la falsa conciencia (de la ideología, de la moral, del yo), ¿no se ejemplifican con la gran tríada de Marx-Nietzsche-Freud? El gesto paradójico, autodestructivo, por medio del cual la razón reconoce en sí misma la fuerza de la represión y la dominación contra la cual lucha; el gesto impulsor desde Nietzsche hasta *La dialéctica de la Ilustración* de Adorno y Horkheimer, ¿no es el acto supremo del modernismo? En cuanto aparecen fisuras en la autoridad incuestionable de la tradición, la tensión entre la razón universal y los contenidos particulares que se sustraen a su aprehensión se vuelve inevitable e irreductible.

De modo que la línea demarcatoria entre el modernismo y el posmodernismo debería estar en algún otro lado. Paradójicamente, el propio Habermas, en virtud de ciertos rasgos cruciales de su teoría, pertenece al posmodernismo: la ruptura entre la primera y la segunda generación de la Escuela de Frankfurt (es decir, entre Adorno, Horkheimer y Marcuse por un lado, y Habermas por el otro) se corresponde exactamente con la ruptura entre el modernismo y el posmodernismo. En *Dialéctica de la Ilustración*,[2] de Adorno y Horkheimer, y en *El hombre unidimensional*,[3] de Marcuse, con el desenmascaramiento del potencial represivo de la razón instrumental –apuntando a una revolución radical en la totalidad histórica del mundo contemporáneo y a la abolición utópica de la diferencia entre las esferas alienadas de la vida, entre el arte y la realidad–, el proyecto modernista alcanza su cenit de plenitud autocrítica. Por otro lado, Habermas es posmoderno precisamente porque reconoce una condición positiva de libertad y emancipación en lo que los modernistas consideraban la forma misma de la alienación: la autonomía de la esfera estética, la división funcional de los diferentes dominios sociales, etcétera. Esta renuncia a la utopía modernista, esta aceptación del hecho de que la libertad sólo es posible sobre la base de una cierta alienación fundamental, atestigua que nos encontramos en un universo posmoderno.

La confusión concerniente a la ruptura entre el modernismo y el posmodernismo llega a un punto crítico en el diagnóstico realizado por Habermas de la desconstrucción posestructuralista como la forma dominante del posmodernismo filosófico contemporáneo. El empleo del prefijo "pos" en ambos casos no debe desorientarnos, sobre todo si tomamos en cuenta el hecho crucial, pero habitualmente pasado por alto, de que el término "posestructuralismo", aunque designa una corriente de la teoría francesa, es una creación anglosajona y alemana; se refiere en realidad al modo en que el mundo anglosajón percibió y situó las teorías de Derrida, Foucault, Deleuze, etcétera; en la propia Francia, nadie habla de posestructuralismo. La desconstrucción es un procedimiento modernista por excelencia; presenta quizá la versión más radical de la lógica del "desenmascaramiento" en virtud de la cual la unidad de la experiencia del significado se concibe como efecto de mecanismos significantes, un efecto que sólo puede tener lugar en la medida en que ignora el movimiento textual que lo produjo. Sólo con Lacan hay una ruptura posmoderna, ya que él tematiza un cierto núcleo traumático real cuyo estatuto sigue siendo profundamente ambiguo: lo real se resiste a la simbolización, pero es al mismo tiempo producto retroactivo de la simbolización. En este sentido, podríamos incluso decir que los desconstruccionistas aún son básicamente estructuralistas, y que el único posestructuralista es Lacan, quien afirma el goce como "la Cosa real", la imposibilidad central en torno a la cual se estructura toda red significante.

Hitchcock como posmoderno

¿En qué consiste entonces la ruptura posmoderna? Comencemos con *Blow Up*, de Antonioni, quizá la última gran película modernista. Cuando el protagonista revela las fotografías que tomó en un parque, atrae su atención una mancha que aparece en el borde de una de ellas. Al ampliar el detalle, descubre los contornos de un cuerpo. En medio de la noche, vuelve al parque y descubre realmente a ese cuerpo. Pero cuando regresa a la escena del crimen al día siguiente, el cuerpo ha desaparecido sin dejar huellas. Lo primero que hay que observar es que el cadáver, según el código de la novela policial, es el objeto del deseo por excelencia, la causa que desencadena el deseo interpretativo del detective (y del lector): ¿cómo sucedió, quién lo hizo? Pero sólo recibimos la clave de la película en la escena final. El héroe, resignado al atolladero en el que ha terminado su investigación, da un paseo cerca de una cancha de tenis donde un grupo de personas hacen los gestos de estar jugando sin que haya pelota. En ese marco supuesto, la pelota imaginaria sale de los límites de la cancha y cae cerca del héroe. Él vacila un momento, y acepta el juego. Se inclina, hace el gesto de recoger la pelota y arrojarla a los "tenistas". Por supuesto, esta escena tiene una función metafórica en relación con el resto de la película. Indica que el héroe admite que "el juego puede seguir sin un objeto": así como el partido de tenis imitado puede realizarse sin pelota, su propia aventura no necesita un cuerpo.

El posmodernismo es el reverso exacto de este proceso. No consiste en demostrar que el juego puede realizarse sin un objeto, que el juego es puesto en marcha por una ausencia central, sino en exhibir directamente el objeto, permitiéndole que haga visible su propio carácter indiferente y arbitrario. El mismo objeto puede funcionar sucesivamente como un desecho repulsivo y como una aparición carismática y sublime: la diferencia, estrictamente estructural, no tiene que ver con las propiedades efectivas del objeto, sino sólo con su lugar en el orden simbólico.

Podemos captar esta diferencia entre el modernismo y el posmodernismo analizando el efecto de horror en las películas de Hitchcock. Al principio parece que Hitchcock se limita a respetar la regla clásica (ya conocida por Esquilo cuando escribió *La Orestíada*) según la cual el objeto o el acontecimiento terroríficos no deben verse en escena: sólo hay que mostrar su reflejo y sus efectos. Si uno no ve directamente el objeto, llena su ausencia con proyecciones fantasmáticas (y lo hace más horroroso de lo que es realmente). El procedimiento elemental para provocar horror consistiría entonces en limitarse a los reflejos del objeto terrorífico en los testigos o las víctimas.

Como se sabe, este eje crucial de la revolución en las películas de horror fue establecido en la década de 1940 por el legendario productor Val Lewton (*La marca de la pantera* [*Cat People*], *La séptima víctima* [*The Seventh Victim*], etcétera). En lugar de mostrar directamente el monstruo terrorífico (un vampiro, una bestia asesina) su presencia es sólo indicada por sonidos en *off*, por sombras, etcétera, todo lo cual lo hace horrible en grado sumo. Pero el enfoque propiamente hitchcockiano es un proceso *inverso*. Tomemos un pequeño detalle de *Ocho a la deriva* [*Lifeboat*]. En una escena, un grupo de náufragos aliados recibe a bordo de su bote salvavidas a un marinero alemán del submarino destruido: pensemos en la sorpresa de descubrir que la persona salvada es un enemigo. El modo tradicional de filmar esta situación consistiría en hacernos oír los gritos de socorro, mostrar las manos de un personaje desconocido que se aferra a la borda del bote y después *no mostrar* al marinero alemán, sino llevar la cámara hacia los náufragos sobrevivientes: la expresión perpleja de sus rostros nos indicaría que han sacado del agua algo inesperado. ¿Qué? Sólo después de haber creado la duda ansiosa la cámara revelaría al marinero alemán. Pero el procedimiento de Hitchcock es *exactamente inverso*: lo que él no muestra son precisamente los náufragos sobrevivientes. Presenta al marinero alemán trepando a bordo y diciendo, con una sonrisa amistosa "*Danke Shön!*" La cámara *no apunta* a los rostros sorprendidos de los sobrevivientes: sigue fija en el alemán. Si su aparición provocó un efecto terrorífico, sólo podemos detectarlo en *la reacción de él* a la reacción de los sobrevivientes: su sonrisa se congela, su mirada expresa perplejidad. Así se pone de manifiesto lo que Pascal Bonitzer[4] denomina el lado proustiano de Hitchcock, pues el método se corresponde perfectamente con el empleado por Proust en *Un amor de Swann*, cuando Odette le confiesa a Swann su aventura lesbiana. Proust sólo describe a Odette: el hecho de que la historia de ella tiene un efecto aterrador sobre Swann sólo se hace visible por el cambio de tono en las palabras de la mujer cuando ella advierte su efecto desastroso. Nos muestran un objeto o una actividad comunes, pero de pronto, por las reacciones del ambiente, *que a su vez se reflejan en el objeto mismo*, comprendemos que ésa es la fuente de un terror inexplicable. Ese terror se intensifica por el hecho de que el objeto, por su apariencia, es totalmente común, pero se revela como el mal encarnado.

Este procedimiento posmoderno nos parece mucho más subversivo que el método modernista habitual, porque este último, al no mostrar la Cosa, deja abierta la posibilidad de aprehender el vacío central desde la perspectiva de "un Dios ausente". La lección del modernismo es que la estructura, la máquina intersubjetiva, funciona también aunque la Cosa falte, aunque gire alrededor de un vacío; la inversión posmoderna revela *la Cosa en sí como el vacío encarnado, materializado*. Lo hace mostrando directamente el objeto aterrador, y revelando a continuación que su efecto resulta sencillamente del lugar que ocupa en la estructura. El objeto aterrador es un objeto cotidiano que por azar ha comenzado a funcionar como lo que llena el agujero en el Otro (el orden simbólico). El prototipo de un texto modernista sería *Esperando a Godot*, de Samuel Beckett. Toda la acción fútil y absurda de la obra se despliega en el marco de la espera: se espera la llegada de Godot, cuando finalmente "podría ocurrir algo". Pero uno sabe muy bien que "Godot" nunca llegará, porque es sólo un nombre de la nada, de una ausencia central. ¿Cómo sería la reescritura posmoderna de esta misma historia? Aparecería en el escenario el propio Godot: sería alguien exactamente igual a nosotros, alguien que vive nuestra misma vida fútil, tediosa, que disfruta con los mismos placeres estúpidos. La única diferencia consistiría en que, sin saberlo él mismo, está ocupando por azar el lugar de la Cosa; sería la encarnación de la Cosa cuya llegada se aguarda.

Una película poco conocida de Fritz Lang, *El secreto detrás de la puerta* [*The Secret Beyond the Door*], escenifica en forma pura (me siento tentado a decir "destilada") esta lógica del objeto cotidiano que se encuentra en el lugar de *das Ding*. Celia Barrett, una joven mujer de negocios, viaja a México después de la muerte de su hermano mayor. Allí conoce a Mark Lamphere, se casa con él y va a vivir a su casa. Un poco después, la pareja recibe a los amigos íntimos del hombre, y Mark les muestra su galería de habitaciones históricas, reconstruidas en los sótanos de su mansión. Pero prohíbe la entrada al recinto número siete. Fascinada por este tabú, Celia consigue la llave y entra en la habitación, que resulta ser una réplica exacta de la suya propia. Los objetos más familiares adquieren una dimensión ominosa cuando uno los encuentra en otro lugar, en un lugar que "no es el correcto". Y el efecto estremecedor resulta precisamente del carácter familiar, doméstico, de lo que uno encuentra en ese lugar prohibido de la Cosa: ésta es una ilustración perfecta de la ambigüedad fundamental del concepto freudiano de *das Unheimliche*.

De modo que la oposición entre modernismo y posmodernismo está lejos de poder reducirse a una simple diacronía; en cierto sentido, nos sentimos incluso tentados a decir que el posmodernismo *precede* al modernismo. Retroactivamente, la mirada moderna ha percibido como *incompletud* la *inconsistencia* posmoderna del Otro. Algo análogo ocurre en la relación entre Kafka y Joyce. Kafka precedió a Joyce, no sólo temporal sino también lógicamente. Si Joyce es el modernista por excelencia, el escritor del síntoma ("el síntoma

Joyce", dice Lacan), del delirio interpretativo llevado al infinito, del *tiempo* (para interpretar) en el que cada momento estable se revela como nada más que una condensación de un proceso significante plural, en cierto sentido Kafka es ya un posmoderno, está en las antípodas de Joyce; es el escritor del fantasma, del *espacio* de una presencia inerte nauseabunda. Si el texto de Joyce provoca la interpretación, el de Kafka la bloquea.

Precisamente esta dimensión de una presencia no dialectizable, inerte, es lo que la lectura modernista de Kafka no llega a reconocer, al poner el acento en la agencia ausente, trascendente, inaccesible (el Castillo, el Tribunal), que ocupa el lugar de la falta, de la ausencia como tal. Desde esta perspectiva moderna, el secreto de Kafka sería que en el corazón de la maquinaria burocrática hay sólo un vacío, una nada: la burocracia sería una máquina loca que funciona por sí misma, como en *Blow Up*, donde se juega sin objeto-cuerpo. Una lectura considera que el carácter elusivo, inaccesible, trascendente, del centro (el Castillo, el Tribunal) es la marca de un Dios ausente (hay un universo angustiado, abandonado por Dios); para la otra lectura, el vacío de esa trascendencia es una ilusión de perspectiva, es la forma inversa de la aparición de la inmanencia del deseo (la trascendencia inaccesible, la falta central, es sólo la forma negativa de la aparición del excedente de deseo, de su movimiento productivo, sobre el mundo de los objetos en tanto que representaciones).[5]

Estas dos lecturas, aunque opuestas, pasan por alto el mismo punto: que esta ausencia, este lugar vacío, es siempre ocupado por una *presencia* inerte, obscena, repugnante. El Tribunal de *El proceso* no está sencillamente ausente; está por cierto presente en las figuras de los jueces obscenos que, durante los interrogatorios nocturnos, ojean libros pornográficos; el Castillo está por cierto presente en la figura de los funcionarios serviles, lascivos y corruptos. Por ello en Kafka no funciona la fórmula del Dios ausente: para Kafka, por el contrario, el problema consiste en que en este universo Dios está *demasiado presente*, bajo el disfraz de diversos fenómenos obscenos, repugnantes. El universo de Kafka es un mundo en el cual Dios (que hasta entonces se había mantenido a una distancia segura) se ha acercado demasiado a nosotros. El universo de Kafka es un universo de angustia (¿por qué no?), pero con la condición de que tomemos en cuenta la definición lacaniana de la angustia (lo que provoca angustia no es la pérdida del objeto incestuoso sino, por el contrario, su *proximidad*). Estamos demasiado cerca de *das Ding*, y ésta es la lección teológica del posmodernismo; el Dios loco y obsceno de Kafka, ese "Ser Supremo del Mal", es exactamente el mismo Dios como Bien Supremo; la diferencia está sólo en que nos hemos acercado demasiado a Él.

La burocracia y el goce

Las puertas de la ley

Para detallar aún más el estatuto del goce obsceno kafkiano, tomemos como punto de partida el célebre apólogo sobre las puertas de la ley incluido en *El proceso*, la anécdota que K. le narra al sacerdote para explicarle su situación ante la ley. El fracaso patente de las principales interpretaciones de este apólogo parecen confirmar la tesis del sacerdote, según la cual "muy a menudo los comentarios no hacen más que expresar la perplejidad del comentarista". Pero hay otro modo de penetrar en el misterio de la anécdota: en lugar de buscar su significado directamente, podría ser preferible abordarla como Claude Lévi-Strauss trata a un mito: relacionándolo con una serie de otros mitos y elaborando las reglas de su transformación. ¿Dónde podemos encontrar, en *El proceso*, otro "mito" que funcione como variante, como inversión del apólogo sobre las puertas de la ley?

No es necesario que busquemos mucho: al principio del segundo capítulo ("Primer interrogatorio"), Josef K. se encuentra frente a otras puertas de la ley (la entrada a la cámara de interrogatorios); también en este caso quien guarda el acceso le hace saber que esa puerta está destinada exclusivamente a él. Le dice entonces: "Debo cerrar esta puerta detrás de usted; nadie más debe entrar". Ésta es una clara variación sobre las últimas palabras del centinela en el apólogo del sacerdote: "Sólo tú podías entrar por estas puertas, puesto que estaban destinadas exclusivamente a ti. Ahora voy a cerrarlas." Al mismo tiempo, el apólogo sobre las puertas de la ley (llamémoslo, en el estilo de Lévi-Strauss, m^1) y el primer interrogatorio (m^2) pueden oponerse sobre la base de una serie de rasgos distintivos. En m^1 estamos frente a la entrada de un espléndido palacio de justicia; en m^2, en un bloque de viviendas obreras, lleno de suciedad y obscenidades reptantes; en m^1, el centinela es un empleado del tribunal; en m^2 se trata de una lavandera de ropa de niños; en m^1 es un hombre, en m^2 es una mujer; en m^1 el centinela impide que el hombre atraviese las puertas y entre en el tribunal; en m^2 la lavandera lo introduce a empujones en la cámara de interrogatorios, contra la voluntad de él. En síntesis, en m^1 no puede transgredirse la frontera que separa la vida cotidiana del lugar sagrado de la ley, pero en m^2 se atraviesa con facilidad.

El rasgo crucial de m^2 surge ya indicado de su ubicación: el Tribunal está en medio de la promiscuidad vital de las viviendas obreras.

Tiene mucha razón Reiner Stach al reconocer en este detalle un rasgo distintivo del universo de Kafka: "El cruce de la frontera que separa el dominio vital del dominio judicial".[6] Desde luego, en este caso la estructura es la de la banda de Moebius: si avanzamos lo suficiente en nuestro descenso al submundo social, nos encontramos de pronto en el otro lado, en medio de la ley noble y sublime. El lugar de la transición de un dominio al otro es una puerta guardada por una lavandera común, de una sensualidad provocadora. En m^1, el centinela no sabe nada, mientras que la mujer tiene una especie de saber anticipado. Aunque ignora la ingenua astucia de K., la excusa de que busca a alguien llamado Lanz, ella procede como si se lo hubiera estado esperando desde mucho antes, aunque el propio K. había optado por entrar en la habitación de ella totalmente al azar, en un último y desesperado esfuerzo después de una errancia prolongada e inútil.

> Lo primero que vio en la pequeña habitación fue un gran reloj de péndulo que ya señalaba las diez. "¿Vive aquí un ebanista llamado Lanz?", preguntó. "Por favor, entre", dijo una joven de ojos negros centellantes, que estaba lavando ropas de niños en una tina, y apuntó con su mano mojada a la puerta abierta de la habitación adyacente... "Busco a un ebanista, un hombre llamado Lanz." "Lo sé –dijo la mujer–, entre." Tal vez K. no habría obedecido si no fuera porque ella se acercó hasta él, tomó el picaporte de la puerta, y dijo "Debo cerrar esta puerta detrás de usted, nadie más debe entrar".[7]

Esta situación coincide con el conocido incidente de *Las noches árabes*: uno entra en un lugar por azar, y se entera de que su llegada estaba siendo aguardada desde mucho antes. La paradójica preciencia de la lavandera no tiene nada que ver con la denominada intuición femenina, sino que se basa en el hecho simple de que ella está conectada con la ley. Su posición con respecto a la ley es mucho más crucial que la de un funcionario menor; K. lo descubre por sí mismo poco tiempo después, cuando su apasionada argumentación ante el tribunal es interrumpida por una intrusión obscena.

> K. fue interrumpido por un alarido proveniente del fondo del salón; poniendo la mano como visera sobre sus ojos, trató de ver qué es lo que estaba sucediendo, pues el vaho del lugar y la luz débil creaban una niebla blanquecina que lo encandilaba. Era la lavandera, a quien K. había reconocido como causa potencial de perturbación en cuanto la vio entrar. En ese momento no se podía decir si estaba en falta o no. Todo lo que K. podía ver era que un hombre la había arrastrado a un rincón próximo a la puerta y estaba apretándola en sus brazos. Pero no era ella quien había lanzado el alarido, sino el hombre; él tenía la boca abierta y miraba al cielo raso.[8]

¿Cuál es la relación entre esta mujer y el Tribunal? En la obra de Kafka, la mujer como tipo psicológico es totalmente congruente con la ideología antifeminista de un Otto Weininger: la mujer es un ser sin identidad propia, incapaz de asumir una actitud ética (aunque parezca actuar sobre una base ética, en realidad calcula el goce que obtendrá de sus acciones); es un ser sin acceso a la dimensión de la verdad (aunque lo que diga sea literalmente cierto, ella miente en los términos de su posición subjetiva). No basta con decir de este ser que finge sus afectos para seducir al hombre, pues el problema consiste en que detrás de esa máscara de simulación no hay nada... salvó un cierto goce viscoso, repugnante, que es su sustancia. Frente a esta imagen de la mujer, Kafka no sucumbe a la habitual tentación de la crítica feminista (demostrar que esta figura es el producto ideológico de condiciones sociales específicas; contrastarla con el perfil de otro tipo de feminidad). Con un gesto mucho más subversivo, Kafka acepta totalmente esta descripción que da Weininger de la mujer como tipo psicológico, pero la hace ocupar un lugar insólito, sin precedentes: el lugar de la ley. Como ya lo ha señalado Stach, tal vez ésta sea la operación elemental de Kafka: *este cortocircuito entre la "sustancia" femenina (el tipo psicológico) y el lugar de la ley*. Impregnada de una vitalidad obscena, la propia ley (tradicionalmente una universalidad pura y neutra) asume los rasgos de un *bricolage* heterogéneo, inconsistente, penetrado de goce.

La obscena ley

En el universo de Kafka, el Tribunal, por sobre todo, no se rige por ninguna ley en sentido formal: todo ocurre como si se hubiera suspendido, puesto entre paréntesis, la cadena de las conexiones normales entre causas y efectos. Todos los intentos de establecer el modo de funcionamiento del Tribunal mediante el razonamiento lógico están condenados de antemano a fracasar. Todas las oposiciones observadas por K. (entre la cólera de los jueces y la risa del público, entre el público risueño del ala derecha, y el público severo del ala izquierda) son falsas, tal como él lo descubre en cuanto trata de aprovecharlas para su táctica; después de una respuesta de K. que no tiene nada de particular, el público estalla en carcajadas.

> "Bien, entonces –dijo el Magistrado Instructor, dando vuelta las hojas y dirigiéndose a K. con una actitud de autoridad– ¿es usted pintor de paredes?" "No –dijo K.–, soy el subgerente de un gran banco." Esta respuesta provocó carcajadas tan entusiastas del ala derecha que K. tuvo que reír también. La gente se doblaba con las manos sobre las rodillas y se sacudía espasmódicamente, como si estuviera tosiendo.[9]

Desde luego, el otro lado, el lado positivo de esta inconsistencia, es el goce: el goce irrumpe abiertamente cuando la argumentación de K. es perturbada por un acto sexual público. Este acto, difícil de percibir debido al exceso de exposición (K. tuvo que "poner la mano como visera sobre sus ojos para ver lo que estaba sucediendo"), signa el momento de la irrupción de lo real traumático, y el error de K. consiste en pasar por alto *la solidaridad* entre esta perturbación obscena y el Tribunal. Cree que todos se mostrarán ansiosos por restaurar el orden y expulsar a la pareja que ha cometido la ofensa. Pero cuando trata de cruzar el salón, la multitud le cierra el paso. Algunos lo toman de la ropa desde atrás; en este punto, el juego ha concluido: perplejo y confundido, K. pierde el hilo de su argumentación; lleno de rabia impotente, sale del lugar.

El error fatal de K. consistió en dirigirse al Tribunal, al Otro de la ley, como una entidad homogénea sobre la que se podía influir con una argumentación consistente, mientras que el Tribunal sólo puede devolverle una sonrisa obscena, mezclada con signos de perplejidad. En síntesis, K. espera del tribunal *una acción* (medidas legales, decisiones), pero lo que obtiene en cambio es *un acto* (una relación sexual pública). La sensibilidad de Kafka a este "cruce de la frontera que separa el dominio vital del dominio judicial" proviene de su judaísmo: la religión judía marca el momento de la separación más radical de estos dominios. En todas las religiones anteriores encontramos un lugar, un dominio del goce sagrado (por ejemplo, en la forma de orgías rituales), mientras que en el judaísmo el dominio sagrado queda evacuado de cualquier huella de vitalidad, y la sustancia viva se subordina a la letra muerta de la ley del Padre. Kafka cruza la frontera de la religión que ha heredado, y de nuevo inunda de goce el dominio judicial.

Por esta razón el universo de Kafka es eminentemente el universo del *superyó*. El Otro como Otro de la ley simbólica no sólo está muerto, sino que ni siquiera sabe que lo está (como la terrible figura del sueño de Freud); no podría saberlo, pues es totalmente insensible a la sustancia viva del goce. El superyó, por el contrario, presenta la paradoja de una ley que, según Jacques-Alain Miller, "proviene del tiempo en el que el Otro aún no había muerto, según lo pone de manifiesto el superyó, un resto superviviente de esa época". El imperativo del superyó, "¡Goza!", la inversión de la ley muerta en la figura obscena del superyó, implica una experiencia inquietante: de pronto tomamos conciencia de que lo que un minuto antes nos parecía una letra muerta está en realidad vivo, respira, late. Recordemos una escena breve de la película *Aliens*. El grupo de héroes avanza por un largo túnel de paredes de piedra con aspecto de trenzas. De pronto las trenzas comienzan a moverse y a segregar una mucosidad viscosa: el cadáver petrificado vuelve a la vida.

En consecuencia, debemos invertir la metáfora habitual de la alienación, que presenta una letra formal, una especie de parásito o vampiro, que absorbe la fuerza viva y presente. Ya no podemos considerar que los sujetos vivos están atrapados en una telaraña muerta. El carácter muerto, formal, de la ley se convierte en el *sine qua non* de nuestra libertad, y el peligro totalitario real surge cuando la ley ya no quiere estar muerta.

Entonces, el resultado de m^1 es que no hay ninguna verdad sobre la verdad. Cualquier garantía de la ley tiene el estatuto de una apariencia, de un semblante; la ley es *necesaria* sin ser *verdadera*. Para citar las palabras del sacerdote en m^1, "no es necesario aceptarlo todo como verdadero; sólo hay que aceptarlo como necesario". El encuentro de K. con la lavandera añade a esto su reverso, por lo general pasado por alto: en cuanto la ley no se funda en la verdad, está impregnada de goce. Por lo tanto, m^1 y m^2 son complementarios y representan los dos modos de la falta: la falta de la incompletud y la falta de la inconsistencia. En m^1, el Otro de la ley aparece como *incompleto*. En su núcleo, en su corazón, hay una cierta brecha. Nunca podemos llegar a la última puerta de la ley. Es la referencia a m^1 la que sostiene la interpretación de Kafka como un escritor de la ausencia, es decir, la lectura teológica negativa de su universo como una máquina burocrática enloquecida que gira a ciegas en torno al vacío central de un Dios ausente. En m^2, el Otro de la ley aparece, por el contrario, como *inconsistente*: nada se echa de menos en él, nada falta, pero a pesar de esto no es un todo entero; sigue siendo un *bricolage* inconsistente, una colección que responde a una especie de lógica aleatoria del goce. De esto surge la imagen de Kafka como un escritor de la presencia. La presencia ¿de qué? De una maquinaria ciega a la que no le falta nada, en cuanto es el excedente de goce en sí.

Si la literatura moderna puede caracterizarse como ilegible, Kafka no ejemplifica esta característica igual que James Joyce. Desde luego, *Finnegan's Wake* es un libro ilegible; no podemos leerlo como a una novela realista común. Para seguir el hilo del texto necesitamos una especie de "guía del lector", un comentario que nos permita abrirnos paso a través de la red inagotable de alusiones cifradas. Pero esta ilegibilidad funciona precisamente como una invitación a un proceso interminable de lectura, de interpretación (recuérdese la broma de Joyce en el sentido de que con *Finnegan's Wake* esperaba mantener ocupados a los estudiosos de la literatura durante por lo menos cuatro siglos). Comparada con esta obra, *El proceso* es totalmente legible. Las principales líneas de la historia son bastante claras. El estilo de Kafka es conciso y de una pureza proverbial. Pero precisamente esta legibilidad, por esta iluminación excesiva, produce una opacidad radical y bloquea cualquier intento de interpretación. Es como si el texto de

Kafka fuera una cadena significante coagulada, estigmatizada, que rechaza la significación con un exceso de goce pegajoso.

El superyó sabe demasiado

La *burocracia* descrita en las novelas de Kafka (la inmensa maquinaria de saber totalmente inútil, superflua, que gira a ciegas y provoca una sensación insoportable de culpa irracional) funciona como un saber superyoico (el S_2 en los matemas de Lacan). Este hecho va en sentido contrario a nuestra comprensión espontánea. Nada parece más obvio que la conexión entre el superyó y el S_1 lacaniano, el significante amo. ¿No es el superyó el modelo mismo de un mandato irracional exclusivamente basado en su propio proceso de enunciación, que exige obediencia sin ninguna otra justificación? Pero la teoría lacaniana también se opone a esta intuición espontánea: la oposición entre S_1 y S_2 (es decir, entre el significante amo y la cadena del saber) coincide con la oposición del ideal del yo (el "rasgo unario", el punto de la identificación simbólica) y el superyó. El superyó está del lado de S_2; es un fragmento de la cadena de saber cuya forma de aparición más pura es lo que llamamos "sentimiento de culpa irracional". Nos sentimos culpables sin saber por qué, como resultado de actos que por cierto nosotros no realizamos. La solución freudiana a esta paradoja es que ese sentimiento tiene buenas razones para existir: nos sentimos culpables en virtud de nuestros deseos inconscientes reprimidos. Nuestro yo consciente no sabe nada (no quiere saber nada) sobre ellos, pero el superyó "lo ve todo y lo sabe todo", por lo cual hace responsable al sujeto de sus deseos no reconocidos: "el superyó sabía más que el yo sobre el ello inconsciente".[10]

En consecuencia, debemos renunciar a la concepción habitual del inconsciente como una especie de depósito de pulsiones salvajes, ilícitas: el inconsciente está hecho también (y me siento tentado a decir "sobre todo") de un texto legal –un conjunto de prohibiciones y mandatos traumático, cruel, caprichoso, ininteligible e irracional. En otras palabras, debemos formular "la proposición paradójica de que el hombre normal no sólo es mucho más inmoral de lo que cree, sino también mucho más moral de lo que sabe".[11] ¿Cuál es el significado preciso de esta distinción entre la creencia y el saber, producida por una especie de lapsus y ya perdida en la nota que acompaña la frase citada de *El yo y el ello*? En esa nota, Freud reformula su idea, diciendo que ella "simplemente afirma que la naturaleza humana tiene una mayor extensión, tanto para el bien como para el mal, de la que piensa [*glault*: cree] tener, es decir, mayor que aquella de la que el yo se percata a través de las percepciones conscientes".[12] Lacan nos ha enseñado a prestar una atención extrema a estas distinciones que surgen en un momento y son olvidadas de inmediato, pues a través de ellas podemos detectar algunas ideas cruciales de Freud, cuya dimensión él mismo no logró advertir plenamente (basta con que recordemos todo lo que Lacan ha podido derivar de un deslizamiento "fallido" similar entre "ideal del yo" y "yo ideal"). ¿Cuál es entonces el significado de esa distinción efímera entre creencia y saber? En última instancia, hay sólo una respuesta posible: si un hombre es más inmoral de lo que cree conscientemente, y más moral de lo que sabe conscientemente –en otras palabras, si la relación con el ello (las pulsiones ilícitas) es de (in)credulidad, y su relación con el superyó (sus prohibiciones y mandatos traumáticos) es de (des)conocimiento, es decir, de ignorancia– ¿no debemos llegar a la conclusión de que *el ello, en sí mismo, ya consta de creencias inconscientes reprimidas*, y *el superyó incluye un saber inconsciente*, un saber paradójico desconocido para el sujeto? Como hemos visto, el propio Freud trata el superyó como una especie de saber ("el superyó *sabía* más que el yo sobre el ello inconsciente"). Pero ¿dónde podemos captar este saber de modo palpable, dónde adquiere, por así decirlo, una existencia material externa? En *la paranoia*, afección en la cual esta agencia que "lo ve todo y lo sabe todo" se encarna en lo real, en la persona del perseguidor omnisciente, capaz de "leer nuestros pensamientos". Con respecto al ello, sólo tenemos que recordar el célebre desafío de Lacan a su audiencia, cuando pidió que le presentaran una sola persona que no creyera inconscientemente en su propia inmortalidad, en Dios. Según Lacan, la verdadera forma del ateísmo es "Dios es inconsciente". Hay una cierta creencia fundamental, una creencia en la consistencia básica del Otro, que es propia del lenguaje como tal. Por el mero acto de hablar, *suponemos* la existencia del Otro como garante de nuestro significado. Incluso en la filosofía analítica más ascética, esta creencia fundamental subsiste en la forma de lo que Donald Davidson ha denominado "el principio de caridad", concibiéndolo como la precondición de la comunicación exitosa.[13] El único sujeto que puede renunciar efectivamente al principio de caridad (es decir, cuya relación con el Otro del orden simbólico se caracteriza por una incredulidad fundamental) es el *psicótico*, por ejemplo el paranoico, que ve en la red simbólica de sentido que lo rodea una conspiración montada por algún perseguidor maligno.

NOTAS

1. Cf. Jürgen Habermas, *The Philosophical Discourse of Modernity*, Cambridge, Mass., MIT Press, 1987. [Ed. cast.: *El discurso filosófico de la modernidad*, Madrid, Taurus, 1993.]

2. Theodor Adorno y Max Hokheimer, *Dialectic of Enlightenment*, Londres, Allen Lane, 1973. [Ed. cast.: *Dialéctica de la Ilustración*, Madrid, Trotta, 1994.]

3. Herbert Marcuse, *One-Dimensional Man*, Boston, Beacon Press, 1964. [Ed. cast.: *El hombre unidimensional*, Barcelona, Ariel, 1998.]

4. Pascal Bonitzer, "Longs feux", en *L'Âne* 16 (1984).

5. Cf. Gilles Deleuze y Felix Guattari, *Kafka: Toward a Minor Literature*, Minneapolis, University of Minnesota Press, 1986.

6. Reiner Stach, *Kafkas erotischer Mythos*, Francfort, Fischer Verlag, 1987, pág. 38.

7. Franz Kafka, *The Trial*, Nueva York, Schocken, 1984, pág. 37. [Ed. cast.: *El proceso*, Barcelona, Lumen, 1987.]

8. Ibíd., pág. 46.

9. Ibíd., pág. 50.

10. Sigmund Freud, "The Ego and the Id", en *SE*, vol. 19, pág. 51 [*El yo y el ello*, en *OC*]. Lo paradójico de este título de Freud, "El yo y el ello", reside en que deja al margen el concepto esencial en el que se basa la verdadera innovación teórica del ensayo: su título debió haber sido "El superyó en sus relaciones con el yo y el ello".

11. Ibíd., pág. 52.

12. Ibíd.

13. Cf. Donald Davidson, "Mental Events", en *Essays on Actions and Events*, Nueva York, Oxford University Press, 1980.

9. *El malestar en la democracia formal*

Hacia una ética del fantasma

Las violaciones del espacio fantasmático

"Sustancia de locura", un cuento de Patricia Highsmith, puede verse como una variación sobre el tema del "cementerio de mascotas". Penélope, la esposa de Christopher Waggoner, se siente patológicamente ligada a sus mascotas: detrás de la casa tiene un jardín con todos sus gatos y perros muertos disecados. Al enterarse de esta singularidad, algunos periodistas quieren visitarla para escribir un artículo sobre ella y, por supuesto, tomar fotos del jardín. Christopher rechaza vigorosamente esa intrusión en la intimidad de su hogar; finalmente obligado a ceder por la insistencia de la esposa, imagina una cruel venganza. Secretamente fabrica una réplica en cera de Louise, que había sido su amante, y la coloca en un banco de piedra en el centro del jardín. A la mañana siguiente Penélope conduce a los periodistas al jardín, ve de pronto la estatua de Louise y sufre un ataque cardíaco (sabía muy bien que el esposo nunca la había amado, y que esa Louise había sido su único amor verdadero). La llevan al hospital, y el hombre queda solo en la casa. Al otro día lo encuentran muerto, rígido como un muñeco en la falda de su Louise. Desde luego, esta historia gira en torno a la fantasía de Penélope, y no a la de Chris: el espacio del jardín, el universo fantasmático de las mascotas disecadas, es una construcción por medio de la cual Penélope oculta el fracaso fundamental de su matrimonio. La crueldad del acto de Christopher consiste en introducir en ese espacio fantasmático el objeto que debe ser excluido, es decir, el objeto cuya presencia desintegra el fantasma: la figura de la Otra Mujer que encarna el fracaso de la relación sexual entre Chris y Penélope. Como efecto del acto de Christopher, Penélope se derrumba: queda perturbada la economía de su deseo, le quitan el sostén que daba consistencia a su personalidad, el marco de coordenadas que le permitían sentir que su vida era significativa. Ésta es quizá la única definición psicoanalítica del pecado: una intrusión en el espacio fantasmático del otro con la cual destruimos sus sueños. Por esta razón, el acto final de Christopher es de naturaleza estrictamente ética; al poner la estatua de su amante en el espacio fantasmático de su esposa, también se abrió un nicho para él mismo, un lugar junto a la estatua de Louise. Su acto desconsiderado no le permite ocupar sencillamente la posición de un manipulador que controla el juego desde una especie de distancia objetiva, porque dentro del espacio que manipula designa involuntariamente un lugar para él mismo. En consecuencia, lo único que le resta hacer es *ocupar ese espacio de su propio cuadro*, llenar su vacancia con su propio cuerpo y, por así decirlo, tiene que pagar en especie, con su propia muerte. Tal vez esto nos ayude a aclarar la idea de Lacan cuando dijo que el suicidio es en última instancia el único acto auténtico.

Encontramos este mismo tipo de suicidio ético en *Carta de una desconocida* [*Letter from an Unknown Woman*], película basada en un cuento de Stephan Zweig. Ésta es la historia de un pianista vienés, un hedonista que una noche vuelve tarde a su casa y le ordena al criado que le prepare rápidamente el equipaje para salir de la ciudad a la mañana siguiente. Ha sido desafiado a duelo pero, como de costumbre, trata de escapar. Mientras el criado se atarea con el equipaje, el pianista encuentra en su escritorio la carta de una mujer desconocida, y comienza a leerla. Es la confesión trágica de una mujer enamorada en cuya vida él, sin saberlo, desempeñó un papel central. Lo había amado de jovencita, cosa que el hombre atribuyó a un fugaz entusiasmo adolescente; más tarde lo tuvo de nuevo en sus brazos haciéndose pasar por *fille de joie*, y él ni siquiera la reconoció: no le deba importancia, era sólo una de sus innumerables conquistas. La mujer, después de su relación carnal con el pianista, quedó embarazada, confió el niño al cuidado de monjas y se suicidó, de modo que en el momento en que el hombre lee su carta, ella ya está muerta. El pianista queda tan sacudido por esa lectura que, al alba, le dice al criado que desempaque: concurrirá al duelo aunque sabe que significa su muerte. Lo que presenta un interés especial es la diferencia entre la película y el relato de Zweig, una diferencia que confirma la superioridad del film (y de este modo refuta el lugar común sobre la "vulgarización" por Hollywood de las obras maestras literarias). En el relato, el pianista recibe la carta, la lee y sólo recuerda a la mujer en unos pocos destellos brumosos; sencillamente no significa nada para él. El enmarcamiento de la trama en el desafío a duelo y la aceptación suicida por parte del pianista es un añadido de la película. El gesto final del héroe es profundamente consistente desde un punto de vista ético: cuando toma conciencia del papel crucial que desempeñó en el universo de otra persona, y del sufrimiento insoportable que debió haberle causado, para redimirse de ese pecado sólo le queda el camino del suicidio.[1]

El *thriller* titulado *Operación Yakuza* [*Yakuza*], de Sydney Pollack, presenta otra variación sobre el mismo tema: en este caso la redención no es directamente suicida, sino un acto respetuoso de sacrificio ritualizado. Robert Mitchum interpreta a un detective norteamericano que se enamora de una hermosa mujer japonesa. Supuestamente, esa mujer vive con el hermano. Poco después de convertirse en su amante, Mitchum se entera de que quien fingía ser el hermano era en realidad el esposo; este hombre necesitaba la ayuda del americano y temía perderla si lo contrariaba en su deseo. Cuando Mitchum reconoce el sufrimiento y la humillación que seguramente causó su amor ofuscado, se disculpa con un gesto japonés tradicional: se corta una falange del meñique y se la entrega al marido envuelta en un pañuelo. Con este gesto Mitchum no indica la aceptación del código ético japonés como propio; el universo japonés sigue pareciéndole tan extraño como antes. Ese gesto sencillamente expresa que lamenta la terrible humillación y sufrimiento que ha causado por su ignorancia culpable del universo simbólico del otro.

Quizá podríamos arriesgarnos a convertir esto en una máxima de la ética psicoanalítica, una especie de suplemento intersubjetivo del célebre lema de Lacan, "no cedas en tu deseo": evita en todo lo posible cualquer violación del espacio fantasmático del otro, es decir, respeta en todo lo posible el "absoluto particular" del otro, el modo absolutamente particular en que él organiza su universo de sentido. Esta ética no es imaginaria (no se trata de que amemos al prójimo como a nosotros mismos, en cuanto se asemeje a nosotros mismos, es decir, en cuanto veamos en él una imagen de nosotros), ni simbólica (tampoco se trata de respetar al otro por la dignidad que le otorga su identificación simbólica, el hecho de que pertenece a la misma comunidad simbólica que nosotros, aunque concibamos esta comunidad en el sentido más amplio y lo respetemos a él "como ser humano"). Lo que le confiere al otro la dignidad de persona no es un rasgo simbólico universal, sino precisamente lo que es en él absolutamente particular, su vida fantasmática, esa parte de él que con toda seguridad no podremos compartir nunca. Para decirlo en términos kantianos, no debemos respetar al otro por la ley moral universal que habita en cada uno de nosotros, sino por su núcleo "patológico" máximo, por el modo absolutamente particular en que cada uno de nosotros sueña su mundo, organiza su goce.

Pero conmover los cimientos del fantasma fundamental del analizante, es decir, provocar la destitución subjetiva por medio de la cual el sujeto adquiere una especie de distancia respecto de su fantasma fundamental como último sostén de su realidad simbólica, ¿no es precisamente la meta de la cura psicoanalítica? El proceso psicoanalítico en sí, ¿no es entonces un método de humillación, refinado y por lo tanto sumamente cruel, que retira los cimientos debajo de los pies del sujeto, obligándolo a experimentar la total nulidad de esos "detalles divinos" en torno a los cuales está cristalizado su goce? El fantasma como ficción que oculta una falta, una inconsistencia en el orden simbólico, es siempre particular; su particularidad es absoluta, resiste a la mediación, no se la puede incorporar a un ámbito más amplio, universal, simbólico. Por esta razón sólo podemos experimentar la dignidad del fantasma del otro tomando una suerte de distancia con respecto a nuestro propio fantasma, sintiendo la contingencia fundamental del fantasma como tal, captándolo como el modo en el que cada uno, de una manera que le es propia, oculta el atolladero de su deseo. La dignidad de un fantasma consiste en su mismo carácter ilusorio, frágil, desamparado.

El atolladero del liberalismo

En *Contingencia, ironía y solidaridad*, Richard Rorty enfrenta el mismo problema al tratar de establecer de qué modo, sobre qué base, podemos construir una ética democrática liberal después del fracaso de su fundamentación racionalista universal.[2] Según Rorty, en la actualidad somos testigos del derrumbe final de los esfuerzos de la Ilustración tendientes a dar a los derechos y libertades humanos algún sostén trascendente o trascendental, exento de la contingencia radical del proceso histórico (los derechos naturales del hombre, la razón universal, etcétera), alguna base ideal (una especie de idea reguladora kantiana) que guiaría el proceso histórico (por ejemplo, el ideal habermasiano de una comunicación sin coacciones). El curso histórico de los acontecimientos ya no puede aprehenderse como un proceso unitario, mediante algún metarrelato de control (el relato marxista de la historia como historia de la lucha de clases ya es insostenible). La historia siempre ha sido reescrita retroactivamente, cada nueva perspectiva narrativa reestructura el pasado, cambia su significado, y asumir una posición neutral desde la que resulte posible coordinar y totalizar las simbolizaciones narrativas divergentes es un imposible a priori. ¿No nos vemos entonces llevados a extraer la conclusión inevitable de que todos los proyectos éticos, incluso los abiertamente antidemocráticos, racistas, etcétera, son en última instancia equivalentes, ya que sólo podemos preferir alguno de ellos asumiendo una cierta perspectiva narrativa que será contingente, que presupone de antemano su propio punto de vista, y toda argumentación a su favor será por definición circular? Rorty llama "ironista al tipo de persona que enfrenta la contingencia de sus propias creencias y deseos más centrales".[3] ¿Cuál sería la actitud propia del "ironista", en el sentido de Rorty, y en tanto opuesto al "metafísico"?

> Mientras que el metafísico considera que los rasgos moralmente pertinentes de los otros seres humanos son su relación con un poder compartido más amplio (por ejemplo, la racionalidad, Dios, la verdad o la historia), para el ironista la definición moralmente pertinente de una persona, de un sujeto moral, es "algo que puede ser humillado". Su sentido de la solidaridad humana se basa en la percepción de un peligro común, no en una posesión común o en un poder compartido. [El metafísico] piensa que la tarea del intelectual consiste en preservar y defender el liberalismo respaldándolo con algunas proposiciones verdaderas sobre grandes temas, pero [el ironista] piensa que esta tarea consiste en aumentar nuestra capacidad para reconocer y describir los diferentes tipos de pequeñas cosas en torno a las cuales centran sus fantasías y sus vidas los individuos o las comunidades.[4]

Estos "diferentes tipos de pequeñas cosas", que Navokov llama "divinos detalles", designan por supuesto el fantasma fundamental, ese "absoluto particular" que funciona como un marco dentro del cual tienen sentido para nosotros las cosas y los acontecimientos. Por lo tanto, Rorty propone como base de la solidaridad: no algunas propiedades, valores, creencias, ideales comunes, no el reconocimiento del otro como alguien que cree y desea lo que creemos y deseamos nosotros, sino el reconocimiento del otro como alguien que puede sufrir, como alguien que puede padecer dolor. Este dolor no es primordialmente físico, sino sobre todo "dolor mental",[5] la humillación que causamos con nuestra intrusión en el fantasma de otro. En *1984*, de Orwell, O'Brien, con la amenaza de las ratas, perturba la relación de Winston con Julia, y de tal modo quiebra a Winston: el grito desesperado de este último, "¡Hazle eso a Julia!", conmueve de algún modo los fundamentos mismos del ser de Winston. "Cada uno de nosotros está en la misma relación con alguna oración, y con alguna cosa";[6] Lacan trató de designar esta relación con su fórmula del fantasma, $\$ \diamond a$.

Pero, precisamente en este punto, algunas de las formulaciones de Rorty se vuelven problemáticamente imprecisas. Cuando dice que "la humillación fundamental" consiste en encontrarse en un estado en el cual "la historia que he estado narrándome sobre mí mismo (mi imagen de mí mismo como persona honesta, leal o devota) ya no tiene sentido",[7] Rorty reduce "el dolor mental" al derrumbe de la identificación simbólica, o imaginaria, o ambas, del sujeto. En este caso, sencillamente, una de nuestras acciones no puede integrarse en el relato simbólico (contingente) que delinea el horizonte de nuestra autoaprehensión; el fracaso precipita el colapso de la imagen que nos hacía simpáticos a nosotros mismos. Pero la "relación con alguna oración, y con alguna cosa", esa relación un tanto misteriosa, está en un nivel más radical que el de la identificación simbólica o imaginaria: es la relación con el objeto causa de deseo, es decir, con las coordenadas básicas que regulan nuestra "facultad deseante". Lejos de no tener consecuencias, esta confusión desempeña un papel positivo en el edificio teórico de Rorty: sólo sobre esta base puede él formular su proyecto de una "utopía liberal: una utopía en la cual la ironía [...] sea universal".[8]

¿En qué consiste esta utopía liberal? La premisa fundamental de Rorty es que debemos "abandonar la exigencia de que una teoría unifique lo público y lo privado", y contentarnos "con abordar las exigencias de autocreación y de solidaridad humana como igualmente válidas, aunque eternamente dispares".[9] De modo que en la sociedad ideal, utópica, estarían claramente diferenciados los dominios de lo público y lo privado; sería una sociedad que le haría posible a cada individuo y a toda la comunidad perseguir la obtención de "los diferentes tipos de pequeñas cosas en torno a las cuales centran sus fantasmas y sus vidas", una sociedad en la cual la ley social se reduciría a un conjunto de reglas neutras destinadas a salvaguardar la libertad de autocreación al proteger a cada individuo de las intrusiones violentas en su espacio privado. El problema de este sueño liberal es que la división entre lo público y lo privado nunca se produce sin dejar un cierto resto. No nos estamos refiriendo al habitual repudio del individualismo liberal, por parte del marxismo, capaz de demostrar con elocuencia que la división entre lo público y lo privado está condicionada socialmente, que es producto de una estructura social específica, y que incluso los modos más íntimos de autoexperiencia subjetiva están ya mediados por la forma predominante entre las relaciones sociales. Un liberal podría admitir estos puntos sin abandonar su propia posición. El atolladero real va en dirección opuesta: la misma ley social que, como una especie de conjunto neutro de reglas, debe limitar nuestra autocreación estética y retirarnos una parte de goce en bien de la solidaridad, está desde siempre impregnada de un goce excedente obsceno, "patológico". No se trata entonces de que la división entre lo público y lo privado no sea posible, sino de que sólo es posible con la condición de que el dominio de la ley pública esté impregnado de una dimensión obscena de goce privado: para la presión que ejerce sobre el sujeto, la ley pública extrae su energía del mismo goce que le retira a ese sujeto, al actuar como agencia de la prohibición. En la teoría psicoanalítica, esta ley obscena tiene un nombre preciso: es el *superyó*.

El propio Freud ya había señalado que el superyó se alimenta con las fuerzas del ello, esas fuerzas que él reprime y que le dan su carácter obsceno, malévolo, escarnecedor, como si el goce del que el sujeto es privado se acumulara en el mismo lugar desde el cual se enuncia la prohibición del superyó.[10] La distinción lingüística entre el sujeto del enunciado y el sujeto de la enunciación encuentra aquí su aplicación perfecta: detrás del enunciado de la ley moral que nos impone la renuncia al goce hay siempre oculto un obsceno sujeto de la enunciación que atesora el goce que roba. El superyó, por así decirlo, es un agente de la ley no alcanzado por la autoridad de la ley: hace lo que nos prohíbe hacer. Hay una paradoja fundamental: cuanto más inocentes somos (es decir cuanto más obedecemos el mandato del superyó y renunciamos al goce), más culpables nos sentimos; ello se debe a que, cuanto más obedecemos al superyó, mayor es el goce que se acumula en él y, por lo tanto, mayor la presión que ejerce sobre nosotros.[11] Para tener una idea de cómo sería una agencia social que funcionara de esta manera, basta con que recordemos la máquina burocrática que enfrenta el sujeto en las grandes novelas de Kafka (*El castillo*, *El proceso*); ese inmenso aparato está impregnado de un goce obsceno.

Kant con McCullough

Ahora podemos ubicar con precisión el punto débil de la utopía liberal de Rorty: presupone la posibilidad de una ley social universal *sin ninguna* mancha *patológica* de goce, es decir, liberada de la dimensión superyoica. En otras palabras, presupone un deber que *no sería* la "más indecente de todas las obsesiones" (para tomar una frase de un *betseller kitsch* contemporáneo). El *kitsch* de hoy en día sabe muy bien lo que no sabía Kant, el filósofo del deber incondicional. No es sorprendente, pues es precisamente en el universo de esa literatura donde sobrevive al tradición del amor cortés, que considera el amor a la Dama como un deber supremo. Un caso ejemplar del género del amor cortés es *Obsesión indigna*, de Colleen McCullough, una novela completamente ilegible, razón por la cual fue publicada en Francia en la colección *J'ai lu* ("He leído"). Es la historia de una enfermera que cuida a enfermos mentales en un pequeño hospital del Pacífico, hacia el final de la Segunda Guerra Mundial; esa mujer está dividida entre su deber profesional y el amor que siente por uno de sus pacientes. Al final de la novela ella define su deseo, renuncia al amor y vuelve al deber. A primera vista, ésta es una moraleja de más insípido moralismo: la victoria del deber sobre el amor apasionado, la renuncia al amor "patológico" en beneficio del deber. Pero la presentación de los motivos de esa renuncia es algo más sutil; las siguientes son las últimas oraciones de la novela:

> Ella tenía un deber allí [...] No era sólo un trabajo; ella ponía el corazón, entraba profundamente en eso. Eso era lo que verdaderamente quería [...] La enfermera Langtry volvió a caminar, enérgicamente y sin miedo, comprendiéndose finalmente a sí misma. Y comprendiendo que el deber, la más indecente de todas las obsesiones, era sólo otro nombre del amor.[12]

Tenemos entonces una verdadera inversión dialéctica hegeliana: la oposición entre el amor y el deber queda "superada" (*aufgehoben*) cuando sentimos que el deber es en sí mismo "sólo otro nombre del amor". Por medio de esta inversión (la negación de la negación), el deber, en un primer momento la negación del amor, coincide con un amor supremo capaz de abolir todos los otros amores "patológicos" a los objetos mundanos o, para emplear términos lacanianos, funciona como punto de almohadillado de todos los otros amores ordinarios. La tensión entre el deber y el amor (entre la pureza del deber y la indecencia o la obscenidad patológica del amor apasionado) queda resuelta en el momento en que experimentamos el carácter radialmente obsceno del deber en sí.

Al principio de la novela, el deber es puro y universal, mientras que el amor apasionado aparece como patológico, particular, indecente; sin embargo, al final es el deber lo que se revela como "la más indecente de todas las obsesiones". Es así como debemos entender la tesis lacaniana según la cual el Bien es sólo la máscara del Mal radical y absoluto, la máscara de la "obsesión indecente" por *das Ding*, la Cosa atroz, obscena. Detrás del Bien hay un Mal radical: el Bien no es más que "otro nombre de un Mal" que no tiene un estatuto particular, "patológico". En la medida en que nos obsesione de un modo indecente, en la medida en que funcione como un cuerpo extraño, traumático, que perturba el curso ordinario de las cosas, *das Ding* nos hace posible desligarnos, liberarnos de nuestro apego "patológico" a objetos mundanos particulares. El "Bien" es sólo un modo de conservar la distancia respecto de esta Cosa maligna, una distancia que la hace soportable.

A diferencia de la literatura *kitsch* de nuestro siglo, esto es lo que Kant no conocía: el otro lado, el lado obsceno del deber. Por ello él podía evocar el concepto de *das Ding* en su forma negativa, como una (im)posibilidad absurda: por ejemplo, en su tratado sobre las cualidades negativas, a propósito de la diferencia entre la contradicción lógica y la oposición real. La contradicción es una relación lógica que no tiene ninguna existencia real, mientras que la oposición real es una relación entre dos polos igualmente positivos. Esta última relación no vincula a algo con su falta, sino a dos datos positivos. Un ejemplo es el placer y el dolor (ejemplo que no es en absoluto accidental, en cuanto revela el nivel en el que estamos hablando de oposición real, el nivel del principio de placer): "El placer y el dolor no se comparan recíprocamente como la ganancia y la ausencia de ganancia (+ y -). En otras palabras, no se oponen simplemente como contradictorios (*contradictoire s. logice oppositum*), sino también como contrario (*contrarie s. realiter oppositum*)."[13]

El placer y el dolor son los polos de una oposición real, hechos positivos en sí mismos. Cada uno es negativo sólo en su relación con el otro, mientras que el Bien y el Mal son contradictorios, pues su relación es la de + y 0. Por ello el Mal no es una entidad positiva. Es sólo la falta, la ausencia del Bien. Sería un absurdo tomar el polo negativo de una contradicción como algo positivo, "pensar en un tipo particular de objeto y denominarlo cosa negativa".[14] Pero *das Ding*, en su conceptualización lacaniana, es *precisamente esa "cosa negativa"*, una Cosa paradójica que no es más que la materialización, la encarnación de una falta, un agujero en el Otro o el orden simbólico. *Das Ding* como "Mal encarnado" es por cierto un objeto que se sustrae al principio de placer, a la oposición entre el placer y el dolor: es un objeto "no-patológico" en el estricto sentido kantiano del término, y como tal una paradoja impensable para Kant. Por ello a Kant hay que pensarlo "con Sade", como dice Lacan, o por lo menos con McCullough.

La cosa-nación

La abstracción democrática

Desde luego, todo esto tiene consecuencias de largo alcance para la noción de democracia. Ya en la década de 1960 Lacan predijo un nuevo ascenso del racismo en las décadas que seguirían, un agravamiento de las tensiones étnicas y de las afirmaciones agresivas de particularismos étnicos. Aunque Lacan pensaba sobre todo en las sociedades occidentales, el reciente estallido de nacionalismo en los países del "socialismo real" confirma su premonición mucho más de lo que podía haberse previsto. ¿De dónde saca su fuerza este súbito impacto de la Causa étnica, de la Cosa étnica (si pensamos la Cosa en su preciso sentido lacaniano de objeto traumático real que fija nuestro deseo)? Lacan sitúa su fuerza como lo inverso de la lucha por la universalidad que constituye la base misma de nuestra civilización capitalista: el propio Marx concibió la disolución de todos los lazos hereditarios particulares, étnicos, "sustanciales", como un rasgo crucial del capitalismo. En las últimas décadas, la lucha por la universalidad ha recibido el nuevo impulso de toda una serie de procesos económicos, tecnológicos y culturales: la superación de las fronteras nacionales en el ámbito económico; la homogeneización tecnológica, cultural y lingüística a través de los nuevos medios de comunicación (la revolución informática, la transmisión de información por satélite); la emergencia de cuestiones políticas planetarias (la preocupación por los derechos humanos, la crisis ecológica), etcétera. Con todas estas diferentes formas del movimiento hacia la integración planetaria, parecen ir perdiendo su peso, lenta pero inevitablemente, las ideas de Estado-nación soberano, cultura nacional, etcétera. Desde luego, las denominadas "particularidades étnicas" quedan preservadas, pero precisamente sumergidas en el ámbito de la integración universal: ya no se las considera desarrollos independientes, sino aspectos particulares de una multilateralidad universal. Por ejemplo, éste es el destino de las "cocinas nacionales" en una megalópoli contemporánea: a la vuelta de cada esquina hay restaurantes chinos, italianos, franceses, hindúes, mejicanos, griegos, lo cual no hace más que confirmar la pérdida de las raíces propiamente étnicas de esas cocinas.

Por supuesto, éste es un lugar común de la crítica cultural conservadora contemporánea. ¿Entonces Lacan, al vincular el ascenso del racismo con el proceso de universalización, se alinea con esta argumentación ideológica según la cual la civilización contemporánea, al provocar que los pueblos pierdan su anclaje, su sentido de pertenencia a una comunidad particular, está precipitando una violenta reacción nacionalista? Si bien Lacan (en este aspecto seguidor de Marx) reconoce un momento de verdad en esta actitud conservadora nostálgica, él subvierte radicalmente la totalidad de esa perspectiva.

Debemos comenzar con una pregunta elemental: ¿quién es el sujeto de la democracia? La respuesta lacaniana es inequívoca: el sujeto de la democracia no es una persona humana, el "hombre" con toda la riqueza de sus necesidades, intereses y creencias. El sujeto de la democracia, igual que el sujeto del psicoanálisis, no es más que el sujeto cartesiano en toda su abstracción, con el carácter puntual y vacío al que llegamos después de sustraerle todos sus contenidos particulares. En otras palabras, hay una homología estructural entre el procedimiento cartesiano de la duda radical que produce el *cogito*, un punto vacío o una autorreferencia reflexiva como resto, y el preámbulo de toda proclama democrática, que remite a "todas las personas *con independencia de su*... raza, sexo, religión, *status* social, riqueza". No debemos dejar de advertir el violento acto de abstracción que opera en este "con independencia de"; hay una abstracción de todos los rasgos positivos, una disolución de todos los vínculos sustanciales, innatos, y esto produce una entidad estrictamente correlativa con el *cogito* cartesiano como punto de pura subjetividad no-sustancial. Lacan equiparaba con esta entidad al sujeto del psicoanálisis, con gran sorpresa de quienes estaban acostumbrados a la "imagen psicoanalítica del hombre" como un profuso conjunto de pulsiones irracionales; Lacan designaba al sujeto con una S tachada, indicando de tal modo la falta constitutiva de cualquier sostén que pudiera ofrecerle al sujeto una identidad positiva, sustancial. Debido a esta falta de identidad, el concepto de *identificación* desempeña un papel tan crucial en la teoría psicoanalítica: el sujeto trata de llenar su falta constitutiva mediante la identificación, identificándose con algún significante amo que le asegure su lugar en la red simbólica.

Ese acto violento de abstracción no expresa una imagen excesivamente ampliada de la democracia, una exageración que nunca se encuentra en la vida real; por el contrario, es propia de la lógica misma que seguimos al aceptar el principio de la democracia formal. La democracia es fundamentalmente antihumanista, no está hecha "a la medida de los hombres (concretos, reales)", sino a la medida de una abstracción formal carente de corazón. En la idea misma de democracia no hay lugar para la plenitud del contenido humano concreto, para vínculos comunitarios auténticos: la democracia *es en sí* un vínculo formal entre individuos abstractos. Cualquier intento de llenar la democracia con contenidos concretos sucumbe un poco antes o después a la tentación totalitaria, por sinceros que sean sus motivos.[15] De modo que los críticos de la democracia tienen razón en un sentido: la democracia implica una escisión entre *el ciudadano* abstracto y el *burgués* portador de intereses particulares, "patológicos", y la conciliación de estos dos términos es estructuralmente imposible. Podemos asimismo referirnos a la tradicional oposición entre *Gesellschaft* (la sociedad como conglomerado mecánico, sin vínculos internos, de individuos atomizados) y *Gemeinschaft* (la sociedad como comunidad unida por lazos orgánicos): la democracia está definidamente asociada con la *Gesellschaft*; literalmente se basa en la escisión entre "lo público" y "lo privado", sólo es posible en el marco de lo que alguna vez (cuando aún se oía la voz del marxismo) se denominó "alienación".

Actualmente podemos percibir esta afinidad de la democracia con la *Gesellschaft* alienada en los denominados "nuevos movimientos sociales": la ecología, el feminismo, el movimiento pacifista. Ellos difieren de los movimientos políticos tradicionales (los partidos) por una cierta autolimitación, cuyo reverso es un cierto excedente: quieren ser al mismo tiempo menos y más que los partidos tradicionales. Los nuevos movimientos sociales son renuentes a entrar en la lucha política habitual; continuamente subrayan su resistencia a convertirse en partidos políticos como los otros, se excluyen de la esfera de la lucha por el poder. Pero al mismo tiempo dejan en claro que su meta es mucho más radical que la de los partidos ordinarios: ellos luchan por una transformación fundamental del modo de actuar y de las creencias, por un cambio en el "paradigma de vida" que alcanzará a nuestras actitudes más íntimas. Por ejemplo, tienen una nueva actitud respecto de la naturaleza, que ya no sería de dominación sino de interjuego dialógico; contra la razón "masculina" agresiva, defienden una racionalidad pluralista, "suave", "femenina", etcétera. En otras palabras, no es posible ser un ecologista o una feminista del mismo modo en que se puede ser un demócrata conservador o un socialdemócrata en una democracia formal occidental. En el primer caso no está en juego sólo una creencia política, sino toda una actitud vital. Y este proyecto radical de cambio del paradigma de vida, una vez formulado como programa político, necesariamente socava las bases mismas de la democracia formal. El antagonismo entre la democracia formal y los nuevos movimientos sociales es irreductible, razón por la cual debe ser plenamente asumido y no eludido mediante proyectos utópicos de una "democracia concreta" capaz de absorber toda la diversidad del denominado "mundo de la vida".

De modo que el sujeto de la democracia es una pura singularidad, vacía de contenido, liberada de todos los vínculos sustanciales y, según Lacan, el problema de este sujeto no está donde lo ve el neoconservadurismo. El problema no consiste en que esta abstracción propia de la democracia disuelva todos los lazos sustanciales concretos, sino en que *nunca puede disolverlos*. El sujeto de la democracia, en su mismo vacío, tiene una cierta mancha "patológica". La "ruptura democrática" (la exclusión de la riqueza de los contenidos particulares constitutivos del sujeto democrático), homóloga a la "ruptura epistemológica" (mediante la cual se constituye la ciencia al liberarse de las nociones ideológicas) nunca se produce sin dejar un cierto resto. Pero este resto no debe considerarse una limitación empírica, determinante del fracaso de la ruptura. Este resto tiene un estatuto a priori, es una condición positiva de la ruptura democrática, es su sostén. Precisamente en la medida en que pretende ser pura, formal, la democracia sigue ligada a un momento contingente de positividad, de contenido material: si pierde su sostén material, la forma se disuelve.

...y su resto

Este resto al que se aferra la democracia formal, que hace posible la sustracción de todos los contenidos positivos, es desde luego el momento étnico concebido como "nación": la democracia está siempre ligada al hecho "patológico" del Estado-nación. Cualquier intento de crear una democracia planetaria basada en una comunidad de todas las personas, de los "ciudadanos del mundo", pronto da pruebas de su impotencia, no logra suscitar ningún entusiasmo político. Éste es otro caso ejemplar de la lógica lacaniana del no-todo, en la que la función universal está fundada en una excepción: el nivelamiento ideal de todas las diferencias sociales, la producción de los ciudadanos, el sujeto de la democracia, sólo es posible mediante la alianza con alguna Causa nacional particular. Si pensamos esta Causa como la Cosa freudiana (*das Ding*), como goce materializado, resulta claro por qué el "nacionalismo" es precisamente el ámbito privilegiado de la irrupción del goce en el campo social: la Causa nacional es en última instancia el modo en que los sujetos de una nación organizan su goce colectivo mediante mitos nacionales. Lo que está en juego en las tensiones étnicas es siempre la posesión de la Cosa nacional: el "otro" quiere robar nuestro goce (destruir nuestro "modo de vida"), o tiene acceso a algún goce secreto, perverso, o una cosa y otra. En síntesis, lo que nos pone nerviosos, lo que realmente nos molesta del "otro", es el modo peculiar en que él organiza su goce (el olor de su comida, sus cantos y danzas "ruidosos", sus costumbres extrañas, su actitud respecto del trabajo; en la perspectiva racista, el "otro" es un adicto al trabajo que nos roba nuestro puesto, o un vago que vive de nuestro esfuerzo). La paradoja básica consiste en que nuestra Cosa es concebida como algo inaccesible al otro, y al mismo tiempo amenazada por él; de modo análogo, la castración, según Freud, es experimentada como algo que "en realidad no puede suceder" pero cuya perspectiva nos horroriza.

La irrupción de la Cosa nacional con toda su violencia siempre ha tomado por sorpresa a los devotos de la solidaridad internacional. Quizás el caso más traumático en este sentido haya sido el derrumbe del movimiento obrero internacional ante la euforia "patriótica" al estallar la Primera Guerra Mundial. Hoy en día resulta difícil imaginar el choque traumático que representó para los líderes de todas las corrientes de la socialdemocracia (desde Eduard Bernstein hasta Lenin) que los partidos socialdemocrátas de todos los países, con la excepción de los bolcheviques en Rusia y Serbia) dieran paso a fanatismos nacionalistas y se alinearan "patrióticamente" detrás de "sus" respectivos gobiernos, olvidando la solidaridad proclamada de la clase obrera "sin país". Esa conmoción daba testimonio de un encuentro con lo real del goce. Pero en cierto sentido esos estallidos patrioteros estaban lejos de ser inesperados: algunos años antes de la iniciación real de la guerra, las socialdemocracias habían llamado la atención de los obreros hacia el hecho de que las fuerzas imperialistas estaban preparando una nueva conflagración mundial, previniéndoles que no cedieran a un fanatismo supuestamente "patriótico". Incluso cuando estaban por iniciarse las operaciones (es decir, en los días siguientes al asesinato de Sarajevo), los socialdemócratas alemanes denunciaron que la clase gobernante iba a utilizar ese episodio como excusa para declarar la guerra. Además, la Internacional Socialista emitió una resolución formal que obligaba a todos sus miembros a votar contra los créditos de guerra en caso de que hubiera contienda. No obstante, al desencadenarse efectivamente la lucha, la solidaridad internacionalista se desvaneció en el aire sutil. Esta inversión entre gallos y medianoche tomó por sorpresa a Lenin: cuando leyó en los periódicos que los diputados socialdemócratas habían votado en favor de los créditos de guerra, creyó al principio que se trataba de una farsa fabricada por la policía alemana para desorientar a los obreros.

En consecuencia, no basta con decir que la democracia pura no es posible: lo esencial es el lugar en que situamos esta imposibilidad. La democracia pura no es imposible debido a una inercia empírica que impida su plena realización, pero que podría ser gradualmente abolida por el desarrollo democrático ulterior; la democracia sólo es posible sobre *la base* de su propia imposibilidad; su límite, su resto "patológico" irreductible, es su condición positiva. En cierto nivel, esto ya lo sabía Marx (razón por la cual, según Lacan, el origen de la noción de síntoma debe buscarse en Marx): la "democracia formal" del mercado, su intercambio equivalente, implica "la explotación", la apropiación de la plusvalía, pero este desequilibrio no es una indicación de una realización "imperfecta" del principio del intercambio equivalente, sino que el intercambio equivalente en el mercado es *la forma misma de explotación* o de apropiación de la plusvalía. Es decir que la equivalencia formal es la forma de una no-equivalencia de los contenidos. En esto reside la conexión entre el objeto *a*, el goce excedente, y la noción marxista de plusvalía (el propio Lacan acuñó la expresión "goce excedente", *plus-de-jouir*, tomando como modelo el término "plusvalía", *plus-value*); el valor excedente, la plusvalía, es el resto "material", los contenidos excedentes de los que se apropia el capitalista gracias a la forma del intercambio equivalente entre el capital y la fuerza de trabajo.

Pero no fue necesario aguardar a Marx para descubrir el desequilibrio, las paradojas del principio burgués de la igualdad formal; las dificultades ya habían surgido con el marqués de Sade. Su proyecto de una "democracia del goce" (tal como lo formuló en su panfleto "Franceses, un esfuerzo más si queréis ser republicanos...", incluido en *La filosofía en el tocador*)[16] tropezaba con el hecho de que la democracia sólo puede ser una democracia del sujeto (del significante): *no hay democracia del objeto*. Los ámbitos respectivos del fantasma y la ley simbólica son radicalmente divergentes. Es decir que la naturaleza misma del fantasma se resiste a la universalización: el fantasma es el modo absolutamente particular en que cada uno de nosotros estructura su relación "imposible" con la Cosa traumática. Es el modo en que cada uno de nosotros, por medio de un guión imaginario, disuelve u oculta, o ambas cosas, el atolladero fundamental del Otro inconsistente, el orden simbólico. El campo de la ley, de los derechos y deberes, por otra parte, pertenece por su propia naturaleza a la dimensión de la universalidad, es un campo de igualación universal generado por el intercambio equivalente y la reciprocidad. En consecuencia, podríamos definir el objeto *a*, el objeto causa de deseo del goce excedente encarnado, precisamente como el excedente que se sustrae a la red del intercambio universal, razón por la cual la forma del fantasma como irreductible a la dimensión de la universalidad es $\$ \lozenge a$, es decir, el sujeto confrontado con este excedente imposible.

El "heroísmo" del proyecto de Sade consiste en su esfuerzo imposible por conferir al campo del goce (del fantasma que estructura el goce) la forma burguesa de la legalidad universal, del intercambio equivalente, de la reciprocidad de derechos y deberes iguales. A la lista de los "derechos del hombre" proclamados por la Revolución Francesa, Sade añade el "derecho al goce", un suplemento perturbador que secretamente subvierte el campo universal de los derechos en el cual pretende situarse. Una vez más encontramos la lógica del no-todo: el campo de los derechos universales del hombre se basa en la exclusión de cierto derecho (el derecho al goce); en cuanto incluimos este derecho en particular, el campo de los derechos universales pierde el equilibrio. Sade parte de la afirmación de que la Revolución Francesa se había quedado a medio camino: en el ámbito del goce, seguía siendo prisionera de valores prerrevolucionarios, patriarcales, no emancipados. Pero, tal como Lacan lo demostró en "Kant con Sade", cualquier intento de darle al derecho al goce la forma de una norma universal concordante con el imperativo categórico, necesariamente termina en un atolladero. Esa norma sadeana determinaría que cualquiera (fuera cual fuere su sexo, edad, condición social, etcétera) tiene derecho a disponer libremente de cualquier parte de mi propio cuerpo, para satisfacer sus deseos, de cualquier modo concebible. En la reconstrucción que imagina Lacan, esto significa que "Cualquiera puede decirme yo tengo derecho a gozar de tu cuerpo, y ejerceré este derecho, sin ningún límite que me detenga en el capricho de los excesos que pueda tener el gusto de saciar".[17] Lacan señala que esta norma universal, aunque satisface el criterio kantiano del imperativo categórico, se anula a sí misma, en cuanto excluye la reciprocidad: en última instancia, uno siempre da más de lo que toma, es decir, que todos se encuentran en la posición de víctimas. Por tal razón, no es posible sancionar el derecho al goce en la forma de "Todos tienen derecho a ejercer su fantasma particular". Un poco antes o después, nos enredamos en una especie de autoobstrucción; por definición, los fantasmas no pueden coexistir pacíficamente en algún ámbito neutral. Por ejemplo, puesto que no hay relación sexual, un hombre sólo puede desarrollar una relación duradera con una mujer en la medida en que ella entre en el marco de la peculiaridad perversa del fantasma de él. ¿Qué podemos decir, entonces, de alguien con quien sólo es posible una relación sexual si se ha sufrido la ablación del clítoris? Además, ¿qué podemos decir sobre *la mujer* que acepta esta condición y exige el derecho a padecer el penoso ritual de la ablación de su clítoris? ¿Forma esto parte de su "derecho al goce", o se supone que, en nombre de los valores occidentales, debemos liberarla de este modo "bárbaro" de organizar su goce? La cuestión es que no hay ninguna salida: aunque sostengamos que una mujer puede humillarse en tanto lo haga por propia voluntad, es posible incluso imaginar la existencia de un fantasma que consista en ser humillada *contra* su voluntad.

¿Qué hacer, entonces, ante este atolladero fundamental de la democracia? El procedimiento modernista (ligado a Marx, y que consiste en desenmascarar la democracia formal, en sacar a luz el modo en que la forma democrática oculta siempre un desequilibrio de contenidos) implica llegar a la conclusión de que la democracia formal como tal debe ser abolida y reemplazada por una forma superior de democracia concreta. El enfoque posmoderno, por el contrario, nos exigiría asumir esta paradoja constitutiva de la democracia. Debemos adoptar una especie de "olvido activo", aceptando la ficción simbólica, aunque sepamos que, "en realidad, las cosas no son así". La actitud democrática se basa siempre en una cierta escisión fetichista: *Sé muy bien* (que la forma democrática es sólo una forma maculada por manchas de desequilibrio "patológico"), *pero de todos modos* (actuaré como si la democracia fuera posible). Lejos de indicar su defecto fatal, esta escisión es la fuente misma de la fuerza de la democracia: la democracia puede tomar conciencia del hecho de que su límite está en ella misma, en su antagonismo interno. Por ello puede evitar el destino del totalitarismo, que es condenado sin cesar para inventar enemigos externos que expliquen los fracasos de ella.

La "revolución copernicana" de Freud, su subversión de la imagen del hombre centrada en sí misma, no debe entonces concebirse como una renuncia a la Ilustración, como una desconstrucción de la noción del sujeto autónomo, es decir, del sujeto liberado de las coacciones de la autoridad externa. La finalidad de la revolución copernicana de Freud *no consiste* en demostrar que el sujeto es en última instancia un títere en las manos de fuerzas desconocidas que se sustraen a su captación (las pulsiones inconscientes, etcétera). Las cosas tampoco mejoran si cambiamos esta idea ingenua, naturalista, del inconsciente por su concepción más refinada, como "discurso del Otro" que hace del sujeto el lugar donde habla el lenguaje en sí, es decir, una agencia sometida a mecanismos significantes descentrados. A pesar de algunas proposiciones lacanianas que hacen eco a esta concepción estructuralista, este tipo de descentramiento no aprehende el objetivo del "retorno a Freud" realizado por Lacan. Según Lacan, Freud está lejos de proponer una imagen del hombre como víctima de pulsiones irracionales (esa imagen propia de la *Lebensphilosophie*); Freud asume sin reservas el gesto fundamental de la Ilustración: un rechazo de la autoridad externa de la tradición y la reducción del sujeto a un punto vacío, formal, de autorrelación negativa. El problema consiste en que, al "circular alrededor de sí mismo" como su propio sol, este sujeto autónomo encuentra en sí algo que es "más que él mismo", un cuerpo extraño que está en su mismo centro. A esto apunta el neologismo lacaniano *extimité*, extimidad, la designación de un extraño que está en medio de mi intimidad. Precisamente por dar vueltas alrededor de sí mismo, el sujeto circula en torno a algo que es "en él mismo más que él mismo", el núcleo traumático del goce que Lacan nombra con las palabras alemanas *das Ding*. Es posible que el sujeto no sea más que un nombre de ese movimiento circular, de esa distancia respecto de la Cosa "demasiado caliente" como para acercarse mucho a ella. A causa de esta Cosa el sujeto se resiste a la universalización, no puede ser reducido a un lugar (aunque sea un lugar vacío) en el orden simbólico. Debido a esta Cosa, en cierto punto el amor al prójimo se convierte necesariamente en odio destructivo, de acuerdo con un lema lacaniano: *te amo, pero hay en ti algo que es más que tú, el objeto* a, *por lo cual te mutilo.*

NOTAS

1. La situación es un tanto similar en *Vértigo*, de Hitchcock: aunque en este caso el héroe (James Stewart) no ignora a la mujer sino que, por el contrario, está obsesionado por ella, no tiene en cuenta en absoluto lo que ella piensa: sólo cuenta para él en la medida en que entra en su marco fantasmático. Judy realmente lo ama, pero su única manera de hacerse amar a su vez por ese hombre consiste en adecuarse al fantasma de él, o asumir la forma de una mujer muerta. Por ello es tan subversivo el *flashback* posterior al primer encuentro entre Stewart y Kim Novak como la Judy vulgar, pelirroja: en un instante comprendemos el sufrimiento interminable que la mujer debe sobrellevar como precio por estar encarnando el amor fatal, incondicional, del hombre.

2. Richard Rorty, *Contingency, Irony and Solidarity*, Nueva York, Cambridge University Press, 1989. [Ed. cast.: *Contingencia, ironía y solidaridad*, Barcelona, Paidós, 1996.]

3. Ibíd., pág. xv.

4. Ibíd., págs. 91 y 93.

5. Ibíd., pág. 179.

6. Ibíd.

7. Ibíd.

8. Ibíd., pág. xv.

9. Ibíd.

10. Freud, "The Ego and the Id", *SE*, vol. 19. [Ed. cast.: *El Yo y el Ello*, *OC*.]

11. La fórmula lacaniana según la cual "lo único de lo que el sujeto puede ser culpable, en última instancia, es de ceder en su deseo" representa una inversión exacta de la paradoja del superyó, y por lo tanto es profundamente freudiana.

12. Colleen McCullough, *An Indecent Obsession*, Londres y Sydney, Macdonald and Co., 1981, pág. 314.

13. Immanuel Kant, "Anthropologie", en *Werke. Akademie-Textausgabe*, Berlín, 1907-1917, vol. 7, pág. 230.

14. Immanuel Kant, "Versuch...", en *Werke*, vol. 2, pág. 175.

15. El destino de Emmanuel Mounier, fundador del personalismo, es muy sugerente al respecto. En teoría, él luchaba por el reconocimiento de la dignidad y singularidad de la persona humana, contra la doble amenaza del individualismo liberal y el colectivismo totalitario; se lo recuerda sobre todo como héroe de la Resistencia francesa. Pero hay un detalle de su biografía que por lo general se

pasa por alto: después de la derrota francesa en 1940, durante todo un año Mounier depositó sus esperanzas en el corporativismo de Petain, al que consideraba una oportunidad única de reinstaurar el espíritu de la comunidad orgánica. Sólo más tarde, desilusionado por "los excesos" de Vichy, se volcó a la Resistencia. En síntesis, Mounier luchaba por "un fascismo con rostro humano"; quería un fascismo sin su reverso obsceno, y sólo renunció a él al comprender por experiencia propia que esa esperanza era ilusoria.

16. Cf. D. A. F. de Sade, *Philosophy in the Bedroom and Other Writings*, Nueva York, Grove Press, 1966. [Ed. cast.: *La filosofía en el tocador*, Barcelona, Tusquets, 1989.]

17. Lacan, *Écrits*, págs. 768-769.

Índice de obras y autores citados

1. Filmes*

* Títulos con que estas películas se conocen en la Argentina y, entre corchetes, título original y director

2. Literatura popular, obras de teatro y óperas

3. Otros escritores y artistas citados

Si desea recibir regularmente información sobre las novedades de nuestra editorial, le agradeceremos suscribirse, indicando su profesión o área de interés a:

difusion@editorialpaidos.com.ar

Periódicamente enviaremos por correo electrónico información de estricta naturaleza editorial.

Defensa 599 – 1° piso – Tel.: 4331 2275

www.paidosargentina.com.ar